中国海洋城市旅游品牌价值与竞争力研究

董志文 / 著

中国海洋大学出版社
·青岛·

图书在版编目（CIP）数据

中国海洋城市旅游品牌价值与竞争力研究/董志文著.—青岛：中国海洋大学出版社，2016.9
ISBN 978-7-5670-1243-1

Ⅰ.①中… Ⅱ.①董… Ⅲ.①城市旅游—旅游业发展—研究—中国 Ⅳ.①F592.3

中国版本图书馆CIP数据核字（2016）第227253号

出版发行	中国海洋大学出版社
社　　址	青岛市香港东路23号　邮政编码　266071
出 版 人	杨立敏
网　　址	http：//www.ouc-press.com
电子信箱	zhanghua@ouc-press.com
订购电话	0532-82032573（传真）
责任编辑	张　华
电　　话	0532-85902342
印　　制	青岛正商印刷有限公司
版　　次	2016年9月第1版
印　　次	2016年9月第1次印刷
成品尺寸	170 mm×230 mm
印　　张	17.75
字　　数	319千
定　　价	38.00元

如果有印刷质量问题，请与印刷厂联系，联系电话：18661627679

Preface 前言

海洋旅游业作为世界四大海洋支柱产业之一,是我国海洋城市旅游产业的主体和海洋产业发展的重要引擎。随着经济发展和社会进步,现代旅游已由观光旅游进入休闲度假时代,旅游需求不断高度化和个性化。旅游产业竞争也由旅游资源竞争、旅游景区品牌竞争步入旅游目的地品牌形象竞争阶段。因此,海洋城市旅游品牌价值高低及是否具有竞争力以及竞争力大小将影响海洋城市旅游业的生存和发展。

海洋旅游城市品牌是指结合当前的海洋旅游发展趋势与需求,通过主动地开发创造,凸显海洋旅游城市所有旅游资源的内涵和底蕴,在受众者心中形成最直接最深刻的印象,并给游客提供与品牌形象高度耦合的优质产品和服务,进而给游客带来独特的精神享受。海洋旅游城市品牌不是与生俱来的,其建设与发展需要一个长期的过程,实践证明,城市品牌建设一旦取得成功并得到很好的运作和传播,就会给海洋旅游城市带来巨大的经济效应、社会效应、生态效应和文化效应。

海洋旅游城市品牌竞争力是指滨海旅游型城市凭借其具特有的区位和资源优势,经过整合和优化而形成的城市知名度、美誉度和忠诚度的由内向外的辐射力,以及对于大量的资金、人才、物力、信息等资源的由外向内的吸引力。海洋旅游城市品牌竞争力的形成,必须要将旅游资源进行整合、优化,形成一个以主体定位为中心的整体系统,其中,城市资源的有机整合是海洋旅游城市品牌竞争力的关键。简单地说,品牌竞争力是品牌价值转化为现实能力程度的标志。

目前,国外一些发达国家已形成了自己独特的城市品牌理论体系。相比之下,我国城市品牌建设还存在较大的差距,特别是在海洋旅游城市,由于拥有"滨海"这一共性,在城市旅游品牌建设方面存在各种问题,其中包括城市品牌定位和形象塑造不合理、城市品牌宣传力度不够、城市品牌管理存在很大缺陷以及城市旅游景区(点)开发建设滞后、旅游基础设施建设需进一步加强等问题。树立海洋城市海洋旅游业核心优势的关键就是提升城市的旅游品牌价值,只有重视品牌内涵的挖掘与价值的提升,用城市品牌价值理念指导旅游发展思路创新,指导各类资源优化,实现合理配置,才能真正提升城市旅游品质。

本书旨在构建我国海洋城市旅游品牌价值及品牌竞争力评价模型,得出国内海洋旅游城市品牌价值及品牌竞争力的影响因素,提出提升我国海洋旅游城市品牌价值及品牌竞争力的对策和建议,不断提升我国海洋旅游城市品牌竞争力,提高城市的知名度、美誉度和忠诚度,不断吸引旅游者、居住者、求学者和投资者等,促进我国海洋城市海洋旅游业的进一步发展。同时,本书在国内外学术界研究成果的基础之上,结合我国海洋旅游城市品牌发展的实际,独立地进行海洋旅游城市品牌价值及品牌竞争力的理论研究,弥补了该方向理论研究的不足,对后续研究具有一定的借鉴意义。

Contents 目录

绪　论 / 1

　　一、问题的提出 / 1

　　二、国内外研究现状与研究展望 / 5

　　三、研究方法与技术路线 / 8

第一章　基本概念与理论 / 10

　第一节　基本概念 / 10

　　一、品牌的内涵与外延 / 10

　　二、目的地品牌与海洋旅游城市品牌 / 13

　第二节　基本理论支撑 / 15

　　一、品牌理论 / 15

　　二、竞争力理论 / 25

第二章　海洋旅游产业的基本特征与竞争态势 / 30

　第一节　全球海洋旅游产业的产业格局 / 30

　　一、世界海洋旅游的发展演进过程 / 30

　　二、世界海洋旅游分区 / 32

　　三、中国海洋旅游分区 / 37

　第二节　全球海洋旅游业的基本特征 / 40

　　一、海洋旅游业具有旅游业的一般特征 / 40

二、海洋旅游业区别于一般旅游业的特征 / 42
  第三节　全球海洋旅游业的竞争态势 / 43
　　一、海洋旅游产品竞争态势分析 / 43
　　二、海洋旅游客源市场竞争态势分析 / 49
  第四节　"品牌差异化战略"——海洋城市旅游发展首选战略 / 61

第三章　海洋城市旅游品牌价值的评价 / 63

  第一节　品牌价值的评价方法 / 63
　　一、品牌价值评价方法评述 / 63
　　二、旅游目的地品牌价值评价方法 / 71
  第二节　海洋城市旅游品牌价值评价指标体系 / 81
　　一、评价指标体系构建的原则 / 81
　　二、构建思路 / 83
　　三、海洋城市旅游品牌价值评价模型 / 92
  第三节　中国海洋城市旅游品牌价值排行 / 110
　　一、评价城市的选择 / 110
　　二、数据选择与分析 / 110
　　三、因子分析评价过程 / 111
　　四、海洋城市旅游品牌价值综合聚类评价分析 / 127

第四章　中国海洋城市旅游品牌化发展中存在的问题 / 140

  第一节　中国海洋城市旅游品牌化发展现状 / 140
　　一、海洋城市旅游品牌化发展概况 / 140
　　二、海洋城市旅游品牌化取得的成效 / 144
  第二节　中国海洋城市旅游品牌化发展中存在的问题 / 148
　　一、海洋城市旅游品牌化建设相应的机制设施不健全 / 148
　　二、海洋城市旅游品牌化建设缺乏明确的方向 / 151
　　三、海洋城市旅游品牌建设缺乏旅游文化内涵 / 154
　　四、品牌传播存在误区 / 156
　　五、市民参与性低 / 159

第三节　品牌化发展中存在问题的原因分析 / 161
一、海洋城市旅游品牌化发展观念片面、滞后 / 161
二、旅游资源与城市品牌整合深度不够 / 163
三、海洋城市旅游品牌建设周期跨度过大 / 166
四、海洋城市旅游品牌建设资金缺乏，阻碍城市品牌发展 / 168
五、旅游品牌建设人才短缺 / 169
六、海洋旅游品牌之间竞争激烈 / 169

第五章　国外海洋城市旅游品牌化发展的成功经验借鉴 / 171
第一节　尼斯城市品牌化发展的成功经验 / 171
一、尼斯的基本情况 / 171
二、尼斯旅游品牌化发展的经验总结 / 172
第二节　坎昆城市品牌化发展的成功经验 / 175
一、坎昆的基本情况 / 175
二、坎昆旅游品牌化发展的经验总结 / 177
第三节　檀香山城市品牌化发展的成功经验 / 179
一、檀香山的基本情况 / 179
二、檀香山城市品牌化发展的成功经验 / 180
第四节　悉尼城市品牌化发展的成功经验 / 183
一、悉尼的基本情况 / 183
二、悉尼城市品牌化发展的成功经验 / 184
第五节　库塔城市品牌化发展的成功经验 / 187
一、库塔的基本情况 / 187
二、库塔旅游品牌化发展的经验总结 / 188
第六节　开普敦城市品牌化发展的成功经验 / 190
一、开普敦的基本概况 / 190
二、开普敦旅游品牌化发展的经验总结 / 191

第六章　中国海洋城市旅游竞争力模型构建 / 194
第一节　城市品牌价值与竞争力 / 194
一、海洋城市旅游品牌价值 / 194

二、城市品牌竞争力 / 199

第二节 城市品牌与竞争力的耦合关系模型 / 204
一、城市品牌与竞争力耦合的内涵 / 204
二、城市品牌与竞争力耦合模型设计 / 207

第三节 我国海洋旅游城市竞争力模型构建 / 215
一、旅游竞争力与城市旅游竞争力研究回顾 / 215
二、海洋城市旅游竞争力指标体系与模型的构建 / 216
三、海洋城市旅游竞争力综合测评 / 219

第七章 中国海洋城市旅游竞争力提升路径研究 / 225

第一节 加强基础设施建设,夯实"硬环境" / 226
一、中国海洋城市夯实"硬环境"的必要性 / 226
二、中国海洋城市应如何夯实"硬环境" / 227

第二节 强化政府主导力度,完善旅游"软环境" / 232
一、强化政府主导力度,完善旅游"软环境"的必要性 / 232
二、政府应如何发挥主导作用完善旅游"软环境" / 233

第三节 优化旅游产业结构 / 238
一、优化旅游产业结构的必要性 / 238
二、中国海洋城市旅游产业结构优化的路径分析 / 240

第四节 区域协调,分级规划 / 247
一、区域协调发展 / 247
二、中国海洋城市旅游产业发展规划 / 248

第五节 优化中国海洋城市旅游人才整体水平 / 257
一、中国海洋城市旅游人才培养的必要性 / 257
二、中国旅游人才现状分析 / 258
三、海洋城市旅游人才水平优化路径分析 / 260

第六节 实现旅游资源与环境的可持续发展 / 264
一、海洋城市旅游资源与环境可持续发展的基本原则与目标 / 265
二、实现海洋城市旅游资源与环境可持续发展的对策建议 / 267

参考文献 / 272

绪 论

一、问题的提出

我国沿海地区经济比较发达,旅游业发展较快导致竞争相对激烈,已由海洋旅游资源禀赋的竞争、海洋旅游产品与服务的竞争演进到海洋旅游目的地品牌的竞争阶段。然而,一个城市的旅游品牌尤其是海洋城市的旅游品牌并非与生俱来,它的形成需要经历一个较长时期的积淀、提炼与精心培育,需结合海洋旅游业未来的发展趋势,发挥主观能动性,充分挖掘城市旅游资源富有内涵和底蕴的产品与服务,在旅游者心中形成独一无二的深刻印象,进而给旅游者带来特有的精神享受。

当前,我国旅游业迅猛发展,城市旅游品牌效应逐步显现,品牌效应带来的影响力、集聚力和辐射力让城市管理者看到了产业结构调整升级的新契机,众多旅游城市逐渐意识到品牌的重要性并不惜重金着力打造有影响力的城市旅游形象。

(一)顺应时代发展的要求

《中华人民共和国国民经济和社会发展第十三个五年(2016~2020年)规划纲要》中指出,国家要大力发展旅游业,支持发展生态旅游、文化旅游和休闲旅游;同时还指出,要拓展蓝色经济空间,壮大和发展海洋经济,优化海洋产业结构,加快发展海洋服务业。优越的国家政策为海洋旅游业的发展提供了广阔的发展空间,并且海洋旅游业作为海洋第三产业,已与海洋石油业、海洋交通运输业、现代海洋渔业共同构成世界海洋业的四大支柱产业,2015年我国海洋旅游业的增加值为10 874亿元,同比增长11.4%,约占我国海洋产业增加值的"半壁江山"(见表0-1)。

虽然我国海洋旅游业的发展速度较快,但是由于起步较晚,经验较少,发展还不成熟,尤其是与世界著名的海洋旅游城市相比,尚存在很大差距。如何塑造并培育海洋城市旅游品牌,提升海洋城市旅游品牌价值和海洋旅游产业竞争力是亟待探讨的问题。

表 0-1 2015 年我国主要海洋产业发展状况一览表

海洋产业类别	增加值/亿元	年增长率/%	占海洋产业增加值的比重/%
海洋旅游业	10 874	11.4	40.6
海洋交通运输业	5 541	5.6	20.7
海洋渔业	4 352	2.8	16.2
海洋工程建筑业	2 092	15.4	7.8
海洋船舶工业	1 441	3.4	5.4
海洋化工业	985	14.8	3.7
海洋油气业	939	−2.0	3.5
海洋生物医药业	302	16.3	1.1
海洋电力业	116	9.1	0.4
海洋盐业	69	3.1	0.3
海洋矿业	67	15.6	0.3
海水利用业	14	7.8	0.1

资料来源:根据国家海洋局《2015 年中国海洋经济统计公报》整理。

(二)塑造城市品牌是海洋旅游城市未来城市营销的重点

随着经济发展和社会进步,旅游需求日益高度化、个性化,现代旅游已由观光旅游进入休闲度假时代,旅游产业的核心优势逐步由旅游资源、旅游产品转化为旅游品牌形象。个性化、差异化的品牌形象更容易吸引旅游者的眼球,可以让某一城市在众多的同类城市竞争者中脱颖而出,形成巨大的品牌效应。

我国拥有1.8万千米的大陆海岸线和1.4万千米的岛屿海岸线,在总计3.2万余千米的海岸线之上,坐落着54个地级及地级以上城市(见表0-2)和众多的县级市。当前,旅游业已上升为国家战略性支柱产业,海洋旅游业又是四大海洋支柱产业之一,海洋城市无不将海洋旅游业作为服务业及海洋产业的"龙头"来优先发展。如何在众多海洋城市的旅游市场竞争中脱颖而出?答案恐怕只有一个,那就是塑造差异化的城市旅游品牌,并获得目标市场的认同。因此,塑造品牌并围绕品牌形象进行城市营销将是海洋旅游城市营销的重点。

表 0-2 中国内地 54 个海洋城市旅游产业规模一览表

沿海地区	滨海城市	2015年旅游接待人次/万人次	2015年旅游总收入/亿元	旅游总收入占GDP的比重/%
辽宁省	丹东市	暂无	512.6	52.05
	大连市	6 926.6	1 008.7	13.05
	锦州市	2 079.2	153.1	11.28
	营口市	2 112.5	185.1	12.23
	盘锦市	2 004.1	168	13.25
	葫芦岛市	1 828.4	145	20.13
河北省	唐山市	3 408.4	310.3	5.08
	秦皇岛市	3 372.4	362.4	28.98
	沧州市	1 227	99.11	3.06
天津市	天津市	17 400	2 794.3	16.9
山东省	滨州市	1 394.2	116.2	4.93
	东营市	1 384.1	124.8	3.62
	潍坊市	5 611.5	559.4	10.82
	烟台市	5 890	700.8	10.87
	威海市	3 617.5	422.2	14.07
	青岛市	7 455.8	1 270	13.66
	日照市	3 690	264	15.8
江苏省	连云港市	2 684.8	343.9	15.91
	盐城市	2 271.3	227	5.39
	南通市	3 404.5	463.5	7.54
上海市	上海市	28 369.6	3 402.8	13.63
浙江省	嘉兴市	6 382.7	679.4	19.32
	杭州市	12 342	2 200.7	21.89
	绍兴市	7 275.9	762.4	17.07
	宁波市	8 077.8	1 233.3	15.39
	舟山市	3 876.2	552.2	50.46
	台州市	7 436	749.3	21.06
	温州市	7 681.6	804.5	17.41

续表

沿海地区	滨海城市	2015年旅游接待人次/万人次	2015年旅游总收入/亿元	旅游总收入占GDP的比重/%
福建省	宁德市	1 837.4	150.3	10.1
	福州市	4 669.3	537.3	9.56
	莆田市	1 976.4	159.2	9.62
	泉州市	5 125.3	617.9	10.07
	厦门市	6 035.9	832.4	23.34
	漳州市	2 232.4	239.6	8.66
广东省	潮州市	920.8	141.6	15.56
	汕头市	1 447.5	260.1	14.06
	揭阳市	1 401.7	207	10.95
	汕尾市	728.58	107.9	14.16
	惠州市	4 076.8	330.2	10.52
	深圳市	5 375.2	1 244	7.11
	东莞市	3 199.1	395.2	6.3
	广州市	5 658	2 872.2	15.87
	江门市	1 547.9	339.6	15.16
	中山市	861.4	198	7.5
	珠海市	1 923.8	282.1	13.93
	阳江市	1 031.9	181.3	14.5
	茂名市	711.5	85	3.48
	湛江市	3 326.9	271.6	11.41
广西壮族自治区	北海市	2 156.6	223.1	25.01
	钦州市	1 082.4	102.3	10.83
	防城港市	1 361.9	100.6	16.21
海南省	海口市	1 225.2	160.1	13.79
	三亚市	1 495.7	302.3	69.49
	三沙市	—	—	—

二、国内外研究现状与研究展望

(一) 城市品牌

国外的城市品牌研究起源于城市营销理论,而"城市品牌"的概念则源于2001年营销战略专家大卫·安克构建的城市品牌识别系统,他在当时提出了消费产品、空间、文化和符号四层意义上的城市品牌内涵。① 沙文首先分析了构建地区品牌的三项指标,并提出了城市品牌的分析框架。② 此外,一些学者还对大型节事活动对城市品牌形象的影响进行了研究。亨瑞克认为,上海世博会较好地宣传了上海市的城市品牌,并运用文本分析法对上海市的城市品牌进行了分析。③ 美国著名的品牌专家Kevin Lane Keller教授指出,地理位置或某一空间区域像产品和服务一样,也可以成为品牌。这一结论为城市营销找到一条新的出路,品牌不仅可以用于商品上,也可以应用于城市这一主体,城市品牌也具有丰富的内涵。④ Whitfield认为,城市品牌可以通过旅游业得到发展。⑤ 这一观点,强调旅游业营销与城市品牌的关系。Lloyd和Gellers从微观角度,对企业特别是零售商如何进行城市品牌营销进行了报道及初步分析。MacFadyen发表了一篇关于"城市品牌公司投资能够带来收益"的报告,该报告把城市比作一个公司,深入探讨了在城市品牌方面的主要投资方式,以及城市能够从城市品牌的塑造中获取价值。⑥

张鸿雁(2002)从城市文化资本运作和培育城市核心竞争力的角度,分析了城市形象和城市品牌的辩证关系。⑦ 李成勋(2003)认为,城市品牌是从历

---

① 吴鲤霞. 基于城市规划视角的城市品牌战略探析[D]. 中南大学,2011:13-15.
② Sevin H E. Understanding Cities Through City Brands: City Branding as a Social and Semantic Network[J]. Cities,2014,38:47-56.
③ Larsen H G. The Emerging Shanghai City Brand: A Netnographic Study of Image Perception Among Foreigners[J]. Journal of Destination Marketing & Management,2014,3(1):18-28.
④ Keller K L. Brand Synthesis: The Multidimensionality of Brand Knowledge[J]. Journal of Consumer Research,2003,29(4):595-600.
⑤ Whitfield P. Belfast Visitors' bureau Goes Direct to Tourist Industry to Develop City Brand[J]. Marketing(UK),1999,11(4):67-68.
⑥ MacFadyen K. Trimaran Fits Into Urban Brands[J]. Buyouts,2004,17(10):10-12.
⑦ 张鸿雁. 城市形象与"城市文化资本"论——从经营城市,行销城市到"城市文化资本"运作[J]. 南京社会科学,2002(12):24-31.

史角度、人文风情、文化底蕴、地理特征、经济实力、产业优势、发展前景等类似诸多形成要素中经过综合、概括、比较、抽象、筛选出来的。[①] 中国城市科学院的赵洪利(2004)认为,城市品牌是城市生态环境、文化底蕴、经济活力、价值导向、精神品格等综合功能的核心价值的呈现。[②] 陈跃兵(2004)认为,城市品牌是城市标识、城市形象及城市关系的总称,是城市可转化的无形资产[③],打造城市品牌的目的是实现城市整体利益最大化。北京国际城市发展研究院连玉明及其课题组(2007)对于中国城市品牌的发展进行了研究并指出了筑造城市品牌的步骤。[④]

(二) 城市品牌竞争力

国外学者分别从宏观和微观因素两方面,深入研究关于旅游城市品牌竞争力的影响因素。其中,Crouch 和 Ritchie 以宏观的研究视角构建了影响旅游城市品牌竞争力的四因素模型,分别为政府政策、产业、技术要素、城市形象四个因素,并透过这四个因素分别做出了其对于旅游城市品牌竞争力影响的作用机制,认为上述四种因素对旅游城市品牌均有较深远的影响。同时,认为在资源禀赋的基础上优化四个因素之间的发展关系,是旅游城市品牌竞争力提升的关键途径。[⑤] 此外,Dwyer 和 Kim 从微观的视角入手,以产品、企业、消费者、市场四个因素构建模型,同时验证了上述四个因素对于旅游城市竞争力提升的重要性,提出品牌产品应当凭借自身的知名度、忠诚度、品牌文化、定位度等品牌传播力,通过渠道、终端确定核心消费人群,从而进行针对消费受众人群的高效的品牌传播,最终实现提高旅游城市品牌传播力与竞争力的目标。[⑥] D'Hauteserre 认为,某一目的地旅游竞争力为该目的地保持市场地位和市场份额的能力,或是提高市场地位的能力和增加市场份额的能力,在某种意义上,指目的地延长生命周期和推迟其走向衰退的能力。[⑦] Buhalis 则认

[①] 李成勋. 城市品牌定位初探[J]. 市场经济研究,2003(6):8-10.
[②] 赵洪利. 城市品牌学导论[D]. 北京:中国城市科学研究院,2004:32-34.
[③] 陈跃兵. 论中国城市品牌的发展[J]. 生产力研究,2004(11):46-48.
[④] 连玉明. 中国城市品牌价值报告[R]. 北京:中国时代经济出版社,2007:24-27.
[⑤] Ritchie J R, Crouch G I. The Competitive Destination: A Sustainability Perspective[J]. Tourism Management. 2000,21(1):1-7.
[⑥] Dwyer L, Kim C. Destination Competitiveness: Determinants and Indicators[J]. Current Issues in Tourism,2003,6(5):369-414.
[⑦] D'Hauteserre A M. Lessons in Managed Destination Competitiveness: the Case of Foxwoods Casino Resort[J]. Tourism Management,2000,21(1):23-32.

为,旅游目的地的竞争力还应当包括当地资源的可持续发展能力,以保证该目的地获得长期比较优势并使各利益相关者公平地获得回报的能力。[1] 2002年,Lyck 利用波特(Poter)的国家竞争力模型和哈默尔与普拉哈拉德(Hamel&Prahalad)提出的动态分析方法来分析增强丹麦旅游业持续竞争力的战略措施。[2] Quetal 使用方差分析法(ANOVA,Analysis of Variance)对中国香港旅游竞争力进行了分析。

　　国内关于旅游城市竞争力影响因素的研究,大多基于郭舒、曹宁所提出的模型。他们基于区域竞争理论模型,分析了影响旅游城市核心竞争力的六大因素,其中核心吸引物、支持性因素和资格性因素是影响旅游者体验的关键因素,而基础性资源、发展性因素和管理创新因素是影响目的地居民生活质量的关键性因素。[3] 万珂基于游客的角度构建了北京市旅游竞争力的评价指标体系,该体系包含直接因素——城市旅游资源禀赋、城市旅游产品、旅游企业和间接影响因素——城市区位条件、城市基础设施、城市旅游环境,通过该体系能够将旅游城市品牌的影响力进行量化。[4] 许基南(2004)对品牌竞争力做了系统的分析,他认为,品牌竞争力是指企业通过对资源的有效配置和使用,使其品牌比竞争对手的品牌更好地满足消费者的需求,从而在扩大市场份额、获取高额利润方面与竞争品牌在市场中产生的比较能力。[5] 李光斗提出品牌竞争力是核心竞争力的外在表现,当今社会是品牌竞争力的时代,品牌竞争力包括八个层次:品牌核心力;品牌市场力;品牌忠诚力;品牌辐射力;品牌创新力;品牌生命力;品牌文化力;品牌领导力。他认为高速城市化是城市品牌竞争力的关键。[6] 相对于城市品牌竞争力,关于旅游城市品牌竞争力的研究则是少之更少,大多数关于旅游方面的研究主要是集中于旅游产业、旅游企业、旅游目的地和旅游竞争力方面。

　　综上所述,国内外学者对于城市品牌方面的研究主要包括城市品牌的内涵、城市品牌的类型、城市品牌的发展过程、如何开展营销、促进及塑造城市品

---

[1] Buhalis D. Marketing the Competitive Destination of the Future[J]. Tourism Management,2000,21(1):97-116.
[2] Lyck L. Changed Context for the Danish Tourism Industry:A Strategic Analysis[J]. Tourism and Hospitality Research,2002,3(4):311-318.
[3] 郭舒,曹宁.旅游目的地竞争力问题的一种解释[J].南开管理评论,2004,7(2):95-99.
[4] 万珂.基于游客评价视角的城市旅游目的地竞争力研究[D].山东大学,2011:14-16.
[5] 许基南.品牌竞争力研究[M].北京:经济管理出版社,2004:18-20.
[6] 李光斗.提升城市品牌竞争力[J].世界标准信息,2006(6):36-42.

牌的步骤、城市品牌的投资方式等理论。国内外学者对于城市竞争力方面的研究主要包括城市竞争力模型、指标体系和影响因素等。而对于品牌竞争力的研究，则主要集中于品牌竞争力本身和企业品牌竞争力，对于城市品牌竞争力，少数研究者主要是提出城市品牌竞争力的概念，对于整体的理论还未进行深入、系统的研究和探讨，特别对海洋旅游城市品牌竞争力这一更具体的范围，涉及更少。

三、研究方法与技术路线

（一）研究思路

本书首先对国内外海洋旅游城市品牌、品牌价值的相关研究成果进行梳理，在介绍相关概念和理论的基础上，借鉴国外海洋旅游城市品牌化发展中的成功经验，选取合理指标并构建海洋旅游城市品牌价值的评价体系，运用因子分析，采用综合得分法计算出各海洋旅游城市品牌价值得分的高低进行排名并分析其影响因素，提出我国海洋旅游城市在品牌化发展中存在的问题与挑战，为今后海洋旅游城市的品牌建设提供参考。

（二）研究方法

1. 文献研究法

利用中国知网期刊数据库、万方论文数据库、读秀学术等丰富的高校网络资源，中国海洋大学图书馆的纸质资料，互联网和门户网站上的相关资料，对国内外的相关文献资料进行分类检索和查阅，并对有用信息加以归纳和总结，梳理与城市品牌、旅游城市品牌和品牌价值等相关的学术研究成果，深刻理解海洋旅游城市品牌价值的相关理论，为本书的写作奠定良好的理论基础。

2. 定量分析与定性分析结合法

在总结国外海洋旅游城市品牌化发展经验的基础上，选取我国内地53个地级及地级以上海洋城市为研究样本（三沙市的海洋旅游也尚未起步），查阅国家旅游局和国家统计局等相关部门编写的统计年鉴及旅游抽样调查等资料并结合实地调研的情况，运用德尔菲法和因子分析法构建我国海洋城市旅游品牌价值指标评价体系，总结我国海洋城市旅游品牌价值的影响因素，分析各个城市品牌化发展的优势与不足之处及其背后的影响因素，进而概括指出目前我国海洋旅游城市品牌化发展中存在的问题与面临的挑战。

3. 数理统计分析法

通过对相关数据的搜集与整理,运用数理统计分析软件 SPSS 进行因子分析。在因子分析的过程中尽量做到严谨、科学、准确,严格按照分析的方法和步骤逐步进行操作,并把相应的关键分析结果以图和表的形式呈现出来,使得操作流程清晰可见。

4. 实地调研法

笔者与研究团队分别对山东省七个海洋城市以及丹东、大连、秦皇岛、天津、宁波、舟山、莆田、泉州、厦门、深圳、湛江、北海、海口、三亚等城市进行了实地调研,共向游客发放调查问卷 3 270 余份,回收有效问卷 3 144 份。调查工作前后历时一年有余,为本研究提供了大量一手资料。

(三) 技术路线

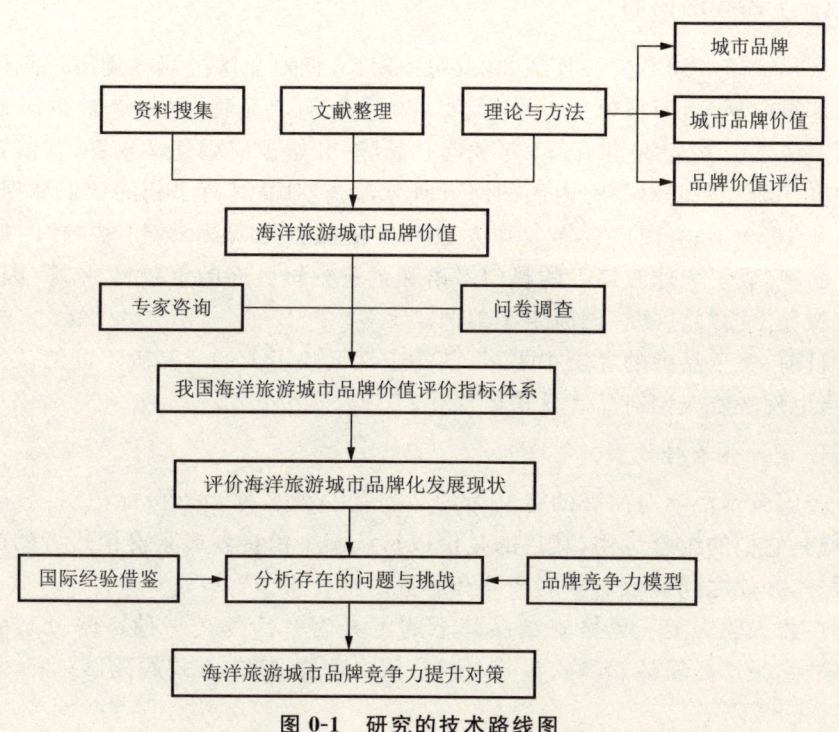

图 0-1　研究的技术路线图

第一章 基本概念与理论

第一节 基本概念

一、品牌的内涵与外延

（一）品牌的内涵

从"品牌"一词诞生一直到 20 世纪中期，人们对品牌内涵的理解一直局限在其基本内涵上，即品牌是一种标识。20 世纪初，"品牌"的概念被更多地运用到销售之中。至 20 世纪 30 年代起，"品牌"开始被应用到学术界、营销界和传播界。随着人们对品牌内涵的深入研究，人们对品牌有了新的认识和理解。尤其是 1950 年，美国广告界大师大卫·奥格威首先明确界定"品牌"的概念后，"品牌"成了全球营销界的热门术语和企业竞相追逐的重要目标。[①] 因此，现代意义上的"品牌"一词诞生于美国。

目前，关于品牌的界定很多，不同的定义反映了人们对品牌不同的认知倾向性，也反映着人们对品牌认识的深化。

1. 国外代表性的表述

美国营销协会对品牌的定义为："品牌是一种名称、术语、标记、符号或设计，或是它们的组合运用，其目的是借以辨认某个销售者或某群销售者的产品或服务，并使之同竞争对手的产品和服务区别开来。"[②]

广告先驱大卫·奥格威给品牌下的定义为："品牌是一种错综复杂的象征——它是产品属性、名称、包装、价格、历史声誉、广告方式的无形总和，品牌

[①] 薛可.品牌扩张:延伸与创新[M].北京:北京大学出版社,2004:3-5.
[②] 〔美〕菲利普·科特勒.营销管理:新千年版(第 10 版)[M].梅汝和,等,译.北京:中国人民大学出版社,2001:486.

同时也因消费者对其使用的印象以及自身的经验而有所界定。"①

美国营销学权威菲利普·科特勒认为:"品牌是一个名称、术语、标记、符号、图案,或是这些因素的组合,其目的是借以识别销售者所出卖的产品与服务,并使之同竞争者的产品与服务相区别。"②

品牌专家大卫·艾克(David Aaker)认为:"品牌就是产品、符号、人、目的地与消费者之间的联结和沟通。也就是说,品牌是一个全方位的架构,牵涉消费者与品牌沟通的方方面面,并且品牌更多地被视为一种'体验',一种消费者能亲身参与的更深层次的关系,产品就从根本上丧失了被称为品牌的资格。"③

营销学者莱威(G. Levy)认为:"品牌不仅是用以区别不同制造商品的标签,它还是一个复杂的符号,代表了不同的意义和特征,最后的结果是变成商品的公众、名声或个性。品牌中的这些特征比产品中的技术因素显得更为重要。"④

2. 国内代表性的表述

中国驰名商标保护组织主任委员、学者艾丰先生认为:"品牌的直接解释就是商品的牌子。但在实际运用中,品牌的内涵和外延都远远超出这个字面解释的范围。品牌包括三种牌子:第一种是商品的牌子,就是平常说的'商标'。第二种是目的地的名字,也就是'商号'。第三种是可以作为商品的牌子。这三种就是人们所说的品牌。"⑤

品牌专家梁中国认为:"品牌是凝聚着目的地所有要素的载体,是受众在各种相关信息综合性的影响作用下,对某种事或物形成的概念与印象。它包含着产品质量、附加值、历史以及消费者的判断。在品牌消费时代,赢得消费者的心远比生产本身重要,品牌形象远比产品和服务本身重要。"⑥

---

① 程洁. 中式快餐在欧洲市场的品牌经营探讨[D]. 华中科技大学,2011:30-31.
② 何建民. 西方品牌理论述评——创建与管理品牌的方法[J]. 上海商业,2001,(12):12-15.
③ 〔美〕大卫·艾克,爱里克·乔瑟米塞勒. 品牌领导[M]. 曾晶,译. 北京:新华出版社,2001:13-14.
④ Blackston M. The Qualitative Dimension of Brand Equity[J]. Journal of Advertising Research,1995,35(4):27-28.
⑤ 余明阳,戴世富. 品牌战略[M]. 北京:清华大学出版社,北京交通大学出版社,2009:3-4.
⑥ 杨锡怀,冷克平,王江. 企业战略管理:理论与实践[M]. 北京:高等教育出版社(二版),2007:31-32.

此外,还有"品牌是目的地持续发展所需的一种无形的竞争手段,是目的地通过自己的产品和服务与消费者建立起来的,同时需要目的地开发和维护的一种关系","品牌是目的地的内在实质在消费者界面的一种外在表现"等诸多说法。

上述诸多论述,从不同的角度阐述了品牌的内涵。我们可以看出,品牌是一个综合性的概念,需要用全面的眼光加以看待:

(1) 品牌是一种标识。品牌的命名、设计要展现品牌个性,要突出名字、名称、标志等,使自己的产品和服务区别于其他竞争者。

(2) 品牌是一种代码。通过品牌不仅可以明确产品的品质、性能、文化内涵及市场定位等,而且可以形成品牌定位,突出品牌的档次、名声,维护顾客对品牌的忠诚。

(3) 品牌是一种保证。品牌是一种口碑,质量好的产品是消费者信赖的保证,也是品牌确立的基础。只有产品形成了良好的口碑,成为一种品牌,才能在市场上长盛不衰。

(4) 品牌是一种资产。品牌所代表的意义、特征和品质产生了品牌价值,使得顾客更愿意购买具有品牌的产品。品牌作为一种无形的资产,能对恶劣的市场环境产生抵抗力,形成竞争优势。

(二) 品牌的外延

品牌的外延是指事物被品牌化的范围。其实凡是需要沟通并可以沟通的事物都能品牌化,正如 Keller 所说,"像产品和人一样,地理位置或某一空间区域也可以成为品牌"[1]。从纵向层面来说,品牌化的事物可以从宏观和微观两大范畴分为产品、社区、城市、地方、地区、个人、社会组织及产业等类别。从横向层面来说,可以分为事件、故事、活动、技术、概念、思想等方面。[2]

从品牌化事物的层次角度,可以将品牌理论分为微观品牌和宏观品牌两个部分。微观品牌研究以单个品牌主体的品牌行为作为考察对象,而宏观品牌研究则是把一个产业、城市、地区、国家等整体的品牌活动作为考察对象。如果说微观品牌研究的是单个品牌如何塑造、为谁塑造和何时塑造等问题,那么宏观品牌研究就是考察品牌形成的影响因素、内部品牌互动关系的驱动机理、塑造与发展等问题。但是,它们作为一门科学,是相互联系、密不可分的,体现着个体与整体的关系。

---

[1] Keller K L. Strategic Brand Management[M]. New Jersey:Prentice Hall,1998:10-11.
[2] 张锐,张炎炎,周敏. 论品牌的内涵与外延[J]. 管理学报,2010(1):147-158.

二、目的地品牌与海洋旅游城市品牌

（一）目的地品牌

旅游目的地品牌化发展是近些年来的研究热点问题，引起了学术界和旅游目的地管理者的高度重视。随着旅游业的快速发展，旅游目的地和其他消费品一样，也必须寻求品牌化来定位和区别自己，以及向旅游者传达积极的和鼓动性的信息。①

目前对旅游目的地品牌的定义，较常见的是描述品牌的表现形式。Ritchie 沿用 Aaker 教授对品牌的定义并将这一定义应用到旅游目的地品牌中加以扩展并指出：目的地品牌是用名称、符号、标志或其他图形系统来识别和区分不同的目的地。② 它给予独特旅游经历的承诺，也可用以巩固和加强目的地经历的愉快记忆。其中，国内外的相关研究如下。

1. 国外旅游目的地品牌研究进展

国外旅游目的地品牌形象研究始于 1971 年 Hunt 的开创性工作。此后，许多学者从大量的、各种各样的途径开始了对旅游目的地品牌的研究。史蒂夫·亚斯特罗(Steve Yastrow)也曾经对旅游目的地品牌的概念进行了详细的论述，认为目的地品牌应该是游客对目的地的感知，而且每个游客对目的地的体验是独一无二的。③ 杜阿尼·奈普(Dunae Knapp)则认为，真正的旅游目的地品牌是"游客和众多利益相关者对旅游目的地内在印象的积累。由于各人利益不同，这将必然导致目的地在他们心目中处于截然不同的位置"④。西蒙·安霍特(Simon Anholt)指出，"许多政治家和领导者就像门外汉一样，根本就不理解目的地品牌化的含义。他们认为目的地品牌化只是一项非常简单的活，即设计一种标识语，并提出相应的口号"⑤。

由于旅游目的地是由多个要素组成的，因此旅游目的地品牌化与一般产

---

① 许春晓，莫莉萍. 国外旅游目的地品牌资产及其管理研究述评[J]. 旅游研究，2013(2)：1-7.
② Ritchie B J R. The Branding of Tourism Destinations: Past Achievements and Future Challenges[M]. Marrakech, Morocco, 1998:89-116.
③ 邓衡. 国外旅游目的地品牌化研究进展[J]. 江西金融职工大学学报，2006(1)：82-85.
④ 董霞，方旭红."红色旅游"对相对成熟旅游地客流量的拉升作用——以武夷山为例[J]. 北京第二外国语学院学报，2006(3)：180-183.
⑤ 范秀成. 顾客体验推动的服务品牌建设[J]. 南开管理品评论，2001(4)：18-23.

品或服务品牌化相比要复杂一些。可以说,旅游目的地品牌化是一项集体活动,它包括大量的利益相关者,不仅要考虑目的地品牌和最终结果,而且还要考虑目的地品牌形成的动态过程。①

2. 国内旅游目的地品牌研究进展

在我国,旅游目的地品牌研究始于旅游品牌研究。在旅游理论实践活动中,旅游品牌出现较早,因此这方面的研究也比较多,但直到21世纪才有人提出旅游目的地品牌概念。

目的地品牌是指一个目的地在推广自身形象的过程中,根据目的地的发展战略定位,凭借自身的资源和服务,确立地传递给社会大众的核心概念以及产品和服务的名称、标记、符号、图案抑或它们的组合运用以区别其他某个或某些目的地的产品或服务。② 目的地品牌蕴含了目的地的核心价值和文化,是游客对该目的地提供的相关体验的总体感知。

对目的地品牌内涵的理解,可以从以下几个角度进行理解。

(1) 从构成要素看,目的地品牌是旅游品牌的一种具体表现形式,它是对多种因素的集聚和提炼,既包括旅游设施等外在因素也包括旅游服务等内在因素。具体而言,目的地品牌包括目的地资源、目的地的设施和服务、目的地文化、品牌宣传、品牌形象五大基本要素。③

(2) 从层次角度看,目的地品牌是一个由点到面、由浅到深的过程,具有鲜明的层次性。目的地品牌不是一个独立打造的过程,而是一个可以逐步推进、可以辐射的过程。

(3) 从文化角度看,目的地品牌并非是简单地指旅游地的名称。旅游的核心动因是文化和地域差异,目的地品牌要在市场经济条件下,把目的地的历史、民俗、宗教、艺术等文化要素提炼成社会公众广泛认同的一种形式。④

(4) 从消费心理看,目的地品牌至少有这样几层含义:目的地品牌是旅游地域旅游者之间的一种契约,是目的地给游客带来的一种独享的利益承诺,是对品质和情感的长期承诺;目的地品牌是游客内心被唤起的感觉和情感的总

---

① 唐瑷琼. 旅游目的地品牌建设研究[D]. 复旦大学,2008:12-18.
② 〔美〕摩根,等. 旅游目的地品牌管理[M]. 杨桂华,等,译. 南开大学出版社,2006:39-42.
③ Ban O, Popa L, Silaghi S. The Brand Equity of Touristic Destinations: The Meaning of the Value[J]. Annals of the University of Oradea, Economic Science Series,2011(1):193-199.
④ 冷志明. 旅游目的地品牌研究[J]. 边疆经济与文化,2005(12):1-4.

和。①

目的地品牌的形成不是偶然的,更不是人们主观臆断的,其形成有着丰厚的历史和现实基础,即目的地品牌是从诸多形成要素中概括、抽象、比较和筛选出来的。

(二)海洋旅游城市品牌

海洋旅游城市是指既具有一般城市的特点,又具有旅游功能和一定旅游条件的海洋城市。而旅游地品牌是指某一地理位置上或者某一空间区域内的品牌,将其运用到海洋旅游城市则能确定一个海洋旅游城市的身份,使之与众不同。②

海洋旅游城市品牌不是与生俱来的,它的形成需要一个过程,应结合当前的滨海旅游发展趋势以及滨海旅游需求,通过主动地开发创造,凸显海洋旅游城市所有的旅游资源的内涵和底蕴,在受众心中形成最直接、最深刻的印象,并给游客提供优质的产品和服务,进而给游客带来独特的精神享受。③ 海洋旅游城市品牌一旦构建成功并得到良好的运作和广泛传播的话,就会产生巨大的品牌效应,给海洋旅游城市带来很大的经济效益、社会效益和综合效益。

海洋旅游城市品牌的确立受到该城市独特的地理位置、资源条件、历史文化、经济条件、城市规划等因素的影响,品牌是最有价值的战略财富,是城市所蕴含的能力与潜力。其中,海洋旅游城市品牌的关键影响因素主要有地理位置、资源条件、历史文化、经济条件和城市规划等。

第二节 基本理论支撑

一、品牌理论

(一)古典品牌理论

古典品牌理论阶段是品牌学理论的最初形成阶段。这一阶段首先从品牌的定义、命名、标识、商标等方面对品牌的内涵和外延进行规范研究;其次,从

---

① 母泽亮.旅游目的地品牌系统建设研究[J].中国市场,2006(9):14-15.
② 转引自范恒君,胡宝清,陈振宇.旅游城市品牌创新的问题与对策研究[J].广西社会科学,2008(4):77-80.
③ 刘晓菁.常州旅游城市品牌理念与策略研究[J].商情,2011(30):112-112.

品牌塑造的角度提出了独特销售主张理论、品牌生命周期理论、品牌形象理论、品牌个性理论、品牌定位理论和品牌延伸理论等许多具有战略性意义的品牌理论。①

1. 独特销售主张理论

第二次世界大战以后至20世纪50年代，世界经济得到恢复并实现飞速发展，社会产品的数量和种类显著增多，但是产品之间的差异化程度仍较大，产品间的同质化现象还不明显；随着市场生产能力的进一步加强，市场格局由卖方市场转向买方市场。鉴于产品种类的增多和竞争的加剧，一般化、模式化的广告创意和表现已经不能引起受众的注意和兴趣，需要尽可能详细地介绍产品的特点，指出产品间的差异，以增强广告销售的效益。② 于是，独特销售主张(Unique Selling Proposition，USP)理论应运而生。

USP理论发生效力需要有保障体系。首先是真诚的品格。客观真实存在的物理特征和利益是独特销售主张让人信服的基础。其次是独特的组织主张。企业营销活动的目标是发展和积累顾客价值，但是随着顾客价值和品牌价值之间缺口的扩大，导致产品的有效性降低，品牌的议价能力就越来越弱，边际利润也随之降低，企业就会在极其困难的边缘上苦苦挣扎，独特的组织主张正好弥补了顾客价值和品牌价值之间存在的缺口。③ 独特的组织主张(Unique Organization Proposition，UOP)把企业的核心业务流程和一组可见的信用体系融为一体，通过供应链管理增加顾客价值，搭建起顾客价值和品牌价值之间的桥梁。④ 再次是员工培训，通过员工培训保证所有员工都熟知并支持独特销售主张。最后是要利用多种场合和机会展示独特销售主张。⑤ USP理论在广告界被誉为创意的常青树，从过去到现在一直对广告创意发挥着巨大的指导作用。其功能主要体现在以下三个方面。

---

① 叶明海.品牌创新与品牌营销[M].石家庄：河北人民出版社，2001：7.
② 黄升民.新媒体激变——广告"2.0时代"的新媒体真相[J].中国广告，2008(7)：174-174.
③ Coleman, Howard W. and Steven Prisco. Unique Selling Propositions[J]. Electrical Wholesaling, 2006, 87(11): 64-72.
④ Maklan, Stan and Simon Knox. Reinventing the Brand: Bridging the Gap Between Customer and Brand Value[J]. Journal of Product & Brand Management, 1997, 6(2): 119-129.
⑤ Crain, Rance. The Unique Selling Proposition Falls Prey to Ads as Entertainment[J]. Advertising Age, 1997, 68(25): 13.

一是差异化功能,USP通过独特销售主张的传播与沟通,使产品及其广告有了区别与其他竞争者的独特属性,进而实现差异化。① 如果没有差异化的凸显,就没有广告和产品突出自己单独存在的资格。

二是价值功能,差异化的形成是在产品信息传递的过程中被消费者认可而形成的。USP只有能为消费者提供独特的价值并被消费者所认同,这种差异化才具有实际效用。

三是促销功能,广告的最终目的是促进产品的销售,为企业盈利。② USP理论正是发挥着在企业广告目的达成上的促销作用,才会被奉为广告创意的经典。

总之,实现促销功能的基础是需要差异化功能和价值功能发挥作用,三者进而相互影响、相互作用,最终共同奠定USP理论在广告创作中的地位。③ USP理论作为广告诉求的经典理论,不仅对以后理论的发展具有一定的贡献,而且对现在的广告创作也具有不朽的理论指导意义。

2. 品牌生命周期理论

随着社会经济的发展和生活水平的提高,消费者的品牌意识愈来愈强,品牌也日益被高度重视。品牌像动植物一样,也会经历一个出生、成长、成熟和衰退的过程。在现代市场经济条件下,品牌具有与其所代表的核心产品完全不同的市场生命活动规律,我们把这种规律称为品牌生命周期。④

从理论上说,完整的品牌生命周期需依次经历导入期、知晓期、知名期、维护与完善期、推出期五个阶段。⑤ 但是,在现实生活中,许多品牌只是经历了生命周期某一个或几个阶段,形成了品牌生命周期中常见的"残期"。因此,要想延长或者超越品牌生命周期需要从长计议。首先,一个品牌的创建需要经历较长的时间,在特色产品的基础之上,需要进行反复地构思、设计和传播。其次,要把更多的精神资源融入品牌的成长过程之中。随着经济的发展,人们的精神需求越来越重要,因而品牌在某种程度上成了特定文化意义符号的代

---

① Kutcher,Kevin. Advertising Your Unique Selling Proposition[J]. Rural Telecommunications,2005,24(3):36-40.
② Crain,Rance. The Unique Selling Proposition Falls Prey to Ads as Entertainment[J]. Advertising Age,1997,68(25):13.
③ 陈培爱. 广告学概论[M]. 北京:高等教育出版社,2004:48-51.
④ 安圣慧. 论市场后来者全球营销战略[J]. 对外经济贸易大学学报:国际商务版,2002(3):21-23.
⑤ 潘成云. 品牌市场生命周期管理理论论纲[J]. 中国流通经济,2006,20(9):42-45.

表,应该更多地满足人们的精神需求。在品牌成长的过程中,需要整合时代现象、消费观念、民族精神和群体意识等。最后,品牌可以通过创新来超越生命周期。① 一般来说,品牌的创建需要较长的时间,但是一旦成为品牌,基于原有的内涵积淀,加上不断适应时代的发展创新,品牌就会超越一般的生命周期,不会在短暂的时间内走向衰亡。②

为了延长或者超越品牌生命周期,可以通过品牌延伸和羊群效应来形成品牌群和顾客群,培育品牌生态环境,增强品牌的生命力。品牌延伸是延长品牌生命周期的重要途径。随着现代经济发展,品牌竞争愈加激烈,传统的"一个品牌一个产品"的品牌策略已缺乏竞争优势,需要通过品牌延伸构建品牌群,扩大品牌的规格,强化品牌的意义,增强品牌的竞争力和生命力,延长品牌的生命周期。管理学上习惯用"羊群效应"来描述个体的跟风行为和从众心理。利用"羊群效应"的关键,就是选择好"头羊",即中心客户,以便说服和引导其他顾客购买;销售人员要及时传播某些名人或有影响的人购买了产品,以便发挥权威的引导和辐射作用。这样将有利于扩大品牌的影响,增强品牌的生命力,延伸品牌的生命周期。

3. 品牌形象理论

随着企业和产品的发展,到 20 世纪六七十年代以后,企业产品之间的同质化程度越来越高,罗瑟·瑞夫斯提出的 USP 理论在实际应用中遇到瓶颈。此时美国著名的广告专家大卫·奥格威(David Ogilvy)在给很多企业设计一些诉求产品优势的广告时也遇到了类似的困惑。于是,大卫·奥格威从品牌定位的角度提出品牌形象的概念,希望通过塑造外在品牌形象的差异来体现产品的差异,品牌形象理论就此而诞生。③

品牌形象是品牌构成要素在人们心理上的综合反应。比如品牌价值、商品属性、品牌标记等给人们留下的印象,以及人们对品牌的主观评价。④ 品牌忠诚也好,品牌价值也罢,最终必须经过消费者这一关键步骤才能实现,消费者心理对品牌的反映从根本上影响着消费者的行为,并最终决定着品牌资产的真正价值。因此,"品牌形象"是"品牌"概念族中非常重要的子概念。

随着市场环境的变化,品牌形象理论也在不断完善。学者们对品牌形象

---

① 蒋璟萍. 基于本体论视角的品牌竞争力研究[D]. 中南大学,2008:24-26.
② 蒋璟萍. 论品牌生命周期及其延伸[J]. 湖南商学院学报,2008(5):90-94.
③ 〔荷〕里克·莱兹伯斯,巴斯·齐斯特,格特·库茨特拉. 品牌管理[M]. 李家强,译. 北京:机械工业出版社,2004:49-51.
④ 罗子明. 品牌形象的构成及其测量[J]. 北京工商大学学报(社会科学版),2001(4):19-22.

的界定,由起初的是根植于人们心中对品牌的要素及概念集合的解读渐渐转化为把品牌形象看作是消费者记忆中有关品牌的联想或知觉,并在此基础上形成了一系列的理论和实证研究成果。①

4. 品牌个性理论

品牌形象和品牌个性理论是最先受到学者及业界研究的理论课题。形象是企业对品牌的一项包装工程,个性则是品牌自身的内涵。品牌个性是学者将人类心理学上的"个性理论"应用到品牌管理理论中。个性本来是指人的个性,把心理学的个性应用到品牌管理理论上,令人格化的品牌有更佳的品牌联想强度及独特性。② 对于品牌个性的研究,大多数是把心理学中已经相对成熟和完整的个性理论直接延伸到品牌理论中。

至于品牌个性的形成,则是经由消费者与品牌直接或者间接接触而形成的,是消费者对品牌的联想。大部分品牌个性来源的因素,都是企业可以直接利用市场营销策略操控的,这些因素可以经由有效利用传意平台,在消费者心目中形成有利的印象。③

品牌个性的核心在于其高度差异性,塑造品牌个性的实质就是塑造品牌独特性。为此需要塑造独特的品牌核心价值,品牌的核心价值源于其高度的差异化和独特的个性化。④ 其次是对产品进行与众不同的品牌个性定位,并进行个性化的品牌宣传。最后要形成独特的品牌文化。独特的品牌文化是品牌个性的灵魂,独一无二的品牌文化,可以让品牌在消费者心中的形象变得十分清晰和生动。

5. 品牌定位理论

定位理论被评为 20 世纪对美国营销界影响最大的理论。定位理论成为营销战略的核心,品牌定位成为品牌建设的核心,是品牌成功的重要基础。品牌定位就是企业将自己的产品推向市场,对其特性、品质和声誉等给予明确界定,通过精心设计的营销策划,将其融入顾客和潜在顾客的生活过程,从而形成确切的市场定位。⑤ 品牌定位要着眼于消费者的心智,定位于心智的心理

---

① 卫军英. 品牌营销[M]. 北京:首都经济贸易大学出版社,2009:41-43.
② 王正忠. 品牌个性的形成及发展[J]. 当代经济,2011(16):132-135.
③ Aaker,J. L. Dimensions of Brand Personality[J]. Journal of Marketing Research,1997,34(3):347-356.
④ 夏湘龙,宋旭琴. 品牌个性的塑造[J]. 企业经济,2002(8):85-86.
⑤ 徐旭. 基于心理契约的品牌定位对品牌资产影响研究[D]. 青岛大学,2010:12-14.

基础是赞赏和展现自我。消费者之所以在市场上愿意选择某一特定品牌,是基于对该品牌内涵的赞赏和希望展现自我而做出的决定。因此,品牌定位明确、个性鲜明,才会有明确的目标消费层。品牌定位受到多种因素的影响和制约,如品牌特征、品牌个性、品牌环境和品牌策略等。

品牌定位就是要努力寻找品牌自身的优势和该品牌与其他品牌的区别,寻找消费者未被满足的需求,为品牌在消费者的头脑中培养认同、制造差异。① 品牌要达到正确的定位需要确定四个方面的因素:目标市场、竞争的性质、消费者的相同点的联想和不同点的联想。②

6. 品牌延伸理论

品牌延伸问题的系统研究始于20世纪70年代末。1979年,Tanber发表了学术论文《品牌授权延伸,新产品得益于老品牌》,首次系统地提出了品牌延伸的理论问题。③ 20世纪80年代,品牌延伸问题的研究进一步发展并引发了国际学术界的广泛兴趣。许多学者从不同的角度分析了品牌延伸的效果和价值,大大丰富了品牌延伸的理论体系。

品牌延伸是指在已经确立的品牌地位的基础上,将原有品牌运用到新的产品和服务中,从而期望减少新产品进入市场的风险,以更少的营销成本获得更大的市场回报。关于对影响品牌延伸评价的研究是在Aaker和Keller提出的契合度和母品牌质量的基础上展开的,综合过去有关品牌延伸评价的相关研究,可以看出母品牌特征、延伸产品特征、外在因素和契合度是影响品牌延伸评价的主要因素。④ 西方学术界在哪些因素影响消费者对品牌延伸的评价及如何评价的问题上取得了丰富的成果,但是在未来的研究中,应尽量结合真实的品牌延伸案例进行消费者研究,并切实区分消费者对新产品的评价和消费者对品牌延伸的态度。

(二)现代品牌理论

现代品牌理论阶段是品牌学理论的深化阶段,主要包括品牌资产(权益)理论、品牌资产(权益)管理理论和品牌资产(权益)管理运作模型三个方面的

---

① 韩经纶,赵军. 论品牌定位与品牌延伸的关系[J]. 南开管理评论,2004(2):46-50.
② Kevin Lane Keller. Strategic Brand Management[M]. Prentice Hall Inc,1998:77-78.
③ Tauber E M. Brand Franchise Extension:New Product Profits from Existing Brand Names[C]//Presentation at the New Product Marketing Workshop. 1979:1-17.
④ Aaker D A,Keller K L. Consumer Evaluations of Brand Extensions[J]. The Journal of Marketing,1990:27-41.

内容。

1. 品牌资产(权益)理论

品牌资产(Brand Equity)也称为品牌权益,是指只有品牌才能产生的市场效益。品牌权益为一个联想的集合(The Set of Associations),且是该品牌的顾客、渠道商、母公司的一部分行为,有品牌商品将比无品牌商品创造更大的销售量或利润,并给该品牌带来较竞争者强而持久的差异化优势。[①] 简而言之,由品牌所赋予的产品附加价值即为品牌权益。

纵观国内外学术界及实践者对品牌资产理论的研究成果,主要包括以下三个研究领域。

(1) 财务导向理论。品牌权益是指由各种成功的营销规划和活动创造的,为一种产品和服务积累起来的在商品和服务贸易过程中可度量的财务价值。[②] 关于品牌的一个重要问题不是如何创建、营销,而是如何使人看到它们的成功及在财务上的价值。

从财务的角度,品牌资产可以直接用货币的价值来表现,比如为收购品牌而支付的价格。[③] 品牌资产也称品牌权益,是指只有品牌才能产生的市场效益,或者说,产品在有品牌时与无品牌时的市场效益之差。

(2) 竞争导向理论。品牌资产包括品牌影响力和品牌价值两方面因素。品牌影响力是指一系列有关品牌客户、渠道成员及母公司的联合行为,它们使该品牌拥有一个特定持久的竞争优势。[④] 品牌价值是管理层通过采取一系列努力来增加当前和未来的利益并减少风险的行为,以提高品牌的经济效益。

其中,品牌延伸是品牌资产利用的重要方式,是将著名品牌或成名品牌使用到与现有产品或原产品不同的产品上,是企业在推出新产品过程中经常采用的策略。总之,品牌延伸提高了品牌的经营能力和扩展能力,品牌资产的大小体现在品牌自身的成长和扩展能力上。

[①] 李晓力,钟健. 品牌权益对品牌延伸的影响行为研究[J]. 西南交通大学学报(社会科学版),2007(2):118-121.

[②] Smith J W. Thinking about Brand Equity and the Analysis of Customer Transactions [C]//Managing Brand Equity: A Conference Summary, Report. 1991(91-110):17-18.

[③] 刘建堤. 品牌定义与品牌资产理论研究文献综述[J]. 经济研究导刊,2012(31):195-199.

[④] Shocker A D, Srivastava R K, Ruekert R W. Challenges and Opportunities Facing Brand Management: An Introduction to the Special Issue[J]. Journal of Marketing Research, 1994,31(2):149-158.

(3) 顾客导向理论。从顾客的角度提出的品牌资产概念（Customer-based Brand Equity, CBBE），即已有的品牌知识影响顾客心智而导致顾客对品牌营销产生的差异化效应。从顾客认知的视角提炼出品牌资产的"五星"概念模型，认为品牌资产由品牌知名度、品牌感知度、品牌联想度、品牌忠诚度和其他专属品牌资产五个要素构成。[①]

另外，一些学者从消费者使用和满意度的角度来考察品牌资产，认为品牌资产是给产品带来的超越其功能效用的附加值或附加利益，只有品牌得到了消费者的认可，才能产生吸引力和感召力，使消费者接受并导致消费行为，从而形成品牌资产。

2. 品牌资产（权益）管理理论

品牌资产被认为是企业竞争优势的来源，到目前为止，西方学者对品牌资产的研究已有20余年的时间。学者们往往出于不同的目的从不同的角度进行研究，其中针对品牌资产的管理，主流观点一般分为三种：基于财务视角的品牌资产管理、基于顾客视角的品牌资产管理和基于员工视角的品牌资产管理。

(1) 基于财务视角的品牌资产管理。财务视角的品牌资产需从成本、盈余、现金流增量等方面来定义，其关注品牌为企业带来的收入、市场份额、现金流等附加的市场价值。它受顾客的品牌资产创造的间接绩效及市场条件、投资者情绪等营销之外的因素影响（王海忠，2006）。[②] 财务视角的品牌资产体现为短期的、现时的绩效（Aaker, 1996）[③]，反映了企业现存的顾客数量和获取的利润（Raggio & Leone, 2007）。[④]

(2) 基于顾客视角的品牌资产管理。基于顾客视角的品牌资产反映了企业营销活动的直接绩效，揭示出营销行为对顾客心理的影响，该资产是基于顾客的态度、感知和行为意向而形成的一种资产。与财务视角的品牌资产相比，

---

① Aaker, David A. Managing Brand Equity. Capitalizing on the Value of a Brand Name [M]. New York: Free Press, 1991: 52-58.
② 王海忠, 于春玲, 赵平. 品牌资产的消费者模式与产品市场产出模式的关系[J]. 管理世界, 2006(1): 106-119.
③ Aaker D A. Measuring Brand Equity Across Products and Markets[J]. California Management Review, 1996, 38(3): 102-120.
④ Raggio R D, Leone R P. The Theoretical Separation of Brand Equity and Brand Value: Managerial Implications for Strategic Planning[J]. Journal of Brand Management, 2007, 14(5): 380-395.

基于顾客视角的品牌资产反映了企业营销战略行为的长期性和潜在性绩效(Aaker,1992)。①

(3)基于员工视角的品牌资产管理。基于员工视角的品牌资产管理是指当员工感知到较高的品牌资产时,他们更愿意履行承诺,并愿意与企业保持长久的合作关系。建立基于员工视角的品牌资产管理的目的不是要在企业内部重新创建品牌识别,而是要将已有的品牌识别转化为员工的品牌知识。

品牌资产的管理过程包括品牌资产的定位、品牌资产的传播和品牌资产的延伸。品牌定位在很大程度上会受到市场的影响,通过对市场定位的把握和调控,确立品牌在潜在目标顾客群中的有利地位。品牌资产定位的内容包括品牌理念识别(MI)、品牌视觉识别(VI)、品牌行为识别(BI)以及品牌销售形象识别(SI)。由此可见,这四个部分使得品牌定位的内容极其丰富,而不是仅受市场或者产品的影响。品牌资产定位的最终目的就是进一步创造品牌差异化,增强核心竞争力。

3. 品牌权益管理运作理论

在品牌权益、资产和品牌管理理论研究的基础上,实践界特别是咨询界围绕如何做好品牌资产的管理实践,提出了许多管理运作模型,此时,品牌开始上升为公司战略和管理中的新领域。20 世纪 90 年代以来,奥美的"品牌管家"、萨奇的"全球品牌战略"、达彼思的"品牌轮盘"、智威汤逊的"整体品牌建设"、戴维森的"品牌冰山"理论和思想相继推出,随后,Duncan(1998)提出用"价值范畴"代替"价值链"的品牌关系研究新模式②,Aaker(1998)首次将生态学的种群概念引入品牌理论的研究中,形成一个认识品牌的全新角度③,2000年,他进一步提出了"品牌领导"的新管理模式,Winkler(1999)提出了品牌生态环境的新概念,并指出品牌生态环境是一个复杂的、充满活力并不断变化的有机组织。④ 品牌与生态的结合成为品牌发展理论的新趋向,成为品牌理论创新与发展的新视角。

---

① Aaker D A. The Value of Brand Equity[J]. Journal of Business Strategy,1992,13(4):27-32.
② Duncan,Moriarty S E. A Communication-based Marketing Model for Managing Relationships[J]. The Journal of Marketing,1998:1-13.
③ Aaker D A. Marcas:Brand Equity:Gerenciando o Valor da Marca[M]. Gulf Professional Publishing,1998:13-18.
④ Winkler A. Warp-speed Branding:the Impact of Technology on Marketing[M]. Wiley,1999:3-9.

(三)当代品牌理论

当代品牌理论阶段是品牌学理论的全面发展阶段,除古典品牌理论、现代品牌理论进一步创新、完善和相互渗透之外,主要包括品牌关系和品牌力理论、品牌塑造方法、战略性品牌管理理论、范畴性品牌理论及其他新兴品牌思想等方面的内容。

1. 品牌关系与品牌力理论

品牌关系不同于品牌个性、品牌形象等单向概念,它是一个双向互动的概念。品牌关系的主体构成包括消费者与品牌的关系、品牌与品牌的关系、品牌社区关系和其他品牌关系。

品牌关系里研究最早的就是消费者与品牌的关系,并将品牌关系定义为品牌和消费者的互动过程,品牌资产是由品牌价值和品牌意义构成的,品牌价值依赖于品牌意义。而品牌意义是由品牌态度和品牌形象构成的,品牌态度构成主观品牌,品牌形象构成客观品牌,主客观品牌互动就形成品牌关系。[①]

品牌力是顾客对品牌的感知所产生的一种力量,是带动产品向顾客运动的一种动力。品牌力会受诸多因素的影响。

(1)需求。需求是顾客产生消费行为的动机,品牌需具有满足顾客某种需求的能力才会让顾客产生品牌消费动机。然而,需求会受到政治、经济、文化、宗教、心理、地域等诸多因素的影响,呈现千差万别的形态,其中有一些共性的特征:需求的多样性、需求的层次性、需求的发展性、需求的从众性及需求的周期性等。

(2)品牌利益。在现实生活中,品牌会给顾客带来这样或那样的利益,品牌可以帮顾客识别产品并让顾客的购买决策简单化,同时准确的品牌定位可以针对特定的目标顾客群,顾客会为该产品注入"情感",形成满足而愉快的感觉,产生持久的购买力。

(3)顾客感知价值。顾客对品牌的感知价值是品牌力生成机制模型的核心,是顾客将感知到的品牌利益与感知到要为获得品牌所付出的成本进行权衡后对品牌的主观总体评价。这种主观感知会受到内外多种因素的影响,如内在的情绪、价值观,外在的宏观环境、企业、竞争者、媒体力量,等等。

品牌力生成机制见图1-1。

---

① 孙晓强.品牌关系:一个整合概念模型[J].云南财经大学学报,2007(3):110-116.

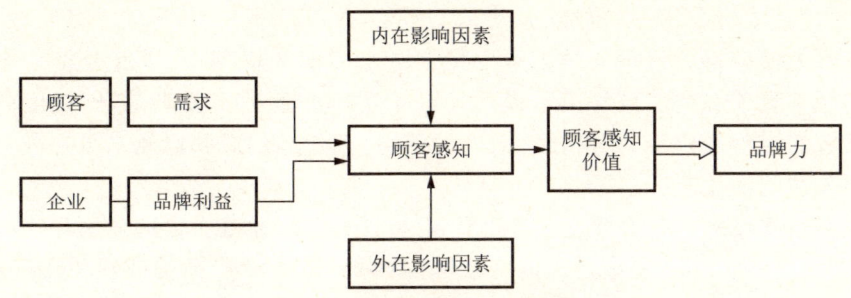

图 1-1　品牌力生成机制模型

2. 品牌塑造方法

这一时期的品牌塑造方法主要包括品牌功能塑造方法、品牌知觉塑造方法、品牌故事塑造方法、品牌思想塑造方法及品牌特征塑造方法等。① 它们之间存在着耦合关系，既可以单独使用，也可以混合使用或综合运用。

3. 战略性品牌管理理论

在品牌权益（资产）管理研究的基础之上，随着品牌理论研究的深入，逐渐出现了战略性品牌管理理论及其操作模型。主要代表性研究成果有：奥美的"360°品牌管理"理念、新格品牌管理顾问中心的"720°品牌管理"概念模型、德根的品牌关系管理系统、"易难 7F(Seven Force)"品牌管理模型、MBC（营销系统工程）品牌管理模式、品牌操作模型（2005）以及"全方位品牌管理"等。②

4. 范畴性品牌理论及新兴品牌理论

随着品牌外延的不断扩展，出现了"泛品牌化现象"。此外，网络品牌、整合品牌传播及品牌网络等思想也开始出现和被关注，并且随着品牌研究的深入，有些学者开始归纳和提炼一些品牌定律，如品牌塑造的 22 条定律、建立无敌品牌的 10 条准则、品牌通鉴、品牌词典，等等。

二、竞争力理论

（一）竞争理论

迈克尔·波特（Michael Porter）于 20 世纪 80 年代初提出波特五力模型（Porter's Five Forces Model），认为行业中存在着决定竞争规模和程度的五种力量，这五种力量综合起来影响着产业的吸引力。五种力量分别为进入壁

---

① 张锐,张燚.品牌学理论演化与发展[J].重庆文理学院学报,2007(5),117-123.
② 徐鹏.基于消费者认知的品牌定位模式研究[D].南开大学,2009:20-21.

垒、替代品威胁、买方议价能力、卖方议价能力以及现存竞争者之间的竞争。波特五力模型将大量不同的因素汇集在一个简便的模型中，以此分析一个行业的基本竞争态势。五种力量模型确定了竞争的五种主要来源，即供应商和购买者的讨价还价能力、潜在进入者的威胁、替代品的威胁以及来自在同一行业的公司间的竞争。

竞争战略从一定意义上讲是源于企业对决定产业吸引力的竞争规律的深刻理解。任何产业，无论是国内的或国际的，无论生产产品的或提供服务的，竞争规律都将体现在这五种竞争的作用力上。因此，波特五力模型是企业制定竞争战略时经常利用的战略分析工具。

供应商的议价能力（Bargaining Power of Suppliers）——供方主要通过提高投入要素价格与降低单位价值质量的能力，来影响行业中现有企业的盈利能力与产品竞争力。供方力量的强弱主要取决于他们所提供给买主的是什么投入要素，当供方所提供的投入要素价值构成了买主产品总成本的较大比例、对买主产品生产过程非常重要或者严重影响买主产品的质量时，供方对于买主的潜在讨价还价力量就大大增强。一般来说，满足如下条件的供方集团会具有比较强大的讨价还价力量。

购买者的议价能力（Bargaining Power of Buyers of Customers）——购买者主要通过其压价与要求提供较高的产品或服务质量的能力，来影响行业中现有企业的盈利能力。

新进入者的威胁（the Threat of New Entrants for an Industry）——新进入者在给行业带来新生产能力、新资源的同时，将希望在已被现有企业瓜分完毕的市场中赢得一席之地，这就有可能会与现有企业发生原材料与市场份额的竞争，最终导致行业中现有企业盈利水平降低，严重的话还有可能危及这些企业的生存。竞争性进入威胁的严重程度取决于两方面的因素，这就是进入新领域的障碍大小与预期现有企业对于进入者的反应情况。

进入障碍主要包括规模经济、产品差异、资本需要、转换成本、销售渠道开拓、政府行为与政策（如国家综合平衡统一建设的石化企业）、不受规模支配的成本劣势（如商业秘密、产供销关系、学习与经验曲线效应等）、自然资源（如冶金业对矿产的拥有）、地理环境（如造船厂只能建在海滨城市）等方面，这其中有些障碍是很难借助复制或仿造的方式来突破的。预期现有企业对进入者的反应情况，主要是采取报复行动的可能性大小，则取决于有关厂商的财力情况、报复记录、固定资产规模、行业增长速度等。总之，新企业进入一个行业的可能性大小，取决于进入者主观估计进入所能带来的潜在利益、所需花费的代价与所要承担的风险这三者的相对大小情况。

替代品的威胁（the Threat of Substitute Products）——两个处于同行业或不同行业中的企业，可能会由于所生产的产品是互为替代品，从而在它们之间产生相互竞争行为，这种源自于替代品的竞争会以各种形式影响行业中现有企业的竞争战略。第一，现有企业产品售价以及获利潜力的提高，将由于存在着能被用户方便接受的替代品而受到限制；第二，由于替代品生产者的侵入，使得现有企业必须提高产品质量，或者通过降低成本来降低售价，或者使其产品具有特色，否则其销量与利润增长的目标就有可能受挫；第三，源自替代品生产者的竞争强度，受产品买主转换成本高低的影响。总之，替代品价格越低、质量越好、用户转换成本越低，其所能产生的竞争压力就强；而这种来自替代品生产者的竞争压力的强度，可以具体通过考察替代品销售增长率、替代品厂家生产能力与盈利扩张情况来加以描述。奇货可居同业竞争者的竞争程度（the Intensity of Competitiverivalry）——大部分行业中的企业，相互之间的利益都是紧密联系在一起的，作为企业整体战略一部分的各企业竞争战略，其目标都在于使得自己的企业获得相对于竞争对手的优势，所以，在实施中就必然会产生冲突与对抗现象，这些冲突与对抗就构成了现有企业之间的竞争。现有企业之间的竞争常常表现在价格、广告、产品介绍、售后服务等方面，其竞争强度与许多因素有关。

根据上面对于五种竞争力量的讨论，企业可以采取尽可能地将自身的经营与竞争力量隔绝开来、努力从自身利益需要出发影响行业竞争规则、先占领有利的市场地位再发起进攻性竞争行动等手段来对付这五种竞争力量，以增强自己的市场地位与竞争实力。

概括起来，波特的竞争战略理论的基本逻辑是：① 产业结构是决定企业盈利能力的关键因素；② 企业可以通过选择和执行一种基本战略影响产业中的五种作用力量（即产业结构），以改善和加强企业的相对竞争地位，获取市场竞争优势（低成本或差异化）；③ 价值链活动是竞争优势的来源，企业可以通过价值链活动和价值链关系（包括一条价值链内的活动之间及两条或多条价值链之间的关系）的调整来实施其基本战略。波特的竞争力模型的意义在于五种竞争力量的抗争中蕴含着三类成功的战略思想，那就是大家熟知的总成本领先战略、差异化战略、专一化战略。

（二）战略定位理论

1. 里斯与特劳特定位理论的要点

定位理论是由著名的美国营销专家艾·里斯与杰克·特劳特于20世纪70年代提出来的。其定位理论的要点：一是定位要从产品开始，让潜在消费者的脑海对产品进行定位,也就是让产品在潜在消费者的心目中占据一个真正有价值的地位。二是在这个传播过度的社会里,获得大成功的唯一希望是要有选择性,缩小目标,分门别类,创造第一,实现类的独特性。三是要在潜在消费者的头脑里寻找解决问题的办法是传送极其简单的信息。四是让自己的品牌在消费者心中做到与众不同,实施差异化,并占据一个独特的差异化定位,才能赢得顾客。五是定位一旦建立,只要消费者产生了相关的需求,就会自动地首先想到某种产品,达到先入为主的效果。里斯与特劳特的定位理论是一种最富有价值的营销战略理论之一,广泛适用于企业战略,其创新贡献表现在提出了"心理占位""争当第一""极其简化信息"来击中消费者的心。中山大学卢泰宏教授认为定位理论的核心是主张创造心理位置和强调第一,方法和依据是类的独特性,沟通的着眼点是心理上的认同。[①]

2. 里斯与特劳特的主要观点

一是认为定位就是让企业和产品与众不同,争当第一,形成核心竞争力,突出某方面焦点,让品牌在消费者的心目中占据最有利的位置,成为某个类别或某种特性的代表品牌。当消费者产生相关需求时,便会将定位品牌作为首选,来占据消费者心目中的定位。二是认为消费者对品牌的印象不会轻易改变,必须保持定位的稳定性,切忌频繁变更。定位一旦形成很难在短时间内消除,而盲目的品牌延伸反而会摧毁已有的定位。三是认为定位就是追求简单,借助持续、简单的信息在消费者心中占据一个位置,其最佳的效果是让企业和产品在消费者心智中拥有一个字眼。四是认为定位就是建立认知,提出消费者心智工作原理是定位的核心,决定着商业战略的成败。具体是:心智容量有限,只能接收有限的信息;心智厌恶混乱,喜欢简单;心智缺乏安全感,容易产生从众心理;心智拒绝改变,对老品牌更感兴趣;盲目性的品牌延伸会使心智失去焦点。[②]

3. 里斯与特劳特的品牌定位法

里斯与特劳特提出的品牌定位法主要有强化已有定位、比附定位、单一位

---

① 〔美〕艾尔·里斯,杰克·特劳特. 定位[M]. 王恩冕,于少蔚,译. 北京:中国财经出版社,2002:87-132.

② 〔美〕杰克·特劳特,史蒂夫·里夫金. 与众不同:极度竞争时代的生存之道[M]. 火华强,译. 北京:机械工业出版社,2009:84-85.

置策略、寻找空隙策略、类别品牌定位和再定位等。①

第一，强化已有定位。现有的产品和服务在消费者心目中都有一定的位置，要反复向人们宣传这种定位，强化本企业的产品和服务在消费者心目中的形象和特色。

第二，比附定位。使定位对象与竞争对象（已占有牢固位置）发生关联，并确立与竞争对象的定位相反的或可比的定位。既强化了自己与第一的关系，又表明了自己处于弱者的位置，更易引起"同情弱者"的共鸣。

第三，单一位置策略。处于领导地位者，要以另外的新品牌来压制竞争者。使每一个品牌在其潜在顾客心目中安置了独自所占据的一个特定处所，这是作为市场领导者所要采取的策略，并在各种场合宣传自己第一的形象。②

第四，寻找空隙策略。寻求消费者心目中的空隙，然后加以填补，如价格（高低）、性别、年龄、一天中的时段、分销渠道及大量使用者的位置等各种空隙。

第五，类别品牌定位。一个强大的品牌名称成了产品类别名称的代表或代替物时，必须为公司一个真正成功的新产品命名一个新的名称，而不能采用"搭便车"的做法，沿袭公司原有产品的名称，不让一个名称代表两个迥然不同的产品。

第六，再定位。也称重新定位，即打破事物（例如产品）在消费者心目中所保持的原有位置与结构，使事物按照新的观念在消费者心目中重新排位、调理关系，以创造一个有利的新秩序。

---

① 〔美〕艾·里斯，杰克·特劳特. 广告攻心战略：品牌定位[M]. 刘志毅，译. 北京：中国友谊出版公司，1991：47.
② 〔美〕杰克·特劳特. 什么是战略：摩根斯坦利所推崇的商业战略思想[M]. 火华强，译. 北京：中国财政经济出版社，2004：45-48.

第二章 海洋旅游产业的基本特征与竞争态势

第一节 全球海洋旅游产业的产业格局

海洋旅游业是为了满足人们高层次的精神和物质需求,通过海洋旅游资源的深层次开发,创造现代化的海洋游览、娱乐和度假环境,为国内外旅游者提供高水平的优质服务来获得经济效益和社会效益的综合性产业。[①]

海洋旅游业主要包括海洋与海岸带旅游开发(旅游接待设施、餐饮业、食品业、第二住宅等)、旅游基础设施(零售业、港口、交通等旅游活动支持系统)以及所有基于海洋与海岸带的各种旅游、休闲和娱乐活动(不同形式的游泳、冲浪以及基于远洋深海垂钓和游船旅游等活动)。海洋旅游产业是海洋经济的首要组成部分。[②] 海洋旅游业处于国际、国内海洋经济可持续发展的时代背景之中,已成为当今世界海洋经济的支柱产业和国民经济的主要增长点,越来越受到世界各国的重视,并与海洋石油、海洋工程并列为海洋经济的三大新兴产业,成为未来世界旅游业持续发展的重要方面。

一、世界海洋旅游的发展演进过程

(一)孕育阶段(18世纪早期~19世纪初)

地中海地区是世界海洋旅游的发源地。由于地处地中海沿岸,古希腊和古罗马人与海洋的关系十分密切,是较早开始进行海洋旅游活动的民族之一。

[①] 李隆华,等.海洋旅游学导论[M].杭州:浙江大学出版社,2005:69

[②] 马丽卿,等.海洋旅游产业理论及实践创新[M].杭州:浙江科学技术出版社,2006:15.

海洋旅游虽早已有之,但古代的海洋旅游只是贵族、官员、富人等少数人的特权,且其出行的目的也多出于政治、军事、谋生、考察等原因,并不能算是真正意义上的海洋旅游。

现代海洋旅游发端于18世纪早期。世界上有记载的最早的海水浴出现于1730年英国的斯盖宝拉和布莱顿。1753年,一位名叫理查德·罗素的医生发表了一篇关于海水浴的论文,在其中他特别提及了布莱顿的海水对于健康的益处,于是富人和贵族们开始来布莱顿的海边度假。为了吸引更多的人,布莱顿地区不仅配备了医疗设备,修建了不同档次的旅馆、别墅,还增设相应的娱乐设施,使之成为专门的海滨疗养地,这是最早的海洋旅游业的雏形。[①]

(二) 诞生阶段(19世纪上半叶~19世纪末)

真正意义上的现代海洋旅游业诞生于19世纪上半叶之后。那时,蒸汽机的问世引发了人类的交通革命,轮船的发明与应用促进了国际交流和海洋旅游的发展,使得大众群体开展海洋旅游活动成为可能。另外,城市工业的繁荣令人们的生活节奏逐渐加快,工作压力不断加大,改善劳动者工作和生活状况、调节心理压力成为迫切需求。在此双重刺激下,海洋旅游需求不断被激发,现代海洋旅游就此形成。为了进一步调整和舒缓工业发展给大众带来的心理压力,自1871年起英国开始在8月实行"海岸休假日"。[②] 英国政府首次将海滨度假作为一项制度颁布,从某种程度上这是近代滨海旅游形成的标志。

在这一时期,海洋旅游的主要目的是疗养康复,主要旅游产品有海水浴、阳光浴、医疗保健以及少量的海滨娱乐活动。欧洲大西洋沿岸、地中海沿岸的冬季避寒疗养地和度假地不断出现,标志着世界温带和亚热带滨海旅游业的崛起。

(三) 发展阶段(19世纪末~20世纪中叶)

海洋奇异壮美的风光,加上人民对海洋的天然依赖、工业文明后人类对回归大自然的向往、更多的收入和闲暇等因素,促使人民越来越多地涌向海滨、涌向海洋,形成了世界范围内的海洋旅游热潮。

在这一阶段,科学技术的进一步发展使人类有足够的能力借助于工具深入海洋游乐,人类不再局限于滨海旅游,而是在海面上、海底、远海区域进行旅游活动。除了传统的海水浴、阳光浴、医疗保健旅游产品外,还出现了一些水

[①] 马丽卿,等.海洋旅游学[M].北京:海洋出版社,20-21.
[②] 李隆华,等.海洋旅游学导论[M].杭州:浙江大学出版社,2005:23.

上运动和水上游乐项目,如滑水、划船、空中跳伞、潜水、帆船、邮轮、垂钓等。因为海洋旅游开发成为一项有利可图的投资,更多的投资商们开始将目光转向海洋旅游业,在一些著名的滨海地区,建起种类繁多的娱乐设施和饭店。在这一时期,地中海成为世界著名的海洋旅游中心,加勒比的热带海滨旅游业也开始兴起。

(四)繁荣阶段(20世纪后半叶至今)

20世纪后半叶,海洋旅游进入大发展时期。第二次世界大战后,发达国家遭受重创,南美洲、亚洲地区的殖民地相继出现了国家独立运动,东南亚地区的新加坡、马来西亚等国相继独立,澳大利亚获得完全立法权和司法权,加勒比地区成立了加勒比国家联盟,整个世界进入相对和平时期,发展经济成为大多数国家的首要任务。这些沿海国家看到了海洋旅游带来的巨大收益,开始大力发展海洋旅游业。

自20世纪90年代以来,随着《联合国海洋法公约》的生效和《21世纪议程》的实施,海洋在全球的战略地位日趋突出。为了抢占海洋时代的新优势,美国、俄罗斯、加拿大、澳大利亚、日本、韩国、印度等国都相继提出了面向21世纪的国家海洋发展战略,比如韩国制定了"海洋韩国——21世纪战略",日本大力实施"海洋立国"规划。海洋旅游业作为海洋经济的重要组成部分,也越来越受到国家层面的重视,从而促进了世界海洋旅游业的繁荣发展。

在这一时期,海洋旅游成为世界旅游业中发展速度最快的一类旅游。旅游业已经成为某些沿海国家和地区的主要创汇来源,成为国民经济的支柱产业或龙头产业,部分国家或地区(尤其是海岛地区,如巴哈马、百慕大、开曼群岛等)旅游及相关产业在国民经济中的比重甚至超过了50%。人类对海洋旅游的需求也日益旺盛,海洋旅游成为人类生活中的重要概念。

二、世界海洋旅游分区

目前最具市场影响力的世界级海洋旅游目的地主要包括地中海地区、加勒比海地区和东南亚地区,南太平洋地区和南亚地区正在迅速成为世界海洋旅游的新热点。这些世界级海洋旅游目的地,尽管其开发时间和发展背景各不相同,但共同的特点都是很好地把握并且利用了各自拥有的内部条件和外部机遇。大多数世界级海洋旅游目的地都具有优越的自然条件和独特的文化背景。从地中海、加勒比海、东南亚、南太平洋到美国夏威夷和南亚的马尔代夫、斯里兰卡,原住民的生活方式、多民族交融的文化背景、传统文化积淀与现代时尚元素的结合,不仅成为最有魅力的旅游吸引物,而且成为旅游目的地的独特形象。

(一) 地中海沿岸地区

1. 地理位置

地中海被北面的欧洲大陆、南面的非洲大陆和东面的亚洲大陆包围着,东西共长约 4 000 千米,南北最宽处大约为 1 800 千米,面积(包括马尔马拉海,但不包括黑海)约为 2 512 000 平方千米,是世界上最大的陆间海。

地中海连通着欧、亚、非三洲,自古以来就是军事和交通要塞。它的西部通过直布罗陀海峡与大西洋相通,最窄处仅 13 千米,航道相对较浅。东部通过土耳其海峡(达达尼尔海峡和博斯普鲁斯海峡、马尔马拉海)和黑海相连。东北部以达达尼尔海峡–马尔马拉海–博斯普鲁斯海峡连接黑海。东南部经 19 世纪时开通的苏伊士运河与红海沟通。地中海处在欧亚板块和非洲板块交界处,是世界强地震带之一。

地中海沿岸有 20 多个国家和地区,南欧国家包括西班牙、法国、意大利、斯洛文尼亚、克罗地亚、波斯尼亚、波黑、阿尔巴尼亚、希腊、马耳他和塞浦路斯等,西亚国家包括土耳其、叙利亚、黎巴嫩、以色列和巴勒斯坦等,南面的非洲国家有摩洛哥、阿尔及利亚、突尼斯、利比亚和埃及等。

2. 海洋旅游概况

地中海沿岸是海洋旅游的发源地,也是世界上海洋旅游业最发达的地区之一。根据世界旅游组织《2015 年全球旅游报告》,世界上排名前五的国际旅游接待国中,地中海沿岸地区占据三席,分别是法国(第一名)、西班牙(第三名)、意大利(第五名)。三个国家的国际游客接待总量达 197.3 百万人次,占全世界总量的 17.4%。

地中海沿岸各国都有较长的海岸线,具有开展海滨观光、旅游、度假和疗养活动的有利条件。地中海被半岛和岛屿分隔成许多内海,著名的有亚得里亚海、爱琴海等,海水清碧,沙滩细软宽阔,沿岸为典型的地中海式气候,阳光充足,是进行海水浴、日光浴和水上运动的极好场所,现已建成许多世界规模的海滨游乐、康复休养基地和冬季避寒旅游活动中心。地中海西部欧洲沿岸是整个地中海海洋旅游业最为发达的地区,其中西班牙的太阳海岸、美丽海岸,法国的尼斯、蓝色海岸,意大利的斯培西亚和利古里亚海滨,克罗地亚的斯普利特、杜布罗夫尼克以及被誉为"地中海浴盆"的西班牙巴利阿里群岛,法国的科西嘉岛等都是著名的海滨和海岛旅游胜地。东部沿岸国家的旅游规模都较小,旅游客源依赖于欧洲的发达国家,旅游收入是这些国家的重要外汇来源。地中海东部夏季比西部热,且时间较长,生活费用低,这些优点对于欧洲北部的旅游者来说,可以抵消距离远的缺点,所以东部相较于西部已形成的旅游中心也具有一定的竞争优势。该地区的沿海、气候、历史和文化旅游资源十分丰富,但是政治和文化因素一直在支配这里的旅游规模和发展。①

(二) 加勒比海地区

1. 地理位置

加勒比海位于西半球热带大西洋海域,西部与西南部是墨西哥的尤卡坦半岛和中美洲诸国,北部是大安的列斯群岛,东部是小安的列斯群岛,南部则是南美洲。整个加勒比海海区、西印度群岛诸岛及海域沿岸被合称为"加勒比地区",加勒比海面积达到近 2 754 000 平方千米。

加勒比海区的国家和地区有 30 多个,包括大小安的列斯群岛的古巴岛、海地岛、牙买加岛、波多黎各岛,多米尼克(多米尼加联邦)、波多黎各(美)、圣基茨和尼维斯、安提瓜和巴布达、多米尼加共和国、圣卢西亚、圣文森特和格林纳丁斯、巴巴多斯、格林纳达、特立尼达和多巴哥等;中美洲的墨西哥、伯利兹、危地马拉、洪都拉斯、萨尔瓦多、尼加拉瓜、哥斯达黎加、巴拿马;南美大陆的委内瑞拉、哥伦比亚;此外还有一些仍处在美、英、荷、法统治下的殖民地。另外,大安的列斯群岛以北的巴哈马群岛及孤悬美国东部的大西洋中的百慕大群岛都归属于这一旅游地区。巴哈马群岛上有巴哈马国,百慕大群岛属英国。②

2. 海洋旅游概况

加勒比海区属于热带海洋性气候,夏季炎热多雨,季末常常受到毁灭性飓风的侵袭,冬季干燥而晴朗。冬季是加勒比海的旅游旺季,1~4 月的旅游者床位日数占全年床位日数的 40% 左右;另一个旺季是在 7~8 月,虽然这个时期天气不太理想,降雨较多。加勒比海区的海洋旅游以气候和海岸资源相结合为特点,丰富的海洋旅游资源、独具风格的热带滨海风光、优越的地理位置、庞大的美加客源市场、独特的殖民文化使得该地区成为世界海洋旅游业较为发达的地区之一。坎昆、巴哈马群岛、古巴的巴拉德罗海滩等都是世界著名的海洋旅游胜地。

加勒比海岛屿众多,分布范围广大,旅游业的发展和旅游者的数量在地区

---

① 丁登山,等. 环球风光旅游. 外国旅游地理[M]. 北京:高等教育出版社,1996:83.
② 唐发华,等. 世界旅游地理[M]. 南京:江苏教育出版社,1996:268-270.

上具有不平衡性,之所以如此,主要是因为:各地的自然特点不同,特别是地势和气候不同;历史和文化背景的差异;交通运输状况有区别,而这又在较大程度上与它们的政治状况和自然地理位置有关。因此,上述各种因素的结合状况不同,使得一些岛屿成为十分重要的旅游地,有的岛屿旅游者每年达100多万人次,而其他一些岛屿的旅游者每年不到10 000人次,差别极大。按年接待游客人数来看,居于前四位的是墨西哥、波多黎各(美属)、巴哈马和多米尼加共和国,其他国家和地区表现平平。其客源主要来自美国、加拿大和欧洲国家(如英、法、荷等)。

(三) 大洋洲旅游区

1. 地理位置

大洋洲位于太平洋西南部和南部的赤道南北广大海域中。在亚洲和南极洲之间,西邻印度洋,东临太平洋,并与南北美洲遥遥相对。大洋洲在地理上划分为澳大利亚、巴布亚新几内亚、新西兰、美拉尼西亚、密克罗尼西亚和波利尼西亚六区,共计有2万多个岛屿,陆地总面积897万平方千米,仅占世界陆地总面积的6%,是七大洲中陆地面积最小的洲,但其范围却最大。大洋洲是亚洲与南美洲和北美洲之间空中和海上航线所经之地,也是海底电缆所经之地,同时也是舰船的淡水和燃料供应地,在国际交通和战略上占有重要地位。

大洋洲有14个独立国家,其余十几个地区尚在英、美、法等国的管辖之下。这14个独立国家包括澳大利亚、瑙鲁、帕劳、巴布亚新几内亚、萨摩亚、斐济、所罗门群岛、基里巴斯、密克罗尼西亚联邦、图瓦卢、新西兰、汤加、马绍尔群岛、瓦努阿图。

2. 海洋旅游概况

大洋洲具有发展海洋旅游的良好条件。由于大洋洲与其他各洲相隔较远,而且洲内各群岛、岛屿之间相对独立,因此大洋洲的生态环境良好,且具有一些独特的动植物资源。另外,大洋洲的海岛资源十分丰富,洲内岛屿可分为大陆岛、珊瑚岛、火山岛三大类。这些岛屿的形成原因各不相同,景色十分优美壮丽。澳大利亚的大堡礁和黄金海岸、夏威夷群岛、所罗门群岛、关岛等都是著名的海洋旅游度假区。

大洋洲各国家和地区的旅游业发展十分不平衡。海洋旅游业发达的地区如夏威夷、澳大利亚、关岛、斐济、新西兰等地,旅游业已成为当地的重要经济来源。根据夏威夷旅游局发布的信息,2013年到夏威夷度假的游客数量约为

824万人次,旅游总收入达145亿美元,占当地国内生产总值的60%。澳大利亚旅游调查局数据显示,2014~2015财年,澳大利亚国际和国内旅游业共创造1 070亿澳元经济收入,国际游客总量超过660万人次。汤加、瓦努阿图等岛屿国家旅游业收入也比较可观,成为其国民经济的重要组成部分。然而还有一些岛国或由于位置偏僻、交通不便,或由于国家不够重视,导致这些地区旅游业欠发达,甚至尚未开发。

(四) 东南亚地区

1. 地理位置

东南亚位于亚洲东南部,包括中南半岛和马来群岛两大部分。中南半岛因位于中国以南而得名,南部的细长部分叫马来群岛。马来群岛也称南洋群岛,是世界上最大的群岛。东南亚处于亚洲大陆和澳大利亚大陆之间,也处于太平洋和印度洋之间,是连接两大洲和两大洋的"十字路口",战略位置十分重要。著名的马六甲海峡地处马来半岛和苏门答腊岛之间,是这个路口的"咽喉"。太平洋西岸国家与南亚、西亚、非洲东岸、欧洲等沿海国家之间的航线多经过这里。马六甲海峡沿岸的国家有泰国、新加坡和马来西亚,其中新加坡位于马六甲海峡的最窄处,交通位置尤其重要。

东南亚共10个国家,其中越南、老挝、柬埔寨、泰国、缅甸五国位于中南半岛上,称为"半岛国家",而菲律宾、马来西亚、文莱、新加坡、印度尼西亚五国位于马来群岛,又称"海岛国家"。1967年,由菲律宾、印度尼西亚、马来西亚、新加坡和泰国共同发表宣言成立"东南亚国家联盟",即"东盟"。东盟各国的旅游业已成为该区新型产业,在世界旅游业中居重要地位。

2. 海洋旅游概况

东南亚各国从20世纪五六十年代开始注重发展旅游产业。近年来,新加坡、马来西亚、泰国等国家的旅游业发展得已较为成熟,每年都能吸引上千万的国内外游客。2015年,新加坡接待游客1 520万人次,旅游业收入156亿美元;泰国接待国外游客总量2 460万人次,旅游总收入21 500亿泰铢。

东南亚地区发展海洋旅游业具有许多优势。首先,东南亚的海岛资源十分丰富,菲律宾和印尼都有"千岛之国"的称号。整个地区有许多世界闻名的旅游岛,如印尼的巴厘岛、泰国的普吉岛、马尔代夫等。其次,东南亚许多国家都有漫长曲折的海岸线和优质的沙滩,非常有利于发展滨海观光度假旅游。著名的海滨城市有马来西亚的迪和鲁、泰国的芭提雅等。芭提雅被誉为"东方夏威夷",是世界上最具吸引力的海滩之一。另外,这里还有十分丰富的火山景观、独特的人文风情等,使东南亚成为世界范围内最受欢迎的海洋旅游区之一。

三、中国海洋旅游分区

中国大陆海岸线长达 18 000 多千米,跨度非常之广,经过温带、亚热带和热带三个气候带,自北向南濒临的近海有渤海、黄海、东海和南海。中国的领海,是指从海岸基线向海上延伸到 12 海里的海域。渤海和琼州海峡为中国内海。沿海分布有台湾岛、海南岛、崇明岛、舟山群岛、南海诸岛等大大小小的岛屿,海洋旅游资源十分丰富。

相对于世界海洋旅游开发,中国海洋旅游起步较晚。20 世纪 80 年代,海洋旅游开始发展成为一个产业,20 世纪 90 年代以后,海洋旅游业才受到社会和国家的高度重视,快速发展起来。

2013 年 12 月 3 日,国家海洋局与国家旅游局共同签署了《关于推进海洋旅游发展的合作框架协议》,将致力于把发展海洋旅游作为建设海洋生态文明、实现兴海富民以及推动海洋经济持续、健康、快速发展的增长点。2013 年以来,以海洋城市旅游、邮轮游艇旅游、海洋文化旅游、海岛生态旅游等为主的海洋旅游业保持良好发展态势,产业规模持续增大,成为对海洋经济增长贡献巨大的热点领域,不断发挥着促进深度经略海洋的作用。

常见的我国海洋旅游分区方法主要有两种。一是按照近海海域进行划分,可以分为渤海旅游区、黄海旅游区、东海旅游区和南海旅游区;另一种是根据旅游资源特色、旅游合作关系密切程度分为环渤海海洋旅游区、长三角海洋旅游区和泛珠三角海洋旅游区。本书这里采用第二种方法,对以上三个区域的范围、重点旅游城市、主要客源市场进行分析。[①]

表 2-1 中国海洋旅游分区

区域名称	区域范围	重点旅游城市	区域优势	主要旅游功能	主要目标市场
泛环渤海海洋旅游区	包括辽宁、河北、天津、山东三省一市	大连、天津、秦皇岛、青岛、烟台、威海	气候优良、资源丰富	海滨观光、休闲度假	北部、中部内陆地区,以及日本、韩国

[①] 张广海.我国滨海旅游资源开发与管理[M].北京:海洋出版社,2013:162.

续表

区域名称	区域范围	重点旅游城市	区域优势	主要旅游功能	主要目标市场
泛长三角海洋旅游区	包括上海、江苏、浙江两省一市	上海、连云港、杭州、宁波、舟山	经济发达，对外开放程度高	海滨观光、休闲度假、都市休闲、商贸购物	长三角地区，以及海外游客
泛珠三角海洋旅游区	包括福建、广东、广西、海南四省	厦门、广州、珠海、深圳、北海、海口、三亚	地理区位优势、民俗特色突出	海滨观光、民俗旅游、休闲度假、避寒疗养	长三角地区、珠三角地区、港澳台，以及东南亚

（一）泛环渤海海洋旅游区

本区涵盖辽宁、河北、天津、山东三省一市的滨海旅游业和海岛旅游业，大陆海岸线北起鸭绿江口，南至山东与江苏两省交界处的秀针河口，全长5 656千米，约占中国海岸线总长的1/3，共有大连市、丹东市、锦州市、营口市、盘锦市、葫芦岛市、天津市、唐山市、秦皇岛市、沧州市、东营市、潍坊市、青岛市、烟台市、威海市、日照市16个沿海城市。

环渤海地区处于东北亚经济圈的中心地带。向南，它联系着长江三角洲、珠江三角洲、港澳台地区和东南亚各国；向东，它沟通韩国和日本；向北，它联结着蒙古国和俄罗斯远东地区。这种独特的地缘优势，为环渤海地区海洋旅游的发展，提供了有利的区位条件，成为旅游投资商和北方内陆省区和日韩旅游者的热点关注地区。

环渤海沿海地区气候宜人，冬无严寒、夏无酷暑，是休闲度假和旅游观光的胜地，每年的5~9月是环渤海地区海洋旅游的旺季。本区海洋旅游资源丰富，等级较高且分布相对集中。大连的蛇岛、三山岛，烟台的庙岛群岛、芝罘岛，威海的刘公岛等岛屿具有较高的旅游开发价值。丹东的大狐山古建筑群、大连老虎滩、旅顺的鸡鸣山、秦皇岛的山海关、北戴河的滨海疗养地、蓬莱的蓬莱阁、青岛的崂山等自然景观和人文景观均有较高的旅游吸引力。

根据《全国海洋功能区划》，在本区用于滨海旅游开发的海域分布状况为：辽东半岛西部海域的仙浴湾、长兴岛旅游区；辽西-冀东海域的北戴河、南戴河、山海关、兴城海滨、锦州大小笔架山等旅游区；庙岛群岛海域的蓬莱、长岛旅游区；辽东半岛东部海域的大长山岛、王家岛等旅游区；烟台-威海海域的金沙滩、芝罘岛、天鹅湖、刘公岛等旅游区；胶州湾及其毗邻海域的崂山、山海天等旅游区。

(二) 泛长三角海洋旅游区

本区涵盖江苏省、上海市、浙江省两省一市的滨海旅游业和海岛旅游业，大陆海岸线北起山东与江苏两省交界处的秀针河口，南至浙江省与福建省交界的虎头，全长2 966千米。区内共有连云港市、盐城市、南通市、上海市、嘉兴市、杭州市、绍兴市、宁波市、舟山市、台州市、温州市11个沿海城市。

长三角海洋旅游区滨江临海且地处太平洋西岸、我国海岸线的中部，拥有"外通大洋、内连深广腹地"的优越自然地理区位和"水陆并举、四通八达"的便捷交通条件。由上海、宁波、舟山、镇江等组成的长江三角洲港口群，连接着武汉港、重庆港等长江中下游港口与世界上160个国家和地区的300多个港口通航，是对内、对外联系的重要门户。

长三角地区气候温和、四季分明、降水充沛，4～10月是旅游旺季。本区拥有丰富的自然旅游资源和人文旅游资源。上海是拥有较高知名度的国际化大都市，杭州、宁波是融历史文化与现代文明于一体的旅游名城，位于舟山群岛东南部海域的普陀山是我国佛教四大名山之一，更有嵊泗列岛旅游区、南麂列岛海洋生态旅游区、嘉兴平湖九龙山旅游区等一批优秀的旅游度假区。另外，长三角海洋旅游区依托我国最大的经济中心城市上海和经济发达的长三角经济区，在吸引国外游客、开发海岛度假、邮轮、游艇等高端海洋旅游产品方面具有独特的优势。

根据《全国海洋功能区划》，在本区用于滨海旅游开发的海域分布状况为：苏北海域的云台山旅游区；长江口-杭州湾海域的钱塘江、平湖九龙山、舟山群岛海域的海盐南北湖等旅游区；普陀、嵊泗列岛、岱山等旅游区；浙中南海域的洞头列岛旅游区等旅游区。

(三) 泛珠三角海洋旅游区

本区涵盖福建、广东、广西、海南四省（自治区）的滨海旅游业和海岛旅游业，大陆海岸线东起福建省与浙江省交界的虎头，西至中越交界的北仑河口，全长7 874千米，海南岛全岛海岸线1 617千米。区内有宁德市、福州市、厦门市、莆田市、泉州市、漳州市、潮州市、汕头市、广州市、深圳市、珠海市、揭阳市、汕尾市、惠州市、东莞市、江门市、阳江市、茂名市、湛江市、北海市、钦州市、防城港市22个沿海城市。

泛珠三角地区毗邻我国港、澳、台地区及东南亚各国，具有明显的区位优势和深厚的客源基础。福建省是我国著名的侨乡且与台湾省隔海相望，对吸引台胞和海外侨胞来投资、旅游具有一定的优势。广东省与香港、澳门地区邻近，与东南亚国家隔海相望，且经济发达，对外开放程度高，发展海洋旅游具有独特的区位优势。海南省是我国唯一处在热带地区的省份，迷人的热带风光和独具特色的海岛风情是开发热带海洋旅游的绝佳优势。

根据《全国海洋功能区划》，在本区用于滨海旅游开发的海域分布状况为：闽东海域的太姥山滨海旅游区；闽中海域的湄洲岛、平潭岛旅游区；闽南海域的厦门鼓浪屿-万石岩、泉州海上丝绸之路、漳州滨海火山国家地质公园、东山岛旅游区；粤东海域的青澳湾、龟龄岛等旅游区；珠江口及毗邻海域的巽寮、大梅沙、小梅沙、莲花山、珠江飞沙滩、大万山岛、东澳岛、川山群岛等旅游区；粤西海域的十里银滩、马尾岛-大角湾、水东湾、南山岛、东海岛等滨海旅游区；铁山港-廉州湾海域的北海银滩国家级旅游度假区、北海市北部旅游区；钦州湾-珍珠港海域的金滩、七十二泾、月亮湾等旅游区；海南岛东北部海域的海口湾、木栏头、铜鼓岭、万泉河口、春园湾等旅游区；海南岛西南部毗邻海域的香水湾、南湾、亚龙湾、大东海、三亚湾、天涯海角、南山等旅游区；西沙群岛海域的宣德群岛等旅游区。

第二节 全球海洋旅游业的基本特征

人类进行海洋旅游活动历史悠久，有记载的最早的海洋旅行可以追溯到腓尼基时代。早在公元前 3 000 多年，腓尼基人就开始在地中海和爱琴海海域开展海洋旅行活动，距今已有 4 000 多年的历史。经过几千年的发展，海洋旅游已从最初的以探险、科考为目的的单一的旅行活动逐步演变成如今集娱乐、休闲、度假、商务等多种功能于一体的综合旅游活动，而海洋旅游产业也随之产生。从全球范围内来看，海洋旅游业具有以下一些特征。

一、海洋旅游业具有旅游业的一般特征

海洋旅游是旅游的一种特殊形式，是人类以海洋环境为中心所从事的旅游活动，包括人们离开居住地到海洋环境中所引发的一系列旅游活动。[①] 依托海洋旅游而产生的海洋旅游业，自然也具有旅游业的一般特征。

---

① 魏小安，等.中国海洋旅游发展[M].北京：中国经济出版社，2013：7.

（一）综合性强的产业

一次完整的旅游经历包括旅行、游览、餐饮、住宿、娱乐、购物活动的全过程，其中的任何一环都是不可或缺的，旅游界也因此将"行、游、食、住、娱、购"称为旅游六要素。基于旅游六要素，从广义的角度将旅游产业界定为围绕"行、游、食、住、娱、购"六大要素，以第三产业中的相关行业为主，与旅游活动密切相关和一般相关的部门的集合。与一般的产业标准不同，对于旅游业的界定是基于需求取向的，其所使用的界定标准是基于共同的服务对象而不是相同的业务或产品，这意味着旅游业实际上是基于共同的服务对象而组成的产业集合体。从旅游业的界定标准可以看出，它是一个综合性较强的行业。

与一般旅游业相同，海洋旅游产业也是包括了以"行、游、食、住、娱、购"六大要素为主要环节的行业链。旅游者海洋旅游体验的实现，需要由多种不同类型的旅游企业为其提供相应的海洋旅游产品和服务。另外，海洋旅游虽以海洋为依托，但在旅游者整个旅游过程中，活动空间范围并不仅仅局限于滨海地区，还延伸到广大的内陆地区，为其提供产品和服务的旅游企业也不仅仅是涉海的旅游部门，而是涉及更大范围内的旅游企业，这一点也同样体现了海洋旅游业的综合性。

（二）劳动密集型行业

各类旅游企业所经营的产品一般表现为劳务的旅游服务，生产或经营中并不涉及大量的消耗性原材料，或者发生在购买消耗性原材料方面的变动成本很小，从而使得工资成本在其全部营业成本中占据了很高的比重。[①] 正是由于这一原因，才决定了旅游业具有劳动密集这一特点。

从另一个角度来说，海洋旅游业产品的服务性也决定了它劳动密集型的特点。海洋旅游产品内容丰富、种类众多，然而无论是邮轮旅游、海上运动、海边 SPA，还是海鲜美食、海底观光，这些旅游产品最终都要借助于旅游服务来传递给旅游者，因此可以说旅游业的产品是以提供旅游服务为主的服务性产品。海洋旅游归根到底是一种精神消费，旅游者在海洋旅游活动中体验的是整个"旅游经历"，无形的服务更会影响旅游者的感受，从而影响其对整个旅游产品的感知质量。这些服务主要是依靠人工完成的，海洋旅游业也因此具有劳动密集型的特点。

---

① 李天元，等.旅游学概论[M].天津:南开大学出版社,2003:158.

(三) 依托性和带动性较强的产业

由于旅游产业的综合性，旅游业的发展需要依托相关行业的发展，同时它也会带动相关行业的发展。

与一般的旅游业相比，海洋旅游业的依托性表现得更为明显。首先，海洋旅游产业的生产和发展需要依托于丰富的海洋旅游资源，这是海洋旅游业存在的必要条件。其次，海洋旅游业的发展需要依托于其所在海洋城市的区位条件和区域经济的发展。纵观全世界著名的海洋旅游胜地，无不是依托交通便利、自然条件突出、经济发展良好的海滨城市而发展起来的。另外，海洋旅游业的发展不仅要依托众多涉海旅游企业的支持，还需要交通运输、城市建设、商业服务、金融、邮电等陆上有关部门和行业的全面配合。

海洋旅游业对其他产业有较强的拉动作用。海洋旅游产业的发展需要不断对产品和配套服务设施进行完善，譬如，海上交通设施的建设、滨海食宿设施的完善、游艇码头的建设、海岛的开发和利用等，这期间必然伴随着大量的投资，从而带动建材、建筑、交通、餐饮、住宿等相关产业的发展，投资乘数效应显著。另外，作为劳动密集型产业，海洋旅游业的发展会带动更多的就业，通常旅游产业的直接就业和间接就业比为1∶5，对其他部门的就业拉动作用显著。

二、海洋旅游业区别于一般旅游业的特征

(一) 旅游安全要求高

相较于一般的陆上旅游业，海洋旅游业对于旅游安全有更高的要求。这主要是由于人的陆生性、海洋旅游的救护条件较差、海洋自然灾害的灾难性大等因素所造成的。

人是陆生动物，而海洋旅游项目大多是在水中或水边开展，这一固有矛盾使得海洋旅游本身就存在一些安全隐患。另外，海洋旅游活动发生在地处大陆边缘或者远离大陆的海岛上，这些地方远离中心城市，若出现安全事故，救护条件往往不如陆地旅游快速、便捷。因此，海洋旅游服务提供商需要把旅游安全放在首位，做好安全防护措施、预警方案，行业监督者也要提高安全检查、准入标准。

(二) 海陆联动性

海洋旅游产品具有主导性强、耗资数目大、科技含量高、涉及地域广等特

点,从大型海洋博物馆、主题公园,到海上体育休闲运动、海底观光,再到远海地带的海岛旅游、荒岛探险,海洋旅游产品从陆上一直延伸到海上、海底,它的生产与推广离不开陆地上经济与技术的支撑,因此海洋旅游业具有海陆联动性的特点。以邮轮旅游为例,通常一次完整的邮轮旅游不仅需要完成海上固定航线、进行海上观光、娱乐等旅游项目,还需要岸上邮轮港口城市提供接待、补给。

(三)产业的主导性

在旅游业市场中,海洋旅游一直深受大众欢迎并久盛不衰。海洋旅游业为旅游者提供了沙滩健身娱乐活动、海上体育休闲活动、潜水游乐活动、海岛度假、海底探险等多种多样的旅游产品,充分满足了大众对海洋的向往、对体验旅游与休闲旅游的要求。因此海洋旅游产品一直是市场占有率最高、消费水平最高、生命周期最长的旅游产品类型,海洋旅游业也占据着旅游产业中的主导地位。在全世界旅游收入排名前25位的国家和地区中,沿海国家和地区有23个,这些国家和地区的旅游总收入占到全球旅游收入总量的近70%。

第三节 全球海洋旅游业的竞争态势

一、海洋旅游产品竞争态势分析

(一)主要海洋旅游产品竞争现状

海洋旅游产品是通过对海洋旅游资源开发、设计、组合、包装所形成的能够满足消费者某种需要和利益的物质产品和非物质形态的服务的总和。海洋旅游产品是海洋旅游产业规划与开发的中心问题。海洋旅游产品构成丰富,内容广泛,可以按照不同的标准划分出不同种类的旅游产品。根据海洋环境的差异进行划分可以分为海岸带旅游产品、海上旅游产品、海岛旅游产品与海底旅游产品;根据海洋与陆地之间距离的远近可以分为滨海旅游、近海海上旅游与深海远洋旅游;以旅游活动内容作为划分标准可以分为海洋亲水活动项目、滨海观光度假产品、海洋文化体验产品、海洋主题旅游、海洋创新旅游产品与海洋旅游外延产品。

本节选取几种在海洋旅游业影响深远的热点海洋旅游产品,对其竞争现状进行简要分析。

1. 邮轮旅游产品

现代邮轮旅游最早出现于20世纪30年代,并在20世纪六七十年代进入大发展时期[①];最早兴起于美国加勒比海地区,目前为止,加勒比地区仍是全球最大的旅游市场。20世纪70年代末,邮轮旅游开始从奢侈产品转为家庭娱乐休闲产品。从20世纪80年代起,邮轮旅游市场总量不断增长,并拓展到新的区域,如地中海地区、北欧区域、南美地区和亚太地区,同时邮轮的吨位数变得越来越大,价格、服务和游览也变得多种多样。[②] 2014年,全球邮轮旅游业总产值119.9亿美元,总收入39.34亿美元,总就业939 232人;其中,直接经济贡献中总产值55.77亿美元(46.5%),总收入16.85亿美元(42.8%),总就业448 685人(47.8%),接待邮轮游客2 204万人次,旅客人均日花费127美元。[③]

(1) 邮轮公司竞争现状

1) 美国嘉年华邮轮集团。全球最大的邮轮集团,旗下拥有嘉年华游轮、公主号邮轮、歌诗达邮轮、阿依达邮轮等十个获得高度认可的品牌公司。子公司独立经营,公平竞争,打造了各具特色的邮轮品牌风格。

2) 美国皇家加勒比邮轮集团。全球第二大邮轮集团,成立于1969年,总部设在迈阿密,拥有加勒比邮轮、名人邮轮、精钻邮轮等六个品牌,42艘豪华邮轮,预计2016年底再推出五艘。

3) 中国云顶香港有限公司。全球第三大邮轮集团,成立于1993年,总部设在中国香港,拥有丽星邮轮、挪威邮轮、水晶邮轮、星梦邮轮四个品牌21艘邮轮,主要面向亚太、欧美航线。

除三大邮轮集团(公司)外,世界邮轮公司还有迪士尼邮轮(Disney Cruise Line)、地中海邮轮(MSC Cruises)、银海邮轮(Silver Sea Cruises)、丽晶七海邮轮(Regent Seven Seas Cruises)、保罗高更邮轮公司(Paul Gauguin Cruises)和阿瓦隆水道公司(Avalon Waterways)。三大邮轮集团(嘉年华集团、皇家加勒比邮轮集团及丽星邮轮集团)控制了全球邮轮旅游市场80%的份额。

---

① 张言庆,马波,刘涛. 国际邮轮旅游市场特征及中国展望[J]. 旅游论坛,2010(4):468-472.
② Licata Sara Fiorella Viviana. 跨文化的视角下的邮轮旅游产品形象设计研究[D]. 上海:华东师范大学,2015.
③ Cruise Lines International Association. Global Cruise Market Report:2015 Edition,2015:10.

表 2-2　全球八大邮轮公司情况

全球八大邮轮公司	所属邮轮集团	邮轮数量（艘）	总　部
嘉年华邮轮	嘉年华邮轮集团	22	美国迈阿密
荷美邮轮		15	美国西雅图
公主号邮轮		18	美国洛杉矶
歌诗达邮轮		15	意大利热那亚
加勒比邮轮	皇家加勒比邮轮集团	28	美国迈阿密
精致邮轮		11	美国迈阿密
挪威邮轮	中国云顶香港有限公司	16	美国迈阿密
丽星邮轮		24	中国香港

（2）主要邮轮旅游目的地竞争现状

在2014年全球邮轮旅游目的地结构中,北美洲占到50%的市场份额,其次是欧洲(33%),然后是亚太地区(12%)。在北美洲游轮旅游目的地结构中,加勒比地区(78%)为主要目的地,其次是美国西海岸(17%)和东海岸(5%)。在欧洲邮轮旅游目的地中,地中海地区(71%)和北欧(29%)是主要目的地。在亚太地区游轮旅游目的地结构中,澳大利亚南太平洋地区(45%)为主要目的地,其次是远东地区(35%)和东南亚(20%)。在全球邮轮旅游目的地排名中,加勒比地区是最受欢迎的目的地,其次是地中海地区。见图2-1。

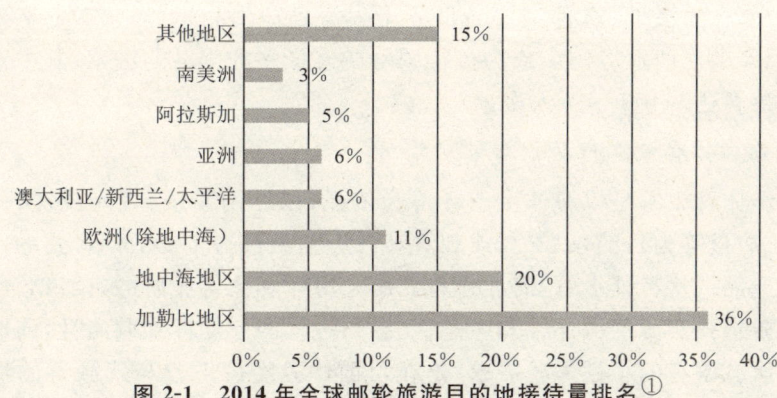

图 2-1　2014年全球邮轮旅游目的地接待量排名[①]

---

① Cruise Lines International. Association. The Global Economic Contribution of Cruise Tourism, 2015:8.

2. 海岛旅游产品

海岛旅游是指凭借海岛独有的自然与人文景观,在海岛特定的地域空间内,为满足游客需求以促进海岛经济、环境和社会全面等为目标而开展的旅游活动。由于环境相对独立,海岛通常具有独特的自然景观和异域风情,更能够满足现代旅游者对新奇自然环境和特色人文氛围的旅游需求,因此海岛旅游产品已经成为最具吸引力和魅力的旅游产品之一。目前,全球共有超过70个国际知名海岛旅游目的地,超过40%的海岛旅游收入对其GDP的贡献达到20%以上,世界海岛旅游业出口总值610亿美元。2014年中国向世界海岛旅游目的地输送游客2 400万人次,2015年达到2 800万人次,同比增长16.7%。①

目前,世界海岛目的地旅游业发展主要有五种驱动模式。一是高端度假驱动模式,如马尔代夫、圣托里尼;二是邮轮港口驱动模式,如牙买加、开曼群岛;三是商务娱乐驱动模式,如新加坡、济州岛;四是绿色生态驱动模式,如帕劳、大堡礁;五是民俗风情驱动模式,如台湾岛、巴厘岛。在五个驱动模式下主要有十个产业模式,包括海岛观光、海岛休闲、水上运动、婚礼蜜月、民俗节庆、家庭亲子、会展会议、主题景区、海岛民宿、休闲游艇。

《世界海岛旅游发展报告(2015)》根据《孤独星球》《美国国家地理》等主流旅游媒体推荐的知名海岛排名,综合测评出美国夏威夷群岛、印度尼西亚巴厘岛、马尔代夫群岛、泰国普吉岛、希腊圣托里尼岛、泰国苏梅岛、毛里求斯群岛、韩国济州岛、大溪地、塞舌尔群岛世界十大海岛旅游目的地。2014年,泰国、新加坡、印度尼西亚等国家成为接待国际游客最多的小岛屿国家,其中泰国接待国际游客达2 400多万人次。

3. 海洋体育旅游产品

海洋体育旅游是以海洋生态环境为依托,以休闲娱乐、观光观赏、强身健体、减压放松等为目的,以参与或观看涉海运动项目为主要活动形式的专项海洋旅游产品。从特征上看,海洋体育旅游是海洋和体育旅游的有机结合,海洋体育旅游依托资源的海洋性和生态性、参与过程的互动性和刺激性,能够满足不同层次旅游者的个性体验需求,是在目前体验经济下参与式旅游的最佳表

---

① 世界海岛旅游发展报告:全球海岛游客全年增长率超20%[EB/OL]http://www.chinanews.com/cj/2015/10-13/7567610.shtml.

现形式之一。[①] 在现代高科技的支持下,新型运动器械不断出现,且操作日趋简便,使得海洋体育旅游产品的形式更加多样化、受众更加普遍、活动地域更加广泛。

海洋体育旅游产品种类丰富,主要集中在海滩、近海水面等滨海区域。海岸旅游产品主要包括沙滩排球、沙滩足球、沙滩篮球、滑沙、沙滩风筝、沙滩卡巴迪、沙滩摔跤、沙滩摩托车、沙滩卡丁车等;近海海面的体育旅游产品主要包括游艇、动力三角翼、帆船、帆板、冲浪、滑水、水上滑板、摩托艇、皮划艇、水上拖伞等;海中旅游产品主要包括潜水、海底漫步等。在现有的产品中,基于海中、远海、深海海域的产品还没有进行深度开发,是未来海洋体育旅游产品发展的重点和难点。

从海洋体育旅游目的地分布来看,受资源条件、经济发展水平以及海洋体育文化等因素的综合影响,这些目的地集中分布在欧美地区的海洋旅游胜地,地中海岸边的西班牙的巴塞罗那、岛国马耳他、法国南部蓝色海岸城市带马赛、尼斯、戛纳、太平洋海域的夏威夷群岛、印度洋岛国毛里求斯、澳大利亚黄金海岸等都是目前比较有竞争力的海洋体育旅游目的地。在这些目的地中,有一些专门将"运动休闲"作为本地特色进行开发和推广并取得成功的案例,如马耳他。与地中海的其他热门度假胜地相比,马耳他的海滩并不具有竞争力,在这种限制条件下,它充分利用自己的海湾优势,着力塑造"水上运动的天堂"。通过推出游泳、潜游、潜水、划船、航海、攀岩、冲浪、钓鱼、滑翔、滑水、乘风浪板等运动项目,同时举办高尔夫、网球、赛马、壁球、古典式汽车等高规格赛事,马耳他的运动度假成为其有别于其他海滨旅游目的地的突出特色。

4. 海洋医疗旅游产品

现代意义上最早的海洋旅游是以康体疗养为主要目的的,目前医疗旅游产品仍是海洋旅游产品的重要组成部分。海洋医疗旅游是一种新型旅游保健方式,它寓休闲于治病,寓治病于休闲,是二者的有机结合。海洋医疗旅游可分为以治疗疾病为目的的"医"型和以疗养、维持身体健康为目的的"疗"型,后者休闲度假的意味更为突出,主要包括沙浴、海水浴、海边 SPA、海边瑜伽、泥疗、泥浴等形式。

海洋医疗旅游的客源市场主要是来自于以下几类国家。一是医疗费用高昂的国家,如美国;二是医疗社会化和医疗保险有局限的国家,前者如加拿大,

---

[①] 邹煜.海洋体育旅游的内涵、特征与分类研究[J].海南师范大学学报(自然科学版),2012(3):338-340

后者如英国、法国等欧洲国家和澳大利亚。

从世界范围看,医疗旅游开展较好的国家和地区主要集中在热带和亚热带的沿海地区。亚洲是全球"国际医疗旅游中心",国际医疗旅游每年为亚洲带来数十亿美元的收入,东南亚更是国际医疗旅游的中心之中心。早在20世纪70年代,泰国就以独特的变性手术成为国际医疗旅游的首选地。随后,马来西亚、新加坡、印度等国的国际医疗也迅速发展起来。泰国、新加坡和马来西亚医疗旅游服务的竞争力,主要表现为价格优势和口碑效应。价格优势表现为,上述国家的私立医院在很多领域达到甚至超过发达国家的医疗水平,但费用却相对较低。口碑效应是指上述国家的许多医院不仅通过了国际医疗机构评审联合委员会(JCI)认证,而且凭借先进的医疗技术和优质的服务在国际上建立了良好的声誉,吸引世界各地的患者前来就医。另外,由于这些东南亚国家大都具有风景优美的海滨风光,而且温泉资源丰富,因此以SPA、按摩和温泉保健为主的海洋疗养产品在全球市场上也非常具有竞争力。

2012年,泰国、新加坡和马来西亚接待医疗旅游人数分别为253万人次、111万人次和67万人次,总收入分别为38亿美元、10亿美元和2亿美元。[①]

(二)海洋旅游产品未来发展趋势

1. 由"3S"转向"3N"

一直以来,"3S"资源——温暖的阳光(Sun)、碧蓝的大海(Sea)、舒适的沙滩(Sand)都是海洋旅游最具吸引力的因子。但随着生态旅游的开展和游客环境意识的增加,未来海洋旅游将从"3S"转向"3N"。所谓"3N",是指那些厌倦了快节奏城市生活、饱受城市病困扰的现代人,能在大自然(Nature)中沐浴,让心沉浸在乡村的人与自然、人与人的和谐完美的怀恋(Nostalgia)中,从而使自己的精神融入人间天堂(Nirvana)。从"3S"到"3N"标志着人类从以身体享乐为主的旅游追求转变为以精神追求为主的生态旅游。与之相应,海洋旅游产品的开发也将更加注重人与自然的融合,增加旅游者的体验与精神享受。无论是高端旅游还是大众旅游,生态保护型开发、健康型开发、特色型开发已成为未来海洋旅游发展的理念共识。

2. 专项旅游产品比重加大

旅游日趋强调自主性与个性化,一般性的观光休闲旅游活动已不能满足旅游者对海洋探奇的需求,适应市场需求、针对旅游者特殊兴趣与偏好而定向

---

① 张群. 东盟医疗服务贸易的发展及启示[J]. 对外经贸实务,2015(3):81-84.

开发组织的专项旅游产品愈发受到欢迎。目前,市场上已经出现一些海洋专项旅游产品,如海洋探险、海洋科考、海上极限运动、海上拓展训练、海岛求生等,与大众性的海洋旅游产品不同,这些新兴的专项产品更侧重于个性化与目的性。更强调精神的满足和体验性。随着科学技术的不断进步,未来更多的海洋旅游专项产品,如海底狩猎、水下摄影、海底洞穴探奇、海底文化遗迹探访、海洋航空运动等将会加入市场并占据一定比例的市场份额,在发展到一定程度时有望成为专门的产业链。

3. 产品多元化

随着海洋旅游业逐渐成熟,海洋旅游者不断增加,产品的多元化是必然趋势。一方面是产品功能的多元化。从海洋旅游的发展看,其经历了三个阶段,即治病疗养阶段、疗养游乐阶段、游乐度假阶段,娱乐、休闲、康体功能是目前海洋旅游产品的主要功能。由于旅游较强的关联性与带动性,未来海洋旅游将与海洋工业、渔业、养殖业相结合,创造出康体、娱乐、疗养、科普、教育等更多功能的海洋旅游产品。另一方面是产品类型的多元化。由于受到技术条件、观念认知等方面的限制,目前的海洋旅游产品多集中于海岸或近海地带,远海、深海海域的产品还没有进行深度开发,形成了海边、海面、海底、空中全方位立体的海洋旅游产品系列。

二、海洋旅游客源市场竞争态势分析

(一) 主要海洋旅游国家客源市场竞争

海洋旅游在世界旅游业中占有举足轻重的地位并且呈现强势增长态势。在全世界旅游收入排名前25位的国家和地区中,沿海国家和地区有23个,这些国家和地区的旅游总收入占到全世界的近70%。另外,海洋旅游在各国国民经济中所占地位日趋重要。在西班牙、希腊、澳大利亚、印度尼西亚等国,海洋旅游业已经成为国民经济的重要产业或支柱产业,在热带、亚热带的许多岛国,海洋旅游业已成为其最主要的经济收入来源,有的甚至占到国民经济比重的一半以上。近年来,越来越多的沿海国家意识到海洋旅游业对于海洋经济发展的重要性,开始大力海洋旅游业,关于海洋旅游客源市场的竞争也因此变得愈发激烈。

目前最具市场影响力的世界级海洋旅游目的地主要集中在地中海地区、加勒比海地区、大洋洲地区和东南亚地区,本节选取了这些地区中的几个热点国家,对其旅游概况及客源市场竞争手段进行简单介绍。

1. 西班牙

(1) 旅游概况

西班牙是地中海地区海洋旅游的典型代表国家。西班牙的旅游业主要依靠海洋旅游,它以明媚的阳光、清新的空气和平整舒适的海滩闻名于全世界。全国的四大旅游区——"太阳海岸""布拉瓦海岸"以及"地中海浴池"巴利阿雷斯群岛、加那利群岛均为海洋旅游区。在2015年世界经济论坛上公布的《旅游业竞争力报告》中,西班牙排名第一。世界经济论坛每两年发布一次《旅游业竞争力报告》,采用14大指标对141个经济体进行分析排名,以衡量各经济体通过发展旅游业创造经济和社会效益的潜力。西班牙打败美国、法国、英国等国家位居世界第一,是当之无愧的海洋旅游大国。在1995年至2009年间,旅游部门占国内生产总值的11%,该部门就业人数占总就业人数的11.5%,占服务业就业人数的15.5%。自2008年开始的全球经济危机彻底改变了这种情况。主要客源市场的国内生产总值下降(德国下降4.7%,英国下降4.9%),失业率上升,2010年欧元区失业率超过10%,美国失业率超过9%,人们对经济危机的严重性及其持续时间不确定,市场观望气氛浓厚。2009年世界旅游业萎缩了4%,而西班牙旅游业下跌了6%。西班牙排行跌至第三位,然后再跌至第四位,失去了在世界旅游市场上的份额。在2009年的急剧下降之后,2010年西班牙旅游业得到少许恢复(游客人数增加1%),在2011年继续保持增长(游客人数和收入截至10月增长8%),主要是受到地中海南部目的地的政治和社会不稳定的影响。① 2014年,西班牙国际游客到访量6 500万人次,居全球第二;旅游外汇收入652亿美元,居全球第三。②

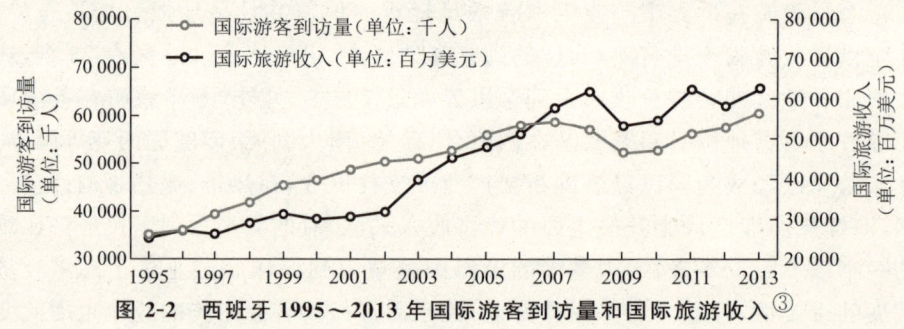

图2-2 西班牙1995~2013年国际游客到访量和国际旅游收入③

---

① 赫尔曼·波拉斯. 西班牙的大众旅游(下)[N]. 中国旅游报,2013-02-01:006.
② UNWTO. UNWTO Tourism Highlights 2015 Edition,2015:6.
③ WEF. The Travel & Tourism Competitiveness Report 2015,2015:306.

欧洲是西班牙旅游业的依靠,英国、法国和德国是其主要客源市场。在赴西班牙旅游的外国游客中,有超过一半的人来自这三个国家。另外,美国、俄罗斯也是西班牙旅游的主要客源国,而包括中国在内的亚洲游客近几年来也有所增长。

(2) 客源市场竞争策略

西班牙旅游业始于20世纪初期,虽然目前已成长为世界第三大旅游国,但其旅游业发展并不是一蹴而就的,中间也遇到许多困难。其间其产品恶化,其形象在客源市场的游客心中受损,游客一度认为西班牙旅游业只有"阳光与海滩"的单一产品,而且基础设施和公共服务不足。然而,在公共部门和私营部门的共同努力下,西班牙克服了困难,使旅游业重新回到发展的道路上。

1) 创建旅游公共管理局。通过媒体宣传和广告创建并确立了西班牙作为旅游目的地的形象,并建立了一个平台支持西班牙旅游企业开发的旅游产品的营销。这项工作的主要部分已由西班牙旅游办事处网络进行,该办事处创办于20世纪上半叶,在20世纪下半叶迅速发展,并在近十几年把业务拓展到新兴市场。其主要任务是研究市场,加强媒体公关,策划和开展推广和旅游产品的营销活动,与主要客源市场的专业旅行社加强接触。

2) 重视媒体的力量。西班牙在旅游发展的各个阶段都特别强调媒体的重要作用。当西班牙在因政治和社会事件(袭击事件、事故)、自然灾害或者供应恶化等原因而导致其目的地形象在客源市场消费者的心中变差时,西班牙一般会利用公共关系、报刊记者和视听媒体(在2010年数量为1.3万)的通讯模式进行沟通。随着所谓的"社会媒体"的出现,公共关系工作的重点已经转移,媒体必须遵循着游客的感知而变化。[①]

3) 加强广告宣传。面向所有的市场采取一个总的广告宣传手法,采用统一的版面设计和主题,目的是建立西班牙作为旅游目的地的统一形象。针对每个市场的特点,选出最适合于每个产品和形象的代表。有时会使用拥有全球声望的西班牙名人作为代表:男高音歌唱家普拉西多·多明戈、高尔夫球手塞维耶罗·巴耶斯德罗斯、世界杯冠军足球队等等。在较长的一段时间里,西班牙旅游业都采用表达情感的宣传口号:"与众不同的西班牙""一切沐浴在阳光中""生活的热情""西班牙标志"。而采用米罗标志则是世界旅游历史上独一无二的做法,此标志已使用了超过30年,认可程度非常高,已成为西班牙旅游品牌甚至西班牙的形象代表。

4) 政策支持旅游产品的营销。一是对市场进行调研,通过西班牙旅游办

---

① 〔西〕赫尔曼·波拉斯. 西班牙旅游业的历史发展与现状(一)[N]. 中国旅游报,2013-01-11.

事处网络及通过旅游协会(FRONTUR,研究出国旅游;FAMILITUR,研究西班牙人的旅行习惯和EGATUR,收集外国游客的旅游消费数据)对客源市场的需求进行研究及不断地更新资料(市场研究、产品研究、形势报告)。二是做详细规划。每年针对各个客源市场制定一份旅游营销支持计划(PAC),计划执行和结果检测以及投资回报率均由负责旅游推广工作的中央机构TURESPANA运作。三是在旅游营销支持计划的制定、执行和融资过程中,自治区和地方机构及私营公司必须参与。政府代表(国家,区域和地方)和私人旅行社的代表通过西班牙旅游理事会参与。

2. 墨西哥

(1) 旅游概况

墨西哥是加勒比海地区海洋旅游的典型代表国家。它是北美洲的一个联邦共和制国家,北部同美国接壤,南侧和西侧濒临太平洋,东南为伯利兹、危地马拉和加勒比海,东部则为墨西哥湾。墨西哥三面临海,拥有较长的海岸线和优质沙滩,海洋旅游是墨西哥的主要旅游产品之一,坎昆与阿卡普尔科是世界知名的海岛与滨海旅游目的地。旅游业是墨西哥的三大经济支柱之一,旅游业GDP达741亿美元,占GDP总量的5.9%;旅游业从业人数318万,占就业总量的6.4%。近几年来,墨西哥旅游发展十分迅速,在世界经济论坛2015年旅游竞争力排名中,墨西哥位居第30位,比2013年前进了13名。[1] 2014年,墨西哥国际游客接待量2 909.1万人次,位居世界第十,占美洲国际游客接待总量的16.1%,旅游外汇收入162亿美元,占美洲旅游外汇收入总量的5.9%。[2]

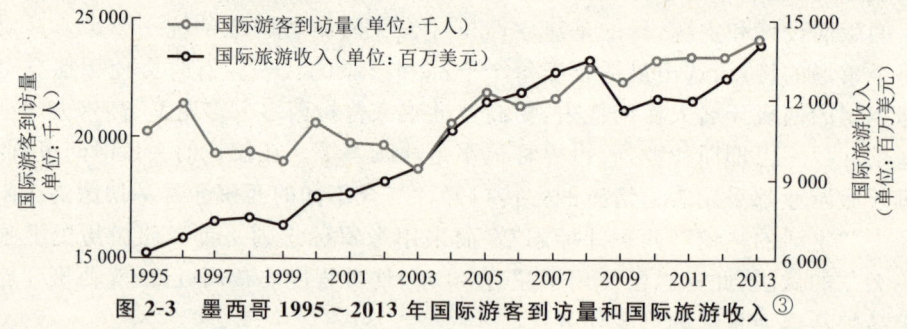

图 2-3 墨西哥1995～2013年国际游客到访量和国际旅游收入[3]

---

① WEF. The Travel & Tourism Competitiveness Report 2015[R]. 2015:235.
② UNWTO. UNWTO Tourism Highlights 2015 Edition[R]. 2015:10.
③ WEF. The Travel & Tourism Competitiveness Report 2015[R]. 2015:235.

作为北美自由贸易区的三个成员国之一,墨西哥八成的入境游客来自美国、加拿大。由于墨西哥之前曾经是西班牙的殖民地,与西班牙有着共同的文化与语言背景,因此西班牙也是其主要客源国之一。

(2) 客源市场竞争策略

1) 简化出入境手续。为了方便更多的国际游客来墨西哥旅游,墨西哥出台了免签政策,凡以旅游、过境或商务为目的且持有美国签证的外国人,可免签入境墨西哥。但在进入墨西哥时需填写墨西哥移民局表格,并出示有效的旅行证件以及经济支付能力证明。另外,墨西哥还对其主要客源国国家提供签证网上预约服务。

2) 加大促销活动力度。墨西哥希望利用旅游业度过全球经济危机,为此旅游局开展了大规模的宣传促销活动,并在太平洋海岸的锡纳罗亚州投资75亿美元建设一个旅游度假地。另外,墨西哥海加强在中国、俄罗斯和印度等地的促销活动,因为这些地区的居民的收入正在快速增长。

3. 澳大利亚

(1) 旅游概况

澳大利亚是大洋洲旅游区海洋旅游的典型代表国家,它位于南半球的南太平洋上,是西邻印度洋与世界其他国家隔离的大陆岛国。澳大利亚分南澳大利亚、西澳大利亚、昆士兰、新南威尔士、维多利亚和塔斯马尼亚六个州,以及澳大利亚首都与北领地两个行政区。东海岸一带是澳大利亚旅游较为发达且集中的地区,南澳大利亚拥有超过5 000千米的壮阔海岸线,袋鼠岛、艾尔半岛、麦拿伦谷以及阿德莱德格雷尔海滩四个主要区域都可以提供丰富多样的海洋活动。在世界经济论坛《旅游业竞争力报告》中,澳大利亚旅游业综合竞争力排世界第七,与亚太地区其他国家相比,其在旅游资源、旅游基础设施建设、机场设施、旅游安全方面有较大优势。2014年澳大利亚国际游客到访量686.8万人次,占亚太地区出境旅游市场份额的2.6%;旅游外汇收入320亿美元,占亚太地区旅游外汇收入总量的8.5%。[①]

新西兰是澳大利亚的第一大旅游客源国。随着到访澳大利亚的中国游客逐年增加,2015年中国游客到澳大利亚旅游的年访问量首度突破100万人次,超过英国成为澳大利亚的第二大旅游客源国。

---

① 世界旅游组织.2015年全球旅游报告[R].2015:9.

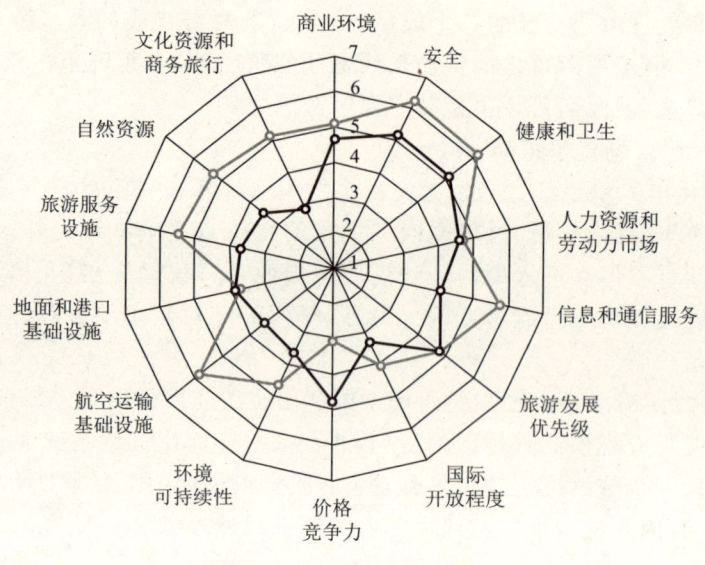

图 2-4 澳大利亚与亚太地区竞争力对比①

（2）客源市场竞争策略

1）注重旅游形象塑造与传播。首先，澳大利亚政府重视旅游业的推广宣传，为各种全球推广宣传大型活动投入了数亿元的巨资，并在全球重要城市设立了数十个办事处，根据当地具体情况制定不同的宣传策略；其次，澳大利亚善于充分利用自身优势，在旅游形象中着重塑造其与众不同的自然风光；另外，澳大利亚针对新的媒介生态环境，着力于运用数字媒体及社交网站的影响力进行推广。例如，推出"澳大利亚尽是不同"品牌活动网站，采用谷歌地图技术将 3 500 张澳大利亚当地人提供的照片和故事组成可以进行网上互动的澳大利亚地图。旅游者既可通过网站查询景点信息，规划自己的澳大利亚之旅，还可以把这些故事放上社交网站与好友分享，参加票选"最喜爱的澳大利亚体验"活动。这些活动使他们更能投入澳大利亚当地人的感受中，在无形中达到了旅游广告的宣传效果。②

2）创造安全的旅游环境。澳大利亚十分注重旅游安全氛围的营造，在世界经济论坛组织的调查中，澳大利亚的恐怖主义事件发生率几乎为 0。澳大利亚旅游局的一项研究也表明，受到 2015 年恐怖事件的影响，澳大利亚因为

---

① WEF. The Travel & Tourism Competitiveness Report 2015[R]. 2015:80.
② 刘佳,尹宁. 浅析澳大利亚旅游形象在中国的传播策略[J]. 今传媒,2012(10):60-61.

安全而成为世界各地游客首选的旅行目的地。另外研究发现,54%的主要海外游客选择旅行地时将安全看成最重要的因素,其次是货币价值和自然景色。①

3)重视新兴市场的培育与开发。中国是澳大利亚最具价值的客源国市场,2015年中国游客在澳支出总额超过77亿澳元,与上年同比增长43%。②澳大利亚十分注重新兴中国市场的开发与培育,采取了多项举措来激发中国游客赴澳旅游的意愿。例如,在中国打造精英销售网络,启动旅行社优选合作伙伴计划,开发高端优质的旅游产品。最近几年,澳大利亚旅游局还与中国南方航空、中国东方航空和中国国际航空等中国各大航空公司签订了重大战略营销协议。它们将目标集中于有意愿、同时也有经济能力探索澳大利亚的年轻自由行客群,对他们的出游偏好、行为和最期待的旅游体验类型等方面加深了解,为大量到访澳大利亚的中国游客开发了更加符合他们需求的一系列旅游体验产品,取得了显著效果。

4. 泰国

(1) 旅游概况

泰国是东南亚地区海洋旅游的典型代表国家,它位于东南亚的中心,与缅甸、老挝、柬埔寨、马来西亚等国接壤。泰国旅游资源丰富,典雅的泰式建筑、金碧辉煌的寺庙、独特的风土人情、美丽的海滨景色是泰国旅游的卖点。有"东方夏威夷"之称的芭提雅、"安达曼海上的一颗明珠"美誉的普吉岛都是近年来东南亚地区热度极高的滨海旅游胜地。泰国的国际旅游业是泰国外汇收入的主要来源,也是推动其经济发展的主要行业之一。2014年泰国国际游客到访量2 478万人次,占亚太地区出境旅游市场份额的9.4%;旅游外汇收入384亿美元,位居全球第九位,占亚太地区旅游外汇收入总量的10.2%。③

近年来,泰国客源市场结构有所变化。自2012年起,访泰国旅游的中国游客数字突破278.9万人次,中国成为泰国第一大客源国。2013年入境的中国游客达470.5万人次,同比增长68.68%,位居第一;第二是马来西亚,入境

---

① 澳研究报告:安全已成为澳大利亚旅游业的最大卖点[EB/OL]. http://go.huanqiu.com/news/2016-07/9241197.html
② 中国是澳大利亚增长最快的主要客源市场[EB/OL]. http://www.traveldaily.cn/article/98534
③ UNWTO. UNWTO Tourism Highlights 2015 Edition[R]. 2015:9.

游客为 299.6 万人次;第三是俄国,入境游客为 173.6 万人次。①

表 2-3 泰国主要客源市场

国家 \ 人次 \ 年份	2011 年	2012 年	2013 年	2014 年
中 国	1 721 247	2 789 345	4 705 173	4 623 806
马来西亚	2 500 280	2 560 963	2 996 071	2 644 052
俄罗斯	1 054 187	1 317 387	1 736 990	1 603 813
日 本	1 127 893	1 371 253	1 537 979	1 265 307
韩 国	1 006 283	1 169 131	1 297 200	1 117 449
印 度	914 971	1 015 865	1 049 856	946 249
老 挝	891 950	951 090	1 106 080	934 253
英 国	844 972	870 164	906 312	909 335
新加坡	682 364	821 056	936 477	864 681
澳大利亚	829 855	930 599	907 868	835 517

数据来源:泰国旅游部(Thailand Department of Tourism)。

(2) 客源市场竞争策略

1) 注重对外推广。1960 年泰国政府建立了泰国国家旅游局(TAT),是泰国专门负责泰国旅游推广的政府组织。目前,泰国旅游局设有 35 个国内办事处和 26 个海外办事处。泰国旅游局不断地推出旅游推广活动,每年该部门会提出不同的主题年,例如 1980 年与 1987 年的"泰国旅游年"(Visit Thailand Year),1998 年至 1999 年的"魅力泰国"(Amazing Thailand),2003 年的"未被观察的泰国"(Unseen Thailand),2015 年的"探享泰风情"(Discover Thainess)。

2) 加强旅游合作。泰国属于东盟成员国,各东盟国家是泰国的主要客源国,为了发展旅游业,泰国始终强调与各成员国加强旅游合作。2015 年 12 月 31 日,包括泰国在内的十个东盟成员国成立东盟经济共同体,经济共同体中共享自由流动商品、服务、投资、熟练工人和金融体系。为便于东盟国家游客自由出入东盟国家,根据国际旅游法规,东盟国家旅行者可前往不同东盟成员国且免签证,并可停留最少 14 天,至多 30 天。泰国地处东南亚的中心,可以方便快捷地通过海、陆、空交通连接各东盟成员国,这一重要政策调整,将促进

---

① Chanokporn Chotpunyo(沈钰凤). CAFTA 环境下泰国国际旅游业发展战略研究[D]. 北京:北京化工大学,2015.

泰国旅游业的发展。

3)挖掘中国市场。中国是泰国的第一大客源国,且未来的潜力巨大,泰国推出一系列措施刺激中国市场。在签证方面,泰国对中国游客实施落地签,具体政策为:"持有效期6个月以上公务普通护照和普通护照可申请办理落地签证。需提供的材料如下:有效护照、签证申请表、照片、返程机票、财产证明。可在24个指定口岸办理落地签。停留期限为15天。需交纳签证费1 000泰铢。"在支付方式方面,泰国开泰银行与银联国际开展合作,开通首个中泰跨境在线支付系统,为中国消费者通过互联网购买泰国商品和服务提供便利的在线支付手段。[1]

(二)主要海洋旅游城市客源市场竞争

1. 迈阿密

(1)旅游概况

迈阿密位于美国南部佛罗里达州东南岸,由于濒临大西洋和墨西哥湾,信风使得迈阿密气候相当宜人,冬季温暖干燥,夏季湿润舒适,是美国本土冬季最温暖的城市。另外,迈阿密海滩是美国最好的海滩之一,由于受墨西哥暖流的影响,这里的海水即使在冬季也是温暖的。这些都为迈阿密发展海洋旅游提供了非常有利的条件。

迈阿密旅游业十分发达,经历了从美国东北部和中西部有闲阶层的冬季度假胜地——国内著名的全天候度假中心——国际性度假中心的演变。现在,在接待大量美国北部游客的同时,迈阿密还吸引了大量来自拉美、加勒比、欧洲、加拿大、亚洲的游客。为了成就其国际性旅游中心的地位,迈阿密频繁举办各种会议、大型体育活动与赛事、博览会等。到2000年的时候,国际游客已经占迈阿密游客总数的48%。另外,迈阿密还是世界邮轮之都,每年接待的邮轮休闲旅客超过300万人次,经济效益超过100亿美元。迈阿密的邮轮休闲具有许多难以复制的天然优势,其高效的管理、低廉的费用、洁净的水域环境是其他港口城市所不具备的。[2]

(2)客源市场竞争策略

1)独特的宣传视角。古巴革命爆发后,大量拉美人涌向迈阿密。他们在

---

[1] Thummasaeng Nicharee(李兰月).中泰两国跨境区域旅游合作研究[D].北京:北京交通大学,2014.

[2] 全华,杨竹莘,赵磊.美国城市水域景观休闲旅游利用经验及其对中国的启示[J].水利经济,2011(5):68-70,74.

迈阿密工作与生活,在一定程度上还坚守本民族的习俗、价值观和传统文化,使得迈阿密成为一个富有拉美风情的"多元文化中心"。迈阿密在进行旅游宣传时,并不像其他海洋城市一样强调"阳光、沙滩、大海",而是另辟蹊径,大力宣传其多元文化和拉美风情。这种宣传策略不仅吸引了美国本土的游客,而且还吸引了大量来自拉美、加勒比地区和欧洲的游客。拉美中上阶层纷纷到迈阿密来旅游和投资,当在迈阿密度假时,许多拉美游客能发现熟悉的食物、相似的文化且没有语言上的障碍,这为他们带来了更好的旅游体验。

2)拓展"夏日经济"。作为美国冬季最温暖的城市,冬季一直是迈阿密的旅游旺季,夏季来这里旅游的人却非常少。为了吸引更多的游客夏季来迈阿密旅游,使之成为全天候度假胜地,迈阿密做了许多努力。一是开发夏季庆典活动。着力开发夏季庆典,如每年6月在迈阿密滩举办的佛罗里达舞蹈节,每年7月在北迈阿密的大西洋大街上举办的"大道上的夏夜"活动等,吸引了大量夏季游客。二是夏季联合酒店、公园、博物馆等商家打折,这些优惠对中下阶层游客有着一定的吸引力。[①]

2. 新加坡

(1)旅游概况

新加坡位于马来半岛南端,毗邻马六甲海峡南口,其南面有新加坡海峡与印尼相隔,北面有柔佛海峡与马来西亚相隔,并以长堤相连于新马两岸之间,是亚洲最重要的金融、服务和航运中心之一。新加坡是个城市国家,新加坡既指新加坡共和国,也指新加坡这个城市。新加坡共和国由新加坡岛、德光岛、乌敏岛和圣淘沙岛等60多个岛屿组成,总面积694平方千米。新加坡市是新加坡共和国唯一的城市,位于最大的岛——新加坡岛的南面,从新加坡最南到最北坐车游完整个国家也只需要2.5小时。

新加坡是东南亚地区最先开始发展旅游业的国家。由于新加坡地势平坦,并没有可以利用的自然资源用来发展旅游业,因此政府一直致力于改善城市生态环境,建设生态城市、花园城市,借此来提升新加坡的旅游吸引力。经过几十年的旅游发展,通过改善城市生态环境、建设旅游设施、开发周围的海岛资源、招揽举办国际会议、改造历史性街区等措施,新加坡已成为亚洲地区重要的旅游城市。2015年,新加坡接待游客1 520万人次,旅游业收入156亿美元。

---

① 马小宁.旅游业与城市经济[D].厦门:厦门大学,2007.

(2) 客源市场竞争策略

1) 开展全球营销。新加坡有较强的营销意识,从旅游业发展伊始就开始进行营销活动,并在不同的时期、根据不同的背景制定相应的营销主题与内容,但在不同中又蕴含着相同的内涵。与新加坡多民族、多种族的国家性质相一致,融合是新加坡营销不变的主题。"亚洲万象"打包东方元素,形成文化大集合;"无限惊喜新加坡"侧重现代化城市形象,但并没有忽略传统文化的存在;"新加坡,新亚洲"则立足于亚洲,强调东西文化的交汇;"非常新加坡"不仅讲求多元文化间的统一,也讲求过去与现在的统一。新加坡的全球营销是卓有成果的,在 2008 年和 2009 年,新加坡连续两年居于"东西方国家(地区)品牌全球指数 200 榜"第一的位置,2007 年获亚太旅行协会颁发的"营销活动政府/目的地金奖"。

2) 实行"过境免签"政策。中国和印度是新加坡除了东盟之外的主要客源国,为了吸引更多的中国和印度游客,新加坡针对两国公民提出了过境免签政策。凡在新加坡樟宜机场过境的中国公民和印度公民,如拥有美国、加拿大、日本、澳大利亚、新西兰、英国、德国和瑞士的有效签证或居留证且剩余有效期大于 1 个月以上的、有 96 小时内离境的机票,便可享受新加坡过境免签 96 个小时。

3) 制订"新加坡智囊团"计划。新加坡是一个多民族国家,居住在新加坡的外籍人士有约 163 万人。新加坡人主要是由近 100 多年来从亚欧地区迁移而来的移民及其后裔组成的。为了吸引更多的游客,新加坡鼓励国民积极邀请在海外居住的亲戚朋友等来访,并提供一些优惠政策,例如免收市内观光旅游费和各种节目演出入场券、免费运送在机场内逗留一定时间的旅客并为其提供免费旅游观光等优惠政策。

3. 里约热内卢

(1) 旅游概况

里约热内卢,简称"里约",曾经是巴西的首都(1763～1960 年),位于巴西东南部沿海地区,东南濒临大西洋,海岸线长 636 千米。里约热内卢是巴西乃至南美的重要门户,同时也是巴西及南美经济最发达的地区之一、巴西重要的交通枢纽,以信息通讯、旅游、文化、金融和保险中心而闻名。里约热内卢是巴西第二大工业城市,里约热内卢港是世界上三大天然港之一,也是巴西最大的海港。里约热内卢是一个服务型的国际化城市,在全市各行业中,工业占

13.5%、商业占42.5%、服务业和金融业占44%,第三产业占经济总量的86.5%[①],属于第三产业范畴的旅游服务业是里约热内卢的经济支柱之一。

里约热内卢是南美洲重要的海洋旅游城市,它的海滩举世闻名,其数目和延伸长度为世界之最,全市共有海滩72个,长度之长、数目之多是世界上任何海滨城市无法与之相比的。海岸线长246.22千米。其中的科帕卡巴纳海滩是世界上最著名的海滩之一。科帕卡巴纳海滩呈新月形,宽达百余米,长达8 000米的海滩上建有数十个小酒吧,充满异域风情,海滩的沙粒松软平坦,洁白如雪。另外,里约热内卢还拥有耶稣山、尼特罗伊大桥、马拉卡纳球场、面包山等著名景点。根据里约市政府旅游业研究中心的数据,2008年至2014年,里约旅游业来自国际市场收入从12.64亿美元增长至21.04亿美元,其中休闲旅游收入从5.29亿增至7.79亿美元,商务旅行由3.6亿增长至6.38亿美元。2014年由于承办多场世界杯赛事的原因,全年综合旅游收入首次超过20亿美元,接待外国游客达590万人次。最近七年的统计数字显示,里约接待的国际旅客来源国前八名分别是阿根廷、美国、法国、智利、英国、德国、意大利和葡萄牙。[②]

(2) 客源市场竞争策略

1) 以节庆带动城市营销。巴西狂欢节被称为世界上最大的狂欢节,有"地球上最伟大的表演"之称,每年2月的中旬或下旬举行三天。在巴西各地的狂欢节中,尤以里约热内卢狂欢节为世界上最著名、最盛大的盛会。里约旅游局十分重视对于狂欢节的打造,借此来宣传城市形象,带动旅游业发展。经过里约政府的努力,狂欢节为城市带来了巨大的旅游收益,每年专程来巴西观看狂欢节表演的外国游客达100多万人次,为巴西提供了10多亿美元的直接和间接旅游收入。除此之外,狂欢节的举办能产生强大的聚焦效应,每年的狂欢节都会被全球超过100个国家直播,这对里约热内卢是一种无形的宣传与营销。

2) 借助大型赛事塑造城市形象。受到经济危机的影响,里约的主要客源国美国、英国、法国等国家的客流量减少,为了更好地向世人展现里约的良好形象,吸引更多的游客来里约旅游,里约政府开始借助自己的优势申请国际性的体育赛事,先后举办了2014足球世界杯、2016跳水世界杯、2016夏季奥运

---

① 宋丁.深圳与里约热内卢:建设国际旅游城市的比较研究[J].特区经济,2007(9):19-21.
② 里约旅游靠奥运赚翻去年旅游收入过20亿美元[EB/OL]. http://sports.qq.com/a/20150902/048189.htm

会等大型体育赛事。他们清楚地认识到这些大型赛事是对世界展示里约风貌的绝佳窗口,通过完善服务接待能力为旅游者留下良好的印象,利用口碑传播,在赛事周期结束后能够持续吸引客流量,壮大里约旅游业的发展。为了借助奥运东风发展旅游,里约市旅游局早已借助各种国际会议的机会推介城市旅游资源。在秘鲁、波哥大和厄瓜多尔举行的研讨会上,里约市旅游局着重介绍了里约城市的交通、住宿等配套设施建设情况和丰富的旅游资源。

第四节 "品牌差异化战略"
——海洋城市旅游发展首选战略

纵观世界上著名的滨海度假胜地,它们都有自己鲜明的品牌形象。夏威夷的特色是"打开心灵之门"的草裙舞,韩国济州岛以世界上寄生火山最多和"瀛洲十景"而闻名,马尔代夫以椰林树影、水清沙幼、蓝天白云而让游客沉迷,巴厘岛以丰富多彩的食物、木雕、蜡染、油画、纺织、舞蹈和音乐让游客沉醉其中,迈阿密以"世界邮轮之都"闻名于世。这些世界著名胜地的案例无不在告诉我们发展海洋旅游特色、创建自己独特的品牌形象与品牌价值对于提升世界知名度的重要作用,即要实施"品牌差异化战略",这是中国海洋旅游城市的最佳选择。

"品牌差异化战略"有两层含义,它首先意味着海洋旅游城市必须要建立自己的品牌。成功的城市品牌能够创造持久的品牌价值和品牌力量,它远高于一般资本成本的收益;城市旅游品牌的综合效益集中体现为对内部各旅游生产部门的凝聚力和对外部游客、投资商的吸引力、辐射力,由此产生海洋城市旅游的聚集效应、规模效应和辐射效应,给城市带来更多发展机会。海洋旅游城市品牌化的过程,与一般的企业品牌建设的过程类似,都是包括品牌定位、品牌选择、品牌开发、品牌传播等具体过程。品牌定位是品牌建设的核心,城市品牌的选择是品牌定位的延续,品牌的开发着眼于凸显城市旅游的价值,旅游品牌通过传播而被世人所知,从而带来旅游效益,这些环节中任意一环都对品牌的成功建立起着至关重要的作用。

其次,"品牌差异化战略"要突出"差异"二字,它主要体现在海洋旅游城市对品牌的定位上。差异化品牌定位,就是要有意识地通过建立功能性差异和情感性差异来形成与竞争品牌相区分的定位策略。目前,一些海洋城市虽然已经有了建立品牌的意识,但是在品牌化的过程中却并不能很好地实现差异化。例如，一些城市在宣传品牌时打着"东方夏威夷""东方巴塞罗那"的名号，这些名号并不能真正体现出城市自身的旅游特色和吸引力，只是对于市场上先行者一味地模仿，这并不是真正意义上的差异化。差异化的实现是建立在对城市自身旅游特色卖点、对旅游者、对竞争对手十分了解的基础上的，这种差异必须是真实的，是旅游者经过自身体验、判断认可的，而不是城市强加给旅游者的印象。最后，品牌的差异化要具有可表现性，要是能够通过传播而被旅游者识别从而转化成旅游动机的，这样的差异化才具有价值。

第三章 海洋城市旅游品牌价值的评价

第一节 品牌价值的评价方法

一、品牌价值评价方法评述

(一)品牌价值评价方法视角

起初品牌价值的评价并没有被人们重视,直到20世纪80年代中期,GFW(Goodman Fielder Wattie)要对RHM(Rank Hovis Mcdougall)收购时,RHM要求Interbrand公司对其提供品牌价值评价服务,这是历史上第一次品牌价值评价,并成功对抗了恶意收购。20世纪80年代末,国外出现了一股并购浪潮,品牌公司隐藏的价值被暴露,这促使品牌价值的评价研究成为利益相关者研究的焦点。[①] 我国首例品牌评价是1993年对青岛啤酒的品牌评价,这使得人们开始注意品牌及其他无形资产的经济价值。[②] 随后,越来越多的企业进行品牌价值评价,它们意识到通过品牌价值评价可以提高企业的地位,提高商业信誉,对产品起到宣传作用,这在很大程度上促进了品牌价值评价在国内的发展。

国外学者对企业品牌价值评价的研究主要基于三个视角:一是站在消费者的角度研究影响品牌价值的要素。学术界以Keller(2001)提出的基于消费者的品牌价值为基础,Keller认为,品牌能不能被认可取决于消费者,消费者

---

① Seetharaman A, Azlan Bin Mohd Nadzir Z, Gunalan S. A Conceptual Study on Brand Valuation[J]. Journal of Product & Brand Management, 2001,10(4):243-256.
② 郑乃林. 企业商标评估体系研究[J]. 中华商标,2007(11):24-27.

占对于品牌价值评价起着导向作用。① 二是基于企业视角，Hsu（2006）等学者研究认为，品牌价值使企业的产品更具竞争力，能够使企业获得更多的超额利润。三是基于财务视角。② 上述研究说明，品牌的价值与交易有关，与企业的收益有关。成本法、溢价法、收益法是从财务视角研究价值评价的最主要的三种方法，对于品牌价值具有重要影响。

国内关于品牌价值评价的研究起步较晚，大多借用国外的研究成果进行研究。范秀成（2002）从消费者的视角研究了品牌权益测评问题，提出了品牌联想结构分析法。③ 顾志欣（2013）提出用 AHP 法分析企业的品牌价值，在消费者视角下提出了新的品牌价值评价的研究方法。④ 崔文丹、田国双等学者（2012）从企业视角研究了企业价值评价体系，并提出了价值评价模型。⑤ 刘杰、王要斌等学者从企业视角研究了建筑业的价值评价体系，并提出了相关模型。李艳（2015）从财务的视角进行品牌价值评价的研究，对国内外现有品牌价值评价模型进行了分析对比，对各自的优缺点进行了评述。⑥

（二）企业品牌价值评价方法类型

1. 基于财务角度的评价方法

（1）成本法

成本法有两种计算方法：一是历史成本法，即通过用企业品牌资产的购置或者开发的全部原始价值来估价；二是重置成本法，用品牌重置资本和成新率两者之间的乘积作为对企业品牌价值的评价。鉴于自创品牌没有账面价值，所以其进行品牌价值评价时需用现时的费用标准对品牌的重置成本进行估算。

---

① Keller K L. Building Customer-based Brand Equity: A Blueprint for Creating Strong Brands[J]. 2001,8(10):15-19.

② Hsu M H, Chiu C M, Wang E T G. Understanding Knowledge Sharing in Virtual Communities: An Integration of Social Capital and Social Cognitive Theories[J]. Decision Support Systems,2006,42(3):1872-1888.

③ 范秀成,陈洁. 品牌形象综合测评模型及其应用[J]. 南开大学学报:哲学社会科学版,2002(3):65-71.

④ 顾至欣. 基于AHP法的消费者视角下企业品牌价值评价研究[J]. 长春理工大学学报:社会科学版,2013,26(12):104-108.

⑤ 崔文丹,田国双. 企业品牌价值评价体系与评价模型研究[J]. 林业经济,2012(6):16.

⑥ 杨希娟,成瑾. 战略型企业社会责任与企业竞争优势分析——以中华老字号企业为例[J]. 工业经济论坛,2015,2(1):87-98.

基本公式为：

$$品牌评价价值 = 品牌重置成本 \times 成新率 \quad (3-1)$$

其中：

$$品牌重置成本 = 品牌账面价值 \times (评价时物价指数 / 品牌购置时物价指数) \quad (3-2)$$

$$品牌成新率 = 剩余使用年限 / (已使用年限 + 剩余使用年限) \times 100\% \quad (3-3)$$

运用成本法对品牌价值进行评价，品牌价值被看作建立或者取得品牌时对品牌的投入价值，具体包括设计、商标注册费、研发、营销、保护等。成本法是从再取得资产的角度来反映资产的价值的，基本思路是重建或者重置品牌，和其他资产在运用成本法时的前提假设一样，任何潜在的投资者在决定投资某些品牌时，其愿意支付的价格不会超过构建该项品牌的现行构建成本。成本法在对品牌价值的具体运用中，又分为更新重置成本和复原重置成本。复原重置成本包括以现行价格水平以及与当初相同的技术水平等条件构建一个具有同等效用的相似品牌的成本；更新重置成本则是指在评价基准日重新创建一个相似品牌发生的成本。品牌作为一种无形资产，并无实体性贬值，用无形资产评价的基本公式用于品牌价值评价，即品牌评价值＝品牌重置成本×(1－贬值率)，贬值率综合了功能性贬值和经济性贬值，并且需要考虑到品牌资产效用与时间的关系，比如老字号品牌的效用往往不会随时间递减。

作为无形资产的品牌资产的成本特性决定了成本法在品牌价值评价中有着先天难以克服的缺陷。和无形资产一样，形成品牌所耗费的成本具有不完整性、弱对应性和虚拟性，具体哪些投入作为品牌成本、投入的成本是否都可以形成品牌的价值以及这些成本的量化问题都是运用成本法必须面对的难题。而且成本法假定能够重新创建一个相似的品牌，而事实上品牌的复制性是极差的。除此之外，对贬值率的考虑也是存在问题的，品牌不像有形资产存在实体性贬值，也与技术型的无形资产效能与时间呈非线性递减的关系不同，因为有的品牌其效用往往会与时间呈递增关系（一些老字号品牌），诸如此类因素使得贬值率的考虑变得复杂。通过计算品牌创建或从他人处获得的全过程所花费的费用或者购买他人的品牌所付出的成本，其考虑的只是过去为创建和获得品牌而付出的代价，更多考虑沉没成本，而品牌价值却更多地体现在品牌为品牌所有者带来未来收益的能力。成本法用短期性数值来衡量长期价值，同时未考虑把企业品牌的竞争力纳入品牌价值中去，这样的计算结果有失合理。

因此，和无形资产评价一样，对于品牌价值评价而言，成本法较少使用。

（2）股票市值法

股票市值法是由美国芝加哥大学的 Simon 和 Sullivan 提出来的。其基本思路是：以上市公司的股票市值为基础，先将有形资产从总资产中剥离出来后，再将品牌资产从无形资产中分离出来。

具体的计算步骤是：

1）用股价乘以股数即为股数的总市值。

2）对设备厂房等有形资产用重置成本法作价，然后用总市值减有形资产，得到公司的无形资产。

3）将无形资产分解为品牌资产和非品牌资产，并确定影响品牌资产的因素，建立它们之间的函数关系。

4）建立影响无形资产的各因素同公司整个股市价值之间的数量模型，从中得出各个因素对股市价值的贡献，进而得出各因素对无形资产的贡献率。

5）在此基础上得出品牌资产在整个无形资产中所占的比例，最后用无形资产乘以该比例即得出品牌资产的价值。

股票市值法的理论虽具有很强的内在逻辑性，但因需要大量的统计资料并要求复杂的数学处理，这在一定程度上限制了其实用性。另外，此方法计算的出发点是股价，要求股市比较健全，股票价格能较好地反映上市公司的实际经营业绩，这在我国现阶段还存在一定差距。

（3）市场法

市场法就是指通过市场上同样或者类似品牌的近期交易价格，也就是说通过在市场上寻找一个或若干个参照品牌，进而基于交易条件、功能、交易地点和时间等因素进行对比调整，得到待评价品牌的价值，其中调整因素包括但不限于品牌的市场占有率、品牌形象、品牌的知名度等品牌强度。市场法的应用前提是存在一个发育充分且活跃的品牌交易市场，并且在市场上可以寻到参照物。

在品牌价值评价上运用市场法，看似简单实则不易。从品牌自身的角度考虑，找到相似的参照物并不是一件简单的事，因为目前在我国并不具备一个发育充分且活跃的品牌交易市场，品牌单独交易的案例也不多，在这样的情况下即使近期有交易案例但可比性也未必能满足要求，再者在调整因素的数据来源上也未必能够顺利获取，因为一些信息对于企业而言较为机密。这样看来，市场法的运用还需考虑到我国的市场环境。

市场法分为直接比较法和相似比较法两种，直接比较法是直接选择相似的企业品牌为参考，用现时的市场价格减去其已使用年限的总折旧额后所得的价格作为评价价值，其公式为：

$$被评价企业品牌价值＝参照品牌市场价格－$$
$$(参照品牌市场价格/预计使用年限)×资产已使用年限 \quad (3\text{-}4)$$

相似比较法是通过与在市场上找到的与被评价对象相似的企业品牌设立多个可比项,并一一进行调整而得出结果。

其计算公式为:

$$被评价企业品牌价值＝品牌参照物市场价格×被评价企业品牌的市场占有率/参照物品牌市场占有率×被评价企业品牌的知名度系数/参照物品牌的知名度系数×…×被评价企业品牌的年品牌效益/参照物品牌的品牌效益$$
$$(3\text{-}5)$$

市场法在理论上具有可操作性,但是却受到实际条件的限制,如很难找到完全相同或者类似的企业品牌作为参照物、差异项调整系数难以确定等,如果仅靠主观定论,难以有效评价企业的品牌价值。

(4) 收益法

收益法是指通过估测被评价资产未来预期收益的现值来判断资产价值的一种方法。其公式为:

$$企业品牌评价价值＝预计年收益额×现值关系系数 \quad (3\text{-}6)$$

收益法是指通过对被评价资产未来预期收益进行折现得到预期收益的现值,进而估测出被评价资产价值的相关方法总称。该种方法主要通过资本化和折现来实现对资产价值的评价,其建立在一个假定基础之上,即任何一个理性投资者为购置或投资某一资产所付出的或者投资的货币数额不会超过这一资产在未来所能够创造的收益额。收益法在评价品牌价值的时候,需要重点考虑品牌收益、品牌使用年限和贴现率三方面内容。在品牌价值评价中运用收益法必须满足两个前提,即品牌资产必须有预期获利能力,并且该获利能力能够被预测及用货币衡量,此为前提之一;与品牌相关的预期风险报酬能够得以衡量,此为前提二。

品牌资产评价中的收益额主要通过超额收益法,将拥有品牌资产的收益同行业平均水平比较,以此获得由品牌资产创造的超额收益,作为品牌的获利能力。与上述另外两种方法相比,收益法能够较好地回避上述方法的不足。同无形资产评价一样,收益法是品牌价值评价中较为推崇的,大部分品牌评价模型也都是以收益法为基础延伸的。但在使用该方法时同样也有需要注意之处,诸如品牌收益额与其他无形资产收益之前的划分、品牌风险预测和贴现率选取以及获利年限等等,这些需要关注的点既有因收益法本身而不可避免的问题,也有品牌资产自身特有的问题。此外,传统的收益法完全是从财务视角对品牌价值进行估算的,并没有结合品牌价值的特点进行评价。收益法作为企业品牌价值评价的最简单、最基础的方法,未来的获利能力体现了价值所在。这种方法通过现金流来体现品牌竞争的因素,考虑到了企业品牌的时间价值,但是却忽视了消费者方面的影响。

2. 基于市场要素的评价方法

(1) 英特品牌法(Interbrand)

该方法的基本思路是假设企业品牌能够长期带来稳定的的超额净收益,与收益法相似,把企业品牌创造的超额净收益额进行折现,得到评价价值。不同之处是折现的形式是通过一个乘数来表现出来。

其模型公式为:

$$V = P \times S \tag{3-7}$$

其中,V代表被评价企业品牌价值,P代表企业品牌带来的净利润,S代表品牌强度系数。

1) 企业品牌带来的净利润确定:

企业品牌产品的营业利润＝企业品牌产品的销售额－该企业品牌的生产成本、销售成本－管理费用及其他相关的折旧等费用 (3-8)

企业品牌产品的沉淀收益＝品牌产品的营业利润－

有形资产带来的利润－非品牌带来的利润 (3-9)

品牌未来预期收益＝(沉淀收益×品牌的市场作用强度)×

(1－适合的企业所得税税率) (3-10)

一般企业品牌产品的净利润取连续三年的加权平均值,设企业品牌当年的净利润为f_1,前一年的净利润为f_2,前两年净利润为f_3,则

企业品牌净利润＝$(f_1 \times 3 + f_2 \times 2 + f_3 \times 1)/(1+2+3)$ (3-11)

2) 品牌强度系数:品牌强度系数和品牌强度有关,品牌强度决定了未来现金流入的能力,其变动范围为6~20,品牌强度越高,品牌强度系数越高。

Interbrand提出七因子加权综合法来确定品牌强度。七因子包括市场、稳定性、领导力、国际、支持度、潮流趋势、保护力。

Interbrand评价方法在世界范围内已经得到了广泛的认可,但仍然存在不足之处。首先,该方法需以品牌未来处于连续获利的状态为基础,但实际上,品牌的获利能力会随着市场及整体行业所处的大环境的变动而变动;其次,该方法着重从市场角度研究,没有研究消费者因素,但是品牌价值形成的过程却离不开消费者的选择;最后,品牌收益的市场作用强度的决定受到人的主观判断的影响。

(2) 世界品牌实验室(World Brand Lab)品牌资产评价法

该方法是目前世界金融界和营销界公认的"经济适用法"。其基本思路是,首先通过对企业的销售收入、利润等数据的综合分析,判断企业的盈利状况,其次运用"经济附加值法"确定企业的盈利水平,再次,用其独特的"品牌附加值工具箱"计算出品牌对于收益的贡献程度,最后经过数据分析预测企业在未来一段时间的营利收益及品牌贡献在营利收益中所占的比例。但是该法没有将消费者因素考虑在内。

计算公式为:

$$企业品牌价值 = E \times BI \times S \qquad (3\text{-}12)$$

其中,E 代表年加权平均业务收益额,一般以当年在内的前三年的营业收益及今后两年的预测收益加以不同权重,加以计算,权重赋值一般采用层次分析法。

BI 代表企业品牌附加值指数,即品牌收益占业务收益的比例。

S 代表品牌强度系数,借鉴 Interbrand 方法中的七因子分析法,确定企业品牌强度系数。

(3) 北京名牌资产评价公司品牌资产评价法

该方法是基于 Interbrand 模型改进的,不同的是,Interbrand 模型是以品牌收益作为折现对象,北京品牌公司评价法是结合我国的实际情况建立的品牌价值评价体系,其公式可以简单表述为:

$$P = M + S + D \qquad (3\text{-}13)$$

其中,P 为品牌的综合价值;M 为品牌的市场占有能力,参照销售收入;S 为品牌的超值创利能力,参照商标评价价值;D 为品牌的发展潜力,参照 Interbrand 的七因子分析。

这个方法充分考虑了我国企业的特点,对其他方法做了个折中。在 M 部分,我们是取企业的销售收入指标。在 S 部分借鉴了一般商标评价中的收益法。在 D 部分借鉴了上述 Interbrand 评价中的收益倍数法。

该方法结合我国的实际情况,以实际财务和市场数据为依据,没有假定品牌未来的获利能力,与 Interbrand 方法相比,该方法更注重实际。但是该方法的不足在于:评价体系不完整,只考虑了财务数据和品牌的市场表现,消费者对品牌影响未加入其中;选择市场占有率作为衡量品牌收益的主要指标,会误导企业为获得高的品牌价值而放弃追求利润。

3. 基于消费者要素的评价方法

(1) 品牌价值十要素(Brand Equity Ten)模型

该模型是由美国著名品牌专家 David Aaker 提出来的。他认为品牌价值可以从品牌忠诚度、品质认知或领导性、品牌联想或差异化、品牌认知度和市场状况五个方面进行衡量,这五个方面包括十个指标,分别是差价效应、满意度或忠诚度;感知质量、领导性;价值认知、品牌个性、企业联想;品牌知名度;市场占有率、市场价格及渠道覆盖率。

品牌价值的核心是品牌忠诚度,品牌忠诚度可以通过消费者对品牌的满意程度及对品牌价格变化的敏感程度两方面加以衡量。

品质认知反映了消费者对某一品牌产品或质量的认识程度,可以通过消费者对某一品牌的感觉品质和该品牌的受欢迎程度或领导性加以衡量。

品牌联想是指联系品牌和消费者之间的媒介,包括产品外观、产品特征、品牌个性和企业形象等,主要影响因素有消费者的感知价值、品牌个性和消费者对该品牌企业的联想。

品牌认知是消费者识别和记忆某一品牌的产品类别的能力,主要体现在品牌知名度上。

品牌市场状况是某一品牌与其他同类产品或服务相比所呈现的市场表现,可以通过市场占有率、市场价格和营销渠道覆盖等因素加以量化。

(2) 品牌资产评价者(Brand Asset Valuator)模型

品牌资产评价者模型由扬·鲁比公告公司(Young & Rubicam)提出。其认为每一个成功品牌的建立,都要经历一个明确的消费者感知过程。消费者可以用以下指标对某一品牌的表现进行评价。

1) 差异性(Differentiation):品牌的独特性及差异性程度。

2) 相关性(Relevance):品牌与消费者的关联程度、品牌个性与消费者相适合的程度。

3) 品牌地位(Esteem):品牌在消费者心中的档次、认知质量和受欢迎程度。

4) 品牌认知度(Knowledge):消费者对品牌内涵及价值的认识和理解的深度。

(3) 品牌资产引擎(Brand Equity Engine)模型

品牌资产引擎模型是国际市场调研公司(Research International)的品牌资产研究专利技术。该模型认为品牌资产最终是由消费者对品牌的看法,也就是说是由品牌形象决定的。影响品牌资产的因素可以分为两类,即"硬性"属性和"软性"属性。"硬性"属性是指消费者对品牌产品有形或功能属性的认知,"软性"属性是指品牌提供给消费者所反映出的情感利益。

该模型需要建立一套标准化的问卷,通过专门的软件程序,得到所调查的每一个品牌的品牌资产的标准化得分,得出品牌在情感属性和功能属性这两项指标的标准化得分,然后进一步分解各子项的得分,从而得出哪些因素对品牌资产的贡献最大,哪些因素是真正的驱动因素。其主要影响因素包括品牌功能和品牌情感。

4. 评价方法对比分析

上述三种方法认识到消费者对品牌价值形成所起的驱动作用，试图站在消费者的角度对品牌价值的贡献程度进行全面衡量，并通过对消费者关系指标进行横向和纵向的比较，找到品牌发展中的优势与劣势，有利于企业品牌价值的提升。但是没有考虑到企业对品牌价值的影响，如企业的宣传、品牌的创新及延伸能力、企业处理危机事件的能力等，都会影响品牌的获利能力，进而影响企业的品牌价值。另外，大规模的市场调查，需要耗费大量的人力和物力，并且耗用的时间较长。

由于品牌价值构成的侧重点不同，上述各种方法可以分为三类，分别是以财务角度为基础、以市场角度为基础和以消费者角度为基础。其中，以财务角度为基础的评价方法包括成本法、市场法和收益法，这也是进行品牌价值评价最初采用的方法。以市场角度为基础的评价方法包括 Interbrand 评价法和 MSD 评价法，这类方法主要通过对财务数据的分析和对品牌市场表现的评价计算估值。十因素评价法和忠诚因子法属于以消费者角度为基础的评价方法，这一类方法以消费者为出发点和落脚点，通过消费者对品牌的评价以及反馈来评价品牌价值。

以财务角度为基础的评价方法思路较为简单，将品牌作为企业一般资产进行评价，但是忽视了品牌价值独特的理论构成和丰富内容，没有将消费者等因素考虑在内，导致最后的评价结果与人们的实际感受有很大出入，没有很好地反映品牌的真正价值。

以市场角度为基础的评价方法主要根据收益法的原理，将预测的品牌产品未来收益折现后，得到评价结果。与收益法不同的是，这一类方法加入了对市场因素的考虑，在未来收益和折现率方面体现了品牌的成长力和扩张力，从而使评价结果更加接近实际。不过这些方法同样没有考虑到消费者因素的影响，使得评价模型仍然是不完整的。

以消费者角度为基础的评价方法主要通过消费者的主观印象和购买期望进行评价，具体表现在消费者为了能获得更高的满足和效用，而愿意去购买该品牌的产品或服务，从而使企业获得超额收益。但这类方法过于主观经验化，并且缺少了前两类方法中对于企业和市场等因素的考虑，因此也不是系统全面的评价方法。

二、旅游目的地品牌价值评价方法

旅游目的地是地理学上定义的场域，它是特定的自然和社会文化要素的集合。① 目的地产品主要是无形的体验产品,生产和消费往往同时进行,加之季节性的作用,使得目的地之间的竞争较普通产品更为复杂。② 而旅游品牌能集中凸显目的地及其吸引物所承载的体验价值和声誉,反映目的地的市场地位、竞争力水平以及个性。因此,目的地在旅游品牌层次上的竞争是其实现差别化竞争、获取高额回报和稳定收益的重要手段。在过去的十几年间,越来越多的目的地走向了品牌化的发展方向。

(一)旅游目的地品牌价值评价方法评述

旅游目的地品牌价值评价,是目的地实现长期有效管理与运营的关键。近年来国内对目的地品牌价值评价的研究日渐趋热,但仍以定性研究居多。定量研究品牌价值的主要途径之一是品牌价值的货币化评价,即目的地品牌价值可体现为在某一个时点、用类似有形资产评价的方法计算出来的金额。该领域常见的定量研究方法包括旅行费用法、价值评价法以及品牌权益法。旅行费用法由 Clawson 和 Knetsch 在 1966 年率先应用③,它通过计算游客到达目的地的所有花费来表征游客对目的地支付的价格,以评价旅游地的价值。价值评价法将旅游地的经济价值分为游憩价值、旅游品牌价值、旅游环境价值、生态服务价值、选择价值、遗产价值和存在价值,这七种基本价值类型构成了品牌价值评价法的四级价值体系。④ 品牌权益的概念始现于 20 世纪 80 年代的西方广告界,指品牌给产品带来的超越其使用价值的附加价值或附加利益,也就是说消费者能够溢价(超过价值的额外费用)购买自己偏爱的品牌。消费者越偏爱某品牌,其愿意支付的额外费用就越高,品牌权益也就越大,即品牌权益与品牌价值呈正相关关系。在上述三种研究方法中,相较于其他两种方法,品牌权益法突出了旅游者对目的地品牌价值的贡献,同时通过旅游地价格差的纵向比较剔除了由于旅游地各方面的差异引起的品牌溢价的不准确性⑤,能够比较真实地反映旅游目的地品牌价值的来源,也能更好地反映出旅

---

① Tasci A D A, Gartner W C, Cavusgil S T. Measurement of Destination Brand Bias Using a Quasi-experimental Design[J]. Tourism Management,2007,28(6):1529-1540.
② Pike S. Destination Image Analysis: A Review of 142 Papers from 1973 to 2000[J]. Tourism Management,2002,23(5):541-549.
③ Clawson M, Knetsch J L. Economics of Outdoor Recreation[M]. Baltimore, MD: Johns Hopkins Press,1969:183-185.
④ 吴必虎,俞曦. 旅游规划原理[M]. 北京:中国旅游出版社,2010,1:180.
⑤ 胡北忠. 基于旅游者的旅游风景区品牌价值评估[J]. 江西财经大学学报,2005(2):59-61.

游者的品牌态度和消费者行为,为目的地创建品牌、有效管理品牌和改进营销策略提供了更具实际意义的指导。①

(二) 旅游目的地品牌价值评价体系构成

价值从其本质上来讲,是客体对主体的用途和作用;从其作用的机制来说,它是指通过一定的方法和途径,将客体的用途和作用传递到主体的一个过程,在此过程中实现客体的价值,这种由主体、客体和媒体共同作用所实现的价值传递便构成了价值体系。由此,我们可以对旅游目的地品牌价值体系进行界定:旅游目的地品牌就是这个体系中的价值客体,它是价值产生的源泉;价值的实现是通过一系列的旅游活动产生的,这些旅游活动便是价值实现的媒体;而旅游目的地品牌价值主体较为复杂,因为在发展旅游目的地品牌的过程中所涉及的利益相关者甚广,根据利益相关度的大小,大致将旅游目的地品牌的利益群体分为四个部分:旅游者、旅游企业、政府和其他利益相关者,因此,旅游目的地品牌价值主体由以下四个部分组成。

1. 旅游者价值

这是指旅游者从旅游目的地品牌中所获得的效用。国际现代品牌理论特别重视和强调品牌是一个以消费者为中心的概念,没有消费者,就没有品牌。品牌的价值体现在品牌与消费者的关系之中。品牌之所以存在,是因为它可以为消费者创造价值,带来利益。旅游目的地品牌形成和发展的基础就是拥有源源不断的客源市场,旅游者是旅游目的地品牌价值获得的主要载体,因而满足旅游者的价值诉求是旅游目的地品牌发展的首要之举。旅游目的地品牌对旅游者价值也是诸多研究的关注重点,也具有一般意义上品牌对消费者的价值如美誉度、忠诚度、知名度、感知品质、品牌联想②等,而最终价值诉求的实现是通过对旅游吸引物、旅游相关服务特殊的体验达到一定的满意度。

2. 旅游企业价值

这是指旅游企业从旅游目的地品牌发展中获得的效用。旅游企业是旅游目的地品牌发展的主要经营者和管理者,他们的价值诉求在很大程度上决定或影响着旅游目的地品牌产品的类型、功能、价格等,关系到旅游目的地品牌的发展态势。旅游目的地品牌对旅游业企业而言是一种有形和无形的资产,

---

① 范秀成.基于顾客的品牌权益测评:品牌联想结构分析法[J].南开管理评论,2000,3(6):9-13.
② 王方华,陈洁.品牌基础问题研究评述[J].管理学报,2006,3(5):622-628.

包含财务价值、形象价值、服务价值以及社交价值[1]等。旅游目的地品牌能够提升企业形象和知名度,提高市场占有率,最终增加旅游企业的经济收益和促进企业持续发展。

3. 政府价值

这是指政府从旅游目的地品牌发展中所获得的效用。不同职能和层次的政府部门所制定的法律规范、建立的管理体制、配备的人员素质都对旅游目的地品牌发展具有深远的影响,而旅游目的地品牌的发展必然也会涉及这些政府部门的价值诉求和利益格局。旅游目的地品牌与一般品牌的区别在于,旅游目的地品牌部分是公共产品[2],其建设和发展离不开政府的建设与管理,这样旅游目的地的品牌价值与政府直接相关,政府通过目的地品牌实现区域经济价值、社会价值、生态价值。旅游目的地品牌可促进当地政府税收的增加,实现招商引资的目的,改善政府形象,提高其管理协调能力和危机管理能力。

4. 其他相关者利益价值

除了上述旅游者、旅游企业、政府以外的其他利益相关者从旅游目的地品牌中获得的效用,旅游目的地的其他利益相关者主要包括当地社区和居民、环保组织、学术界及相关机构以及新闻媒体等等,既影响着旅游目的地品牌的形成与发展,也从旅游目的地品牌中获得一些直接或间接的价值。旅游目的地品牌可促进当地居民社区和谐发展、经济收益的增加,社会、人文环境得以改善。

(三)旅游城市品牌价值评价方法

随着城市化进程的加快和城市间竞争的加剧,如何塑造旅游城市品牌已成为许多城市持续快速发展的关键。旅游城市品牌是城市消费者对城市个性和特性的心理感知和综合印象。评价旅游城市品牌时,不能仅依据城市的客观条件,而是要站在消费者的立场上对城市价值进行整体感知。

1. 旅游城市品牌价值评价意义

目前,对旅游城市品牌的理论研究较少,旅游城市品牌无论是理论还是实践都还不成熟,对旅游城市品牌的内涵、目标、价值评价等方面还存在许多模糊认识。许多城市都认识到了塑造旅游城市品牌对于发展城市的重要作用,

---

[1] 马平. 旅游目的地品牌研究[J]. 北京林业大学学报:社会科学版,2006,(5):57-58.
[2] 张河清,苏斌. 基于博弈论的政府主导型旅游目的地公共品牌构建研究[J]. 生态经济,2006(12):92-94.

积极在实践中进行不断的探索和尝试。但是由于缺乏合理的旅游城市品牌价值的评价体系,城市政府难以得知旅游城市品牌塑造和实施的实际效果,从而缺乏制定、调整、优化旅游城市品牌战略的依据。因此,旅游城市品牌价值评价体系的研究具有十分重要的理论和实践意义,具体体现在以下几个方面。

(1) 旅游城市品牌价值评价是制定、调整、优化旅游城市品牌战略的依据。通过建立指标体系来评价旅游城市品牌价值的状况和效果,其意义在于既要反映出旅游城市品牌的整体价值水平,同时又要反映出旅游城市品牌针对不同目标市场的价值状况。这样,有利于旅游城市品牌管理者了解旅游城市品牌的整体价值以及不同目标市场价值的发展动向,为制定、调整、实施旅游城市品牌战略提供可靠的依据。

(2) 旅游城市品牌价值评价是检测旅游城市品牌运行状况的监测器。旅游城市品牌的塑造和管理实质上就是人介入并在一定程度上干预或驾驭旅游城市品牌运行过程的一种方式,其目的是提高旅游城市品牌的价值,促进旅游城市系统效益化、效率化和秩序化。这种介入与干预有时是得当的且富有成效的,而有时则未必得当,甚至事与愿违。要判断一个旅游城市品牌管理的成效和后果优劣如何,就必须要有一套完整、科学的评价指标体系作为分析和决策的依据。通过其来全面、准确、快捷而又简便地了解旅游城市品牌在某个阶段的运行状况,把握其脉搏、掌握其动向,并在此基础上采取调整、控制、优化、提高等一系列旅游城市品牌塑造、培育和管理措施。

(3) 旅游城市品牌价值评价是测评不同旅游城市品牌价值的量度。为了系统、综合、直观地评价某个城市的旅游城市品牌,可以选取其他城市作为参照和量度,对所有旅游城市品牌价值的差异进行比较,比较的结果既是制定旅游城市品牌发展战略的重要前提,同时又确定了该旅游城市品牌的相对地位和相对差异,对进一步的发展有一定的启发作用。

2. 旅游城市品牌价值评价方法分析

杜青龙(2004)认为城市的品牌价值客观存在,可以通过合理的指标来进行量化评价,其中品牌资产是决定品牌价值的重要因素,而影响品牌资产的因素包括经济价值、政治价值、社会价值和品牌自身价值。[①] 方丽(2005)认为旅游城市品牌价值的影响因素可以根据不同的主题层划分为四个系统,包括经

---

① 杜青龙,袁光才. 城市品牌定位理论与实证分析[J]. 西南交通大学学报(社会科学版),2004(6):105-108.

济要素、政府要素、环境要素和人居要素。① 冯蓬蓬(2006)通过对中国各个城市的比较,得出品牌价值的影响因素主要有资源、产业、企业、城市特性和政府五个方面。② 云建峰(2007)分析优秀旅游城市品牌具有独特性、文化性、延展性和实用性等特征,并从旅游城市自身的资源优势、客源市场需求、文化内涵、世界旅游业的发展趋势和城市居民对品牌的认可等角度,阐述了旅游城市品牌的构建和塑造方法。黄维礼(2013)提出旅游城市品牌、企业品牌和产品品牌之间的互动关系,指出旅游城市品牌是城市产业集群中企业品牌集体体现的结果,旅游城市品牌形成和发展的基础是企业品牌。③ 杨媛媛(2014)认为旅游城市品牌是城市营销的产物,也是城市风貌的综合展现,城市定位要表现城市个性。通过对国内外旅游城市品牌定位的定性和定量两种研究方法的梳理,得出我国旅游城市品牌定位过程中要思路准确,找准品牌定位特色,定性研究和定量研究相结合的启示。④

综上可知,对于旅游城市品牌价值评价的研究大多数采用实证分析方法,从目前的评价方法来看,主要分为顾客视角和城市视角两种。现有的研究方法,尤其是国内机构和学者的研究,更多的是从城市视角进行旅游城市品牌价值评价。

3. 多视角旅游城市品牌价值评价

旅游城市品牌主要面向城市居民、旅游投资者、旅游者和旅游企业,这四个目标群体,对旅游城市品牌有着共同的价值需求,如良好的城市环境、城市政府的管理水平等,除此之外,他们还有许多差异化的价值的需求。因此,本书分别从城市居民、旅游者、旅游投资者和旅游企业四个不同视角对旅游城市品牌的价值进行评价。

(1) 城市居民视角

针对居民,旅游城市品牌的目标是吸引其他城市或地区的居民,以获取税收的增加或带动旅游业及相关服务业的发展,对于中小城市还可以带动其规模效应。城市居民关注的焦点是城市的人居环境,城市居民评价一个旅游城市品牌的价值标准主要是城市能够提供高质量的城市居住环境。

城市人居环境是人类与其生存环境进行着最激烈的相互作用的时空存在

---

① 方丽. 城市品牌要素指标体系[J]. 技术与市场,2005(5):54-56.
② 冯蓬蓬. 城市品牌营销理论与实证研究[D]. 吉林大学,2006.
③ 黄维礼. 城市品牌、企业品牌和产品品牌三者的互动关系研究[J]. 中国品牌,2013(3):116-117.
④ 杨媛媛. 城市品牌定位方法研究[J]. 中国市场,2014(5):57-59.

形式,既是一种状态,也是一个过程。城市人居环境是指人类在一定的地理系统背景下,进行着居住、工作、文化、教育、卫生、娱乐等活动,从而在城市立体式推进的过程中创造的环境。城市人居环境发展的非线性和多因素性决定了它既非居住区的放大,也非区域地理系统的缩影,而应是一个综合型概念,一个兼容建筑学中人的尺度和地理学中社会经济空间尺度的新概念。

城市人居环境在地域层次上可划分为近接居住环境(微观城市人居环境)、社区环境(中观城市人居环境)和城市环境(宏观城市人居环境)。以住宅为核心的居住环境深刻地影响着人类的情感和活动,这一区域是人——自然环境和人——社会环境结合的基点,又可分为两个部分:住宅和邻里环境。社区环境为居民社会活动的主要环境,活动内容包括日常生活用品的购买及常见病的治疗,其地域范围相当于一个居住区,居住区的建成和使用同时促使具有地域性和社会群体性的社区形成。城市环境相当于整个城市系统环境,这一环境的功能是满足居民更高层次的社会需求和承担城市总体环境系统安全、高效运行的职能。

城市居民在评价旅游旅游城市品牌时,主要从城市自然环境、城市社会环境、城市经济环境和城市美学几个方面去评价。

1) 城市自然环境。城市自然环境是构成城市环境的基础,是衡量城市人居环境优劣的重要指标。它为城市这一物质实体提供了一定的空间区域,是城市赖以生存和发展的地域条件。随着城市的发展,日益增加的人工环境与日趋减少或退化的自然环境的矛盾将越来越大,人们对居住的自然环境的要求和依赖性也将更强,它主要包括气、水、声、光、热和绿化等。

2) 城市社会环境。城市的社会环境体现了城市这一区别于乡村及其他聚居形式的人类聚居区域在满足人类在城市中各类活动方面所提供的条件。它对城市的居住环境起着不可低估的作用,忽略或低估这一环境的作用,将导致城市生活的混乱和居住环境的恶化。它包括市政公用设施、公共服务设施、环境卫生设施、交通保障设施、交通保安设施、安全防灾设施和建筑质量等,是构成城市人居环境的硬件。

3) 城市经济环境。城市经济是城市生存的物质基础。城市经济环境是城市生产功能的集中体现,反映了城市经济发展的条件和潜在优势。一个城市经济发展水平的高低与城市人居环境质量的优劣成正比,是提高城市人居环境质量的重要组成部分,它包括人口、收入、产业和智力状况等。

4) 城市美学。城市美学是城市人居环境的一个独特的组成部分,是城市形象、气质、韵味的集中反映。它能体现出城市的历史和文化风貌,显示出城市所特有的人文思想和个性化的特征,给城市居民提供了享受艺术、自由、欢乐的机会,真正促进建筑艺术环境对人们物质和精神生活的升华,将对城市人类产生长期的、潜移默化的影响及效应。它主要包括风景、风貌、建筑特色、文物古迹等几个方面。

(2) 旅游者视角

对于旅游者,旅游城市品牌以吸引旅游者(包括商务旅游、求学者和访问学者)为品牌目标,在获取旅游业发展的同时带动相关产业(如会展业、交通、餐饮住宿、零售业等)的发展,并提供巨大的就业机会。旅游者评价旅游城市品牌时,主要从以下几个方面进行评价,分别为:城市旅游资源、城市旅游的经济条件、城市旅游的技术水平、旅游人才和旅游环境。

1) 城市旅游资源。城市旅游资源是城市旅游活动产生的基础和前提,是旅游需求的内在动因,是旅游产品的重要组成部分,是设计旅游产品、规划城市旅游项目、安排城市旅游路线的必要前提。旅游活动具有地域性,它以人们的地域移动为主要特征,而诱发人们来此地旅游的主要动力是旅游资源。可以说,没有旅游资源的存在,旅游活动不可能实现。吸引力是旅游资源的根本特征,城市旅游资源的引力大小决定了旅游市场规模、旅游需求层次、旅游收入高低,它的引力大小可从旅游资源的品位度、垄断度和丰富度三个方面来评价。

2) 城市旅游的经济条件。城市旅游资源的引力大小,不仅取决于本身的固有质量,还取决于旅游资源的坐落地点情况,即旅游资源所在城市的经济条件。城市经济发展水平对其旅游竞争力的影响最为直接。首先表现为城市经济发展水平影响到城市的基础设施;其次,经济发展水平影响旅游投资能力、开发规模和方向、旅游接待能力和水平等。经济发达、旅游投资能力大、开发规模大、旅游接待能力强、开发方向可多元化,即使该城市没有质佳量丰的旅游资源,也可通过人造景观来弥补。如深圳市经济发达,它通过大量投资建设"锦绣中华""民俗村"等大型主题公园来吸引大量游客。相反,而西部地区,旅游资源丰富,但经济落后,基础设施差,生态环境恶劣,旅游经济发展水平低,难以吸引大量游客。

3) 城市的区位条件。区位条件包括地理区位、经济区位、旅游区位三个方面。地理环境具有纬度地带性和经度地带性,城市处于不同的地理位置,其地理环境不同,旅游资源也有自身的特征,导致旅游吸引力不同。具有良好经济区位的城市,可发挥其区位优势,大力发展经济,提高经济发展水平,为城市旅游竞争力的提升提供大量资金。另外,经济活跃的城市,还可以发展商务旅游、会议旅游、购物旅游等多种旅游形式,丰富旅游产品,满足不同层次的旅游需求。优越的旅游区位,可通过周边旅游发达的城市发挥辐射带动作用,形成区域联合效应,促进本市的旅游发展。如太湖经济区,旅游经济的高度发展就是与其优越的旅游区位有关。

4) 城市旅游的技术水平。科学技术的进步已经成为促进社会经济发展的重要因素,成为资本、劳动力之外的第三大生产要素。技术进步推动质变的发生,其比较优势决定了旅游产业结构优化和效率提高的程度、旅游竞争优势的大小。城市旅游业的可持续发展必须依靠高新技术化,现代旅游业的迅猛发展正是借助于现代化交通工具、新型材料、计算机、通信技术等现代高新技术的广泛应用。

5) 旅游人才。旅游业最重要的不是资金和技术,而是人才,有好的人才,只需一定的竞争过程,资金和技术自然会有。郭洪江认为,在知识经济时代,旅游业今后的竞争是知识、技术、信息的竞争,其中人才的竞争是根本。这里的"人才"不是专指旅游人才,因为旅游业是一项关联度非常高的产业,它需要多方面的人才来为它服务。城市中人才数量的多少、质量的高低对该市的旅游业的竞争能力有决定性的影响。

6) 旅游环境。旅游环境包括城市所在的区域环境和城市自身的内部环境。区域环境主要指区域的旅游资源配置情况、经济的发达程度、人口规模大小。因为对于我国一些旅游资源垄断性不强且经济不太发达的中小城市来说,其旅游客源市场主要来源于本区域或周边省区,本区域的人口规模、游客可支配的经济收入和文化素质的高低对该城市的旅游发展程度有很大的关系。城市内部的环境包括城市的硬环境和软环境两方面。硬环境体现在城市基础设施和旅游服务设施的供给上。一般来说,城市经济发达,其交通便捷,旅游服务设施完备,旅游产品丰富,对游客能产生巨大的吸引力。从软环境看,有经济环境、社会环境、自然环境、政策环境和竞争环境。城市大多是不同层次的经济中心,其活跃的经济环境能吸引客商前来进行商务、会议等旅游活动。经济越发达,对外开放程度越高,城市越容易吸引更多的游客。

(3) 旅游投资者视角

旅游城市品牌为了吸引投资者,凭借城市优越的投资环境吸引产业资本的聚积,大量的产业资本注入可以为城市带来巨额的税收和解决城市的失业问题。城市投资环境是一个有机的统一体,涉及许多方面,如自然资源、区位优势、交通运输状况、周边市场的大小、社会环境及人文素质等,是一项系统工程。投资者评价旅游城市品牌主要从地理区位、资源禀赋、政策环境、基础设施环境、社会经济和市场宏观环境几个方面进行评价。

1) 地理区位。投资场所的地理区位是先天具有、不能改变的。一个城市是处于沿海还是处于内地,它的交通位置状况及与其他各地进行经济联系的方便程度,是构成投资环境的重要方面。

2)资源禀赋。城市具有的资源禀赋,是当地产业发展的机遇。如果一个城市具有丰富的自然资源,那么,它的产业发展就具有良好的物质基础和有利的发展条件。除物产资源外,由自然景观和人文古迹构成的旅游资源、港湾条件构成的港口资源,也都是构成投资环境的因素。

3)政策环境。对资本有一定诱惑力的政策环境,是吸收投资应十分重视的问题。政策环境包括的内容一般比较广泛,如税收减免、利润汇出、外汇平衡方面的各种规定;投资规模、投资比例、经营期限以及土地使用费方面的要求;对产业结构的引导和对投资资本的鼓励、限制、允许、禁止的行业划分;对外资企业的出口义务、内销限制、国产化率、外资企业进口生产所需设备及原料的税收优惠等。总的来说,良好的政策环境就是能保证投资资本获得较高的回报,同时不破坏当地的生态环境,不对国民经济造成负面影响的一系列相配套的政策规定。

4)基础设施环境。对一个城市来说,基础设施的好坏直接影响到投资环境的优劣,它是城市投资环境建设的"硬件",包括当地的铁路、公路、港口、机场等海陆空交通运输设施条件;邮递及航空邮路、铁路邮路、特快专递业务发展状况;水资源贮量和开发量、生产和生活用水供应状况;信息服务设施和生活服务设施状况等。提升一个城市的投资环境,这些是必须先行的项目。

5)经济、社会、市场等宏观环境。宏观环境主要指社会的人文、经济发展、治安及市场成熟度等因素。不仅一个国家的宏观环境很重要,而且一个地方的宏观环境也是投资者特别是国外投资者选择投资场所要考虑的重要条件。例如,金融市场完善程度、当地教育状况、劳动者素质、社会收入水平及相应的市场容量,都是旅游投资需要考虑的宏观环境因素。

(4)旅游企业视角

旅游城市品牌凭借自己所拥有的独一无二的或具有垄断地位的产品(或服务)行业,产生具有较高商誉的"原产地形象",从而使得城市其他相关行业的企业及其产品在市场上获得附加的竞争能力,产生较高的市场声誉。企业在评价旅游城市品牌时,更看重城市品牌是否能产生集聚产业品牌或区域品牌以及为集聚产业提供的配套服务,如完整的集聚产业链。

1)集聚旅游产业品牌。集聚产业品牌是众多企业通力合作拼搏的结果,是众多企业品牌精华的浓缩和提炼,更具广泛、持续的品牌效应,在较大范围内形成了该地域某行业或某产品较高的知名度和美誉度,对城市中的企业及其产品有极大的辐射效应。集聚产业品牌与单个企业品牌相比更形象直接,更具持久性,是一种很珍贵的无形资产。如青岛的啤酒品牌、重庆的火锅品牌、温州的鞋业品牌和景德镇的陶瓷品牌,注明这些产地的相应产品在市场上都有极高的品牌知名度,能为企业带来高的额外利润。

2）完整的集聚旅游产业链。对于投资于该城市的企业以及已经存在的企业,它们更看重集聚旅游产业区提供的完整产业链,提高企业的运行效率。如投资于温州鞋都的企业,看重温州市集聚了完整的产业链,如原料采购、专业设计、配套设备等;投资于景德镇的陶瓷生产企业,更看重当地成熟的陶瓷制作技术和专业的制作设备。

第二节 海洋城市旅游品牌价值评价指标体系

一、评价指标体系构建的原则

海洋城市旅游品牌价值评价体系是一个复杂的系统,其涵盖多个方面、涉及诸多影响要素,并且各个要素之间相互影响、相互制约,形成一个密不可分、有机联系的整体。建立海洋城市旅游品牌价值评价指标体系必须遵循一定的指导原则,使之评价科学、客观、有效,以保证后期工作顺利开展。总的来说,海洋城市旅游品牌价值评价指标体系的构建需要遵循以下几大原则。

（一）科学性原则

海洋城市旅游品牌价值评价指标体系的建立是一个客观、科学、严谨的过程,逻辑上要前后一致,经得起推敲,选取的评价指标、评价方法要切合实际,要尽量保证评价信息的客观性,避免主观臆断。海洋城市旅游品牌价值评价指标体系必须遵循经济规律和生态规律,采用科学的方法和手段,确立的指标必须是能够通过观察、测试、评议等方式得出明确结论的定性或定量指标,结合品牌评价定量和定性调查研究,指标体系较为客观和真实地反映所研究系统发展演化的状态,从不同角度和侧面进行海洋城市旅游品牌价值评价衡量,都应坚持科学发展的原则,统筹兼顾,指标体系过大或过小都不利于做出正确的评价,因此,必须以科学的态度选取指标,把握科学的发展规律,提高发展质量和效益,以便真实有效地做出评价。

（二）系统性原则

海洋城市旅游品牌价值评价是一个复杂的系统,涉及的评价指标范围广、层次多,需要借助系统论的观点,将能反映海洋城市旅游品牌价值的指标组合起来,形成一个相互联系和相互作用的统一整体,从多层次、多角度去探讨各指标之间的相互关系,通过系统的比较和筛选,最终形成严谨的逻辑体系。旅游城市品牌价值是现代城市品牌价值观最核心的观点。系统性要求评价过程中坚持全局意识、整体观念,把品牌价值看成海洋城市这个大系统中的一个子系统来对待,指标体系要综合地反映区域价值系统中各子系统、各要素相互作用的方式、强度和方向等各方面的内容,是一个受多种因素相互作用、相互制约的系统的量。因此,必须把旅游城市品牌价值视为一个系统问题,并基于多因素来进行综合评估。

(三)全面性原则

海洋城市旅游品牌价值评价指标体系是建立在海洋城市旅游品牌基础之上的。指标选取既要考虑到城市品牌定位的特征和中国城市的实际情况,同时也应结合滨海旅游的性质和发展态势以及滨海旅游的现状,最终能够尽可能全面、客观地反映海洋城市旅游品牌塑造和品牌价值提升等方面的问题。任何整体都是由一些要素为特定目的综合而成,品牌评价作为一项系统性、综合性极强的工作,是由资源、环境等多种要素构成的综合体。这些要素多种结构联系、领域交叉、跨学科综合,仅仅根据某一单要素进行分析判断,很可能做出不正确甚至错误的判断。品牌评价应综合平衡各要素,要考虑周全、统筹兼顾,通过多参数、多标准、多尺度分析、衡量,从整体的联系出发,注重多因素的综合性分析,求得一个最佳的综合效果。

(四)针对性原则

关于城市品牌评价的统计指标繁多,在构建指标体系时应尽可能做到突出重点,充分反映问题。作为海洋城市旅游品牌价值的评价指标,要体现专属性,与其他指标体系有所区别,充分突出评价海洋城市旅游品牌价值这个主旨。

(五)可操作性原则

海洋城市旅游品牌价值所涉及的直接和间接影响因素很多,有些指标的数据无法直接从统计公报等资料中获取,这使得收集客观、有效的数据产生了较大难度。对于这类指标,如果不是特别重要,便可剔除。秉承可操作性的原则,评价指标体系中应尽可能选取可以直接获得的比较客观的指标因子。

（六）时效性原则

海洋城市旅游品牌价值的形成是一个长期的过程,影响因素也不是一成不变的,反映海洋城市旅游品牌价值的指标的有效性还会随着时间的变化而变化。因此,所选指标应在一定时期内、一定程度上,近似地反映能体现海洋城市旅游品牌价值的某些特征。

（七）层次性原则

层次性是指标体系自身的多重性。由于品牌价值内容涵盖的多层次性,指标体系也是由多层次结构组成,反映出各层次的特征。同时各个要素相互联系构成一个有机整体。海洋城市旅游品牌价值评价是多层次、多因素综合影响和作用的结果,评价体系也应具有层次性,能从不同方面、不同层次反映品牌价值的实际情况。一是指标体系应选择一些指标从整体层次上把握评价目标的协调程序,以保证评价的全面性和可信度。二是在指标设置上按照指标间的层次递进关系,尽可能体现层次分明,通过一定的梯度,能准确反映指标间的支配关系,充分落实分层次评价原则,这样既能消除指标间的相容性又能保证指标体系的全面性、科学性。

（八）区域性原则

任何区域系统的品牌价值结构都是一致的,构建的指标体系应在不同区域间具有相同的结构。不同区域之间海洋城市旅游品牌价值评价在不同空间、时间上具有较大的差异性,地域性很明显,这种差异很大程度上决定了区域间在海洋城市旅游品牌价值评价上的不同,建立指标体系时应包含反映这种区域特色的指标。在海洋城市旅游品牌价值评价中要坚持区域性原则,因为用统一的标准衡量区域之间海洋城市旅游品牌价值难以充分发挥各地优势。即使在相同层次的指标体系中,海洋城市旅游品牌价值评价指标体系也应尽可能反映区域间的差异。

二、构建思路

海洋城市旅游品牌价值评价指标体系是一个复杂的系统,这一体系的建立必须遵循海洋城市旅游品牌价值评价指标体系构建的六项原则,在参考既有评价指标体系研究成果的基础上,融入海洋旅游城市、城市品牌、品牌价值等相关概念和内涵,重点考虑海洋城市旅游品牌价值的影响因素,综合国内外海洋城市旅游品牌化发展的成功经验,构建海洋城市旅游品牌价值评价指标体系。

(一) 一级指标选取

在国内,关于旅游城市品牌评价的研究则刚刚起步,更多停留在理论层次,越来越满足不了实践发展的需要;大部分研究集中在城市内部资源,利用经济、资源等外在指标评价城市品牌状况[①],很少研究游客精神层次上的旅游城市品牌,即有哪些重要因素影响着消费者对该城市品牌的感受,游客都会从什么角度评价城市品牌以及游客期望的城市品牌是什么样子的等问题。

根据本书对品牌价值相关理论的梳理,对欧洲、美洲、大洋洲和亚洲知名海洋城市旅游品牌化发展中成功经验的总结,以及海洋城市旅游品牌价值的影响因素的综合分析,将影响海洋城市旅游品牌价值的总因素具体分为四组平行的子因素,即影响品牌价值的基础因素、保障因素、核心因素和发展因素。这四大因素相互影响,共同决定了我国海洋城市旅游品牌价值的大小。依据上述指标评价体系构建的六大原则,在总结归纳相关研究文献和借鉴国外知名海洋城市旅游品牌化建设时考虑的重要因素的基础上,以及介于相关数据是否可检索到的客观事实和获取的数据是否具有可操作性,经过反复对比和逐层筛选,本书最终依据各类统计资料上的数据选取了此四个方面的准则层,以保证时间上的一致性和结果的可比性。

(二) 二级指标选取

1. 生态环境与人文环境

(1) 生态环境

生态环境是以生物为主体,是对生物生长、发育、生殖、行为和分布有影响的环境因子的综合。生态环境包括自然资源,它是提供物质、能量和水方面的源,也是吸收污染物质的汇,可能是公共的物品,也可能是个人的物品。因此,生态环境主要体现两个方面的内容:一是强调生物体(包括人类)与环境的关系,将生物和环境作为一个整体即生态系统,来研究生态系统各组成要素的相互关系;二是强调接近自然及其自然属性,与一般的环境概念相比,生态环境更加强调与人类社会密切相关的自然环境。

旅游者外出旅游的主要动机之一是获得审美、愉悦感受,因此,无论是游

---

① 王颖聪. 城市品牌价值与城市资产关系初探[J]. 企业经济,2008(12):41-43

览何种类型的海洋旅游城市,旅游者总希望通过视听感官对外部世界所展示的美的形态和意味进行欣赏体验,旨在从中获得愉悦的感受。要满足旅游者的审美需求,旅游吸引物当然要具有美感或具有一定人文、历史价值。除此之外,也必须有一个优美的游览环境。在环境意识日益深入人心的今天,如果没有优美的旅游环境,哪怕旅游资源再好,也不可能成为好的旅游地。良好的生态环境是旅游者满足其旅游需求的前提和基础,而良好的生态环境也是旅游的基础。在海洋旅游城市的旅游业发展中,没有良好的生态环境,就没有旅游业的可持续发展。良好的资源和环境,本身就是重要的旅游吸引力。只有得到精心保护,处在良性状态的自然景观和人文景观,才能激发人们的旅游愿望并转化为现实的旅游需求;生态环境建设促进旅游业发展,只有保护和建设好生态环境才能为旅游业的发展提供主题保障。

(2)人文环境

在不同地区和不同地域风情、经济、文化、历史和自然条件下,各地区人民创造的人文景观(如名胜古迹、城市风光、园林建筑、风土人情等)是中国不同文化的结晶,具有与自然景观不同的美、奇、特、古等特点。认识和欣赏这些景观,可以丰富游人的阅历,增长游人的历史文化知识,每年都吸引着无数游人前往旅游。人文环境作为外部条件对旅游的影响,主要表现在旅游地的治安状况、卫生条件、旅游供给等方面。这些方面,一般与文明程度、经济发展水平、与外界的政治关系、民族宗教关系等有关。

城市人文环境对旅游的影响,主要体现在两个方面:一方面,人文环境直接构成旅游产品,如人文景观环境、城市居民群体行为环境等直接构成旅游吸引物;另一方面,人文环境通过影响旅游者在旅游过程中的感受直接影响旅游质量评价,比如人文物质环境中的城市生活环境、人文行为环境中的城市居民行为环境以及人文精神环境中的素质修养环境等,会让游客产生愉悦舒适,抑或是抵触难受的感受。

2. 旅游交通与旅游供应商

(1)旅游交通

1)交通影响旅游者出行。在旅游目的地选择上,交通的便利与否是影响旅游者决策的重要因素。在旅游者评估选择直至最后确定旅游目的地的过程中,区域旅游的可进入性是十分重要的。同时,交通运输的便利条件还影响到旅游者的出游半径。在一定的引力和外推力的作用下,游客流量与距离影响力是成反比的。用数学式表示为:

$$F = T_1 \times T_2 / f(d) \tag{3-14}$$

式中，T_1 为旅游目的地的吸引力，T_2 为旅游客源地的外推力，d 为客源地与目的地之间的距离。其中，游客对距离的直观感受很大程度上取决于客源地与目的地之间的交通便利条件。因此，交通对旅游者的出游选择在心理上起着决定性的作用。据统计，在旅游效果影响要素中，与住宿、饮食、景点及其他服务消费等项目相比，60%左右的人将交通列为首位。在我国，交通是影响旅游者出行的重要因素之一。

2）交通影响旅游资源的开发。旅游资源依赖旅游者光顾而产生效益。没有安全便捷的交通，就不可能有规模化和长期发展的旅游经济。旅游资源潜力再大，如果没有快捷便利的交通做后盾，也将无法发挥其优势。

3）交通影响旅游的质量。通过对游客的意见调查征询，发现游客在文化、地域、经济、兴趣、性格等方面存在较大差异，从而对食、宿、游三方面的质量评价弹性较大，而对交通质量的评价则比较一致。在对众多旅行社的调查中发现，反映旅游质量问题的投诉中，交通问题占相当大的比例，旅游交通质量的好坏对旅游质量的评价有很大的影响。尤其是当旅游业由"饥渴型"向"温饱型""享乐型"发展时，更是如此。

(2) 旅游供应商

旅游供应商所提供的资源是旅游企业进行正常运行的保障，也是向市场提供旅游产品的基础。旅游市场工作很重要的一个方面就是保持与旅游资源供应商的联系，在旅游资源供应的任何一个环节上都不能放松。因为旅游产品的综合性决定了它的脆弱性，一环受损会造成全盘失败。良好的供应商能够把握旅游资源供应环境，不仅有助于保证货源质量，而且有助于降低成本。旅游企业采用"定点"制，为游客提供吃、住、行、游、购、娱一条龙服务。旅游供应商决定了旅游企业可以在什么时间、地点，以什么样的价格，提供什么样的旅游产品。在旅游高峰阶段，宾馆、交通、餐点等资源的拥有者与旅游企业合作，旅游企业就可以提供优质的旅游产品给购买者，加强旅游企业的竞争力。

3. "3S"景观与旅游产品

(1) "3S"景观

水是自然环境形成和发展中最活跃的因素之一，是生命存在必不可少的条件。水体景观以海洋、湖泊、河流、瀑布、冰川、雨雪等多种形式存在于大自然中。而水自身就是极具价值的旅游资源，它通过与地形、动植物、天气、气候等多因素的巧妙配合，形成了复杂多变而又趣味无穷的水体自然景观。海洋旅游城市最具特色的旅游资源为海滨景观，而海滨景观的典型代表即为"3S"景观。所谓"3S"景观，指的是海滨的阳光（Sunshine）、海水（Sea）、沙滩（Sand），在现代旅游业中，"3S"景观已经成为最受人们欢迎的旅游资源之一。

作为一种景观类型,海滨景观不同于山岳、湖泊、丘陵和平原景观,它包含了海洋与陆地两大元素,是海陆交接地带,具有独特的景观特征。海洋旅游城市以其独特的海滨景观吸引着游客的眼球,构成一种特定的旅游凝视。从体验的角度来分析,对于那些未见过真实的大海的游客而言,迫切想看见海,心情可想而知。而第一次见到大海时,那种兴奋和喜悦给游客留下了深刻的记忆。

(2) 旅游产品

现代旅游活动是一种综合性的社会、经济、文化活动,通过旅游活动可以满足旅游者物质、精神等多方面的需要。由于旅游者在旅游活动中要涉及衣、食、住、行、游、购、娱等方面的活动,因此旅游产品必然是丰富多样的、综合性的组合产品。这种综合性不但表现为物质产品的综合性,而且表现为生产和向旅游者提供旅游产品的众多部门、行业和企业的综合性。

就消费者或潜在顾客的立场角度,其旅游消费的,不仅仅是目的地景物与环境,还有线路设计、到达目的地方式、食宿安排、导游服务等,游客追求的是一种心理上的感受和精神上的满足,这种感受以旅游过程中所接触的各种事物和获得的服务为基础。就旅游供给者而言,其所提供的线路设计、交通、住宿安排、导游、导购也无一不渗透着大量的无形服务。其价值和效用是单纯的实体产品所无法达到且无法比拟的,只有当具体的旅游景点、景观等旅游产品与卓越的、足够的服务相组合与匹配时,才可能实现价值效用的最大化,这也是城市品牌价值的核心保障。

4. 旅游创利与城市印象

(1) 旅游创利

旅游创利的多寡对海洋旅游城市地区旅游业的发展有直接、积极的、有利的作用或影响,如增加地方财政收入、为本地居民提供就业机会等。旅游者在旅游目的地进行的各项消费,消费资金直接注入各个旅游企业和部门,饭店、旅行社、商店、景区、交通等部门的产出价值实现,并实现创利;旅游企业将新增加的营业收入用于优化现阶段旅游产品的不足,开发更优质的旅游产品提供给游客,从而形成循环价值实现,进一步推动旅游影响,刺激整个地区旅游经济活动扩大。

旅游创利能够激发当地旅游业的蓬勃发展。对于海洋旅游城市而言,良好的旅游创利能够吸引更多的旅游投资,开展的旅游活动更符合游客日益增长的物质文化需求,循环往复的良性旅游经济也为海洋城市的旅游品牌价值的长远发展提供了坚实的经济基础。

(2) 城市印象

城市印象是属于主观范畴的概念，是由一个人对城市的主观感知、客观认知和情感所形成的印象、期望等组成。形成城市印象的因素是多方面的，大致可分为政治经济状况、旅游目的地自然环境、人文旅游资源、基础设施、旅游业发展等方面。城市印象是城市旅游目的地的生命，也是形成竞争优势的最有力的工具。优质的城市印象必将成为旅游品牌，推动游客做出旅游决策，使旅游行为产生良好的综合效应，实现旅游的可持续发展。同时城市印象对于海洋城市旅游业的发展有特殊意义，二者息息相关，良好的城市印象有利于弱化海洋城市旅游业发展中存在的问题，促进旅游业的发展，延伸城市品牌价值；同时旅游业的发展更能提升本地城市印象，两者之间是互动协调发展的关系。

(三) 三级指标选取

1. 基础因素层级三级指标

基础因素层级的二级指标分别为生态环境、人文环境。生态环境主要有海水水质年优良率、旅游气候舒适月持续期、城市空气质量达标率、绿化覆盖率四个方面的三级指标；人文环境主要有城市公共文明指数、旅游安全状况两个方面的三级指标。

生态旅游资源在海洋旅游城市中最为突出的是滨水资源。海洋旅游城市独特的海滨景观对游客有极大的吸引性，海水水质的优良率直接影响游客对该地区滨水资源的直接感知，水质年优良率较高的地区更容易获得游客的青睐，增强城市品牌价值。旅游气候舒适月持续期则表明该地区适合出游时间的长短，周期持续长短将会对游客的停留时间、客流量、重游率产生影响，从而间接影响当地的旅游经济水平。城市空气质量达标率的高低是衡量海洋旅游城市最基础的自然环境指标，从人类审美的心理需求来看，自然景观美是基础，在一个空气污浊、四周嘈杂的环境中，游客是无法去领略、欣赏、体会具体游览对象的各种美学特征的。特别是随着闲暇时间逐步增加，城市居民进行旅游、回归自然，借自然环境的洁净达到锻炼和疗养身心的目的。城市绿化覆盖率是指城市绿化覆盖面积占城市面积比率，城市绿化符合当前城市生态环境的发展趋势，又充分体现人与自然和谐相处、尊重自然的要求，各类绿地的科学合理布局，并达到一定的规模与质量，才能改善城市环境质量，保护人与自然相互依存的关系，创造适宜人居的环境，美化城市景观，对城市品牌价值形成助力。

人文环境的城市公共文明指数描述市民文明素质发展状况、市民文明素质发展水平，包括城市公共环境、公共秩序、人际交往、公益行动等项目内容。

对于生活在自觉遵守文明规定和公共道德、自觉维护公共设施和公共秩序、自觉制止不文明行为的海洋旅游城市的市民,其整体行为能够带给游客较好的旅游文明感知,对于提升品牌价值的软实力有重要作用;安全是海洋旅游城市品牌发展的基础,它同样也是旅游活动顺利发展的保障、旅游业发展的前提,海洋旅游城市旅游安全状况的重要性越来越凸显出来,在旅游活动中一旦出现安全事故,不但会给游客的生命、财产造成严重损害,也会直接地影响到旅游业的形象,破坏城市的品牌形象和品牌价值,评估城市旅游安全状况能够对品牌价值面临的未知风险进行有效的预警。

2. 保障因素层级三级指标

保障因素层级的二级指标分别为旅游交通、旅游供应商。旅游交通主要有旅客运输周转量(可进入性)、公路通车里程两个方面的三级指标;旅游供应商主要有旅行社数量、星级饭店数量、游艇泊位数量三个方面的三级指标。

旅客运输周转量是反映航空运输企业旅客运输工作量的综合性指标,指运输飞行所载运的全体旅客空中飞行距离的综合,也指一定时期内铁路运输企业实际运送的旅客人数及其相应的运输距离的乘积之总和,即在铁路客运工作中完成的旅客总公里数。公路通车里程指在一定时期内实际达到规定的等级公路,并经公路主管部门正式验收交付使用的公路里程数,包括大中城市的郊区公路以及通过小城镇街道部分的公路里程和桥梁、渡口的长度;旅客运输周转量、公路通车里程这两个指标能够完整地反映出该海洋旅游城市航空、铁路、公路总体的交通便捷性和发达程度,是旅游可进入性的基础。同时,游客对交通质量评价的好坏对旅游整体质量的评价有很大的影响,也是保证海洋城市旅游品牌价值传播的基础。

旅行社数量方面是从接待能力的角度考量。城市的旅行社数量众多体现出城市的接待能力强,能够较好地满足大量游客对该地区的旅游需求。在星级饭店数量方面,则是从旅游质量的角度考量,促进海洋城市旅游品牌价值的提升,不仅要有大量的旅游活动保证,还要有高质量的旅游产品供应,星级饭店数量的多寡能够从部分层面反映出一个地区在较高端旅游产品方面的投入重视程度,同时也能够形成大众旅游、高端旅游并行的方式,为游客提供多样化的旅游产品,让海洋城市旅游品牌价值的多样性得到保障。游艇泊位数量指标体现了海洋旅游城市的旅游特色,常规的滨海旅游已经被大众所熟悉,在此基础上发展高端的滨海旅游产品并将其向大众普及是趋势,而游艇则是具有代表性的滨海旅游产品,也是品牌价值输出的良好体现。

3. 核心因素层级三级指标

核心因素层级的二级指标分别为"3S"景观、旅游产品。"3S"景观主要有海上观光、海滨观光、沙滩娱乐三个方面的三级指标；旅游产品主要有知名旅游景区（4A、5A景区）、滨海休闲度假区数量（含国家级、省级滨海型旅游度假区、国家级休闲渔业示范基地）、重大涉海节会活动三个方面的三级指标。

"3S"景观的阳光、沙滩、海水的具体旅游形式可以分为海上观光、海滨观光、沙滩娱乐三种。其形式主要依据沿海水体的空间位置来划分，以滨海、海面为主要空间，同时突出沙滩娱乐的价值。基于"3S"景观的三种旅游形式打造海洋亲水、滨海观光度假、海洋文化体验、海洋主题、创造性海洋旅游产品等多种类、多层次、个性化的海洋旅游产品，能够增强游客的参与性和体验性，在进行海滨观光旅游的同时，考虑增加海滨沙滩烧烤、射击演练、沙滩排球、沙雕游戏等游客参与性较强的项目，形成以陈列观光旅游为产品特征的基础型产品、以表演式展示为产品特征的提高型产品和以参与式娱乐与相关活动为产品特征的发展型产品三者逐步推进的海洋城市旅游品牌价值核心，满足不同的市场细分，强化海洋城市旅游品牌的竞争力。

知名旅游景区（4A、5A景区）作为海洋城市旅游品牌价值的补充，包含非沿海的内陆景区，旅游景区是目的地城市旅游吸引物的主要聚集地，也是旅游品牌价值的重要核心，一个地区知名旅游景区数量的多寡代表着该地区旅游资源禀赋的优秀程度；滨海休闲度假区数量、重大涉海节会活动代表海洋城市的旅游特色，海洋城市旅游与内陆城市最显著的竞争差异就是海洋资源的有无，与其他海洋城市的竞争则体现为资源的优质程度的竞争，在海洋城市滨海休闲度假区数量较多的情况下，能够容纳的最大游客量也相对更多，给游客提供的服务也更多样化；重大涉海节会活动与城市旅游中静态的吸引物相比，其动态特征明显，作为城市旅游吸引物，最重要的作用就是增强举办城市的吸引力。动态特性、暂时性的节事活动由于能在短时间内形成巨大的轰动效应，扩大旅游者对信息的感知，加上节事活动的主题鲜明、举办内容的连续性和周期性，可以增加目的地的整体吸引力和游客满意度，为旅游目的地带来持续的客流。而且，旅游节事与当地文化紧密结合，受季节性的影响较小，其举办的灵活性、动态性满足了当前旅游者趋向参与、体验的旅游需求，尽最大限度地减少旅游淡旺季时间对城市旅游品牌价值的影响。

4. 发展因素层级三级指标

发展因素层级的二级指标分别为旅游创利、城市印象。旅游创利主要有年旅游总收入、旅游收入增长率、年旅游接待总人次、旅游人数增长率四个方面的三级指标；城市印象主要有场馆经济（公共场馆数量）、特色海鲜美食（地理标志海产品）两个方面的三级指标。

旅游创利是保证海洋城市旅游品牌价值持续优化、输出的保障，良好的经济效益是体现旅游品牌价值最直接的证明。旅游总收入指标、年旅游接待总人次体现该城市的整体旅游经济体量和游客整体数量；旅游收入增长率、旅游人数增长率测量该城市旅游效益提升或降低的水平，通过对往期数据对比，能够很清晰地评估创利的增长点和滑落点，并对未来一段时期内的旅游收入进行预测，也有助于旅游产品供应企业、部门及时调整方向，推出更适合游客需求的产品。

城市印象的场馆经济、特色海鲜美食两个指标重点评估海洋城市旅游的公共基础设施的完备程度和当地特色饮食的吸引力。建成的城市公共场馆数量和未来一定时间内在建的公共场馆能够从侧面反映旅游发展的基础潜力，游客日益增多与接待能力不足或接待能力较差的矛盾需要通过不断扩建的基础设施来进行缓解。地方的特色美食也是旅游品牌特色中重要的一环，在众多海洋旅游城市中，各区域的海鲜品种和制作方法不一，形成了独具特色的地方风味，这些美食产品同样是旅游品牌价值中重要的一环。

（四）海洋城市旅游品牌价值指标评价体系

本书运用德尔菲法，通过广泛的公众调查和专家调查，在分析了上述问题的基础上，深入了解游客及利益相关者接触和理解海洋城市旅游的方式，构建了海洋城市旅游品牌价值评价指标，如表3-1所示。

表3-1 我国海洋城市旅游品牌价值评价指标体系

一级指标	二级指标	三级指标	单位
A1 品牌价值基础因素	B1 生态环境	C1 海水水质年优良率	%
		C2 旅游气候舒适月持续期	—
		C3 城市空气质量达标率	%
		C4 绿化覆盖率	%
	B2 人文环境	C5 城市公共文明指数	—
		C6 旅游安全状况	—

续表

一级指标	二级指标	三级指标	单 位
A2 品牌价值保障因素	B3 旅游交通	C7 可进入性（旅客运输周转量）	亿人/千米
		C8 公路通车里程	千米
	B4 旅游供应商	C9 旅行社数量	家
		C10 星级饭店数量	家
		C11 游艇泊位数量	个
A3 品牌价值核心因素	B5 "3S"景观	C12 海上观光	—
		C13 海滨观光	—
		C14 沙滩娱乐	—
	B6 旅游产品	C15 知名旅游景区（4A、5A 景区）	家
		C16 滨海休闲度假区数量（含国家级、省级滨海型旅游度假区、国家级休闲渔业示范基地）	个
		C17 重大涉海节会活动	个
A4 品牌价值发展因素	B7 旅游创利	C18 年旅游总收入	亿元
		C19 旅游收入增长率	%
		C20 年旅游接待总人次	万人次
		C21 旅游人数增长率	%
	B8 城市印象	C22 场馆经济（公共场馆数量）	家
		C23 特色海鲜美食（地理标志海产品）	种

该指标体系将海洋城市旅游品牌价值这个目标层分解为 4 个一级指标，即海洋城市旅游品牌价值基础因素、海洋城市旅游品牌价值保障因素、海洋城市旅游品牌价值核心因素和海洋城市旅游品牌价值发展因素。对于这 4 个一级指标，分别采用相应的 8 个二级指标来反映，最后 23 个最基本的指标构成了三级指标。本书将依据这个指标评价体系对全国各地 53 个海洋城市旅游的品牌价值进行综合评价分析。

三、海洋城市旅游品牌价值评价模型

海洋城市旅游品牌评价体系中的四个子系统，即品牌价值基础因素、品牌价值保障因素、品牌价值核心因素、品牌价值发展因素，是各自独立的，因此本书采用线性加权法评价四个子系统到形成海洋城市旅游品牌价值的综合过程,其余评价过程采用因子分析,以确保评价过程的客观性,具体评价过程及方法如图 3-1 所示。

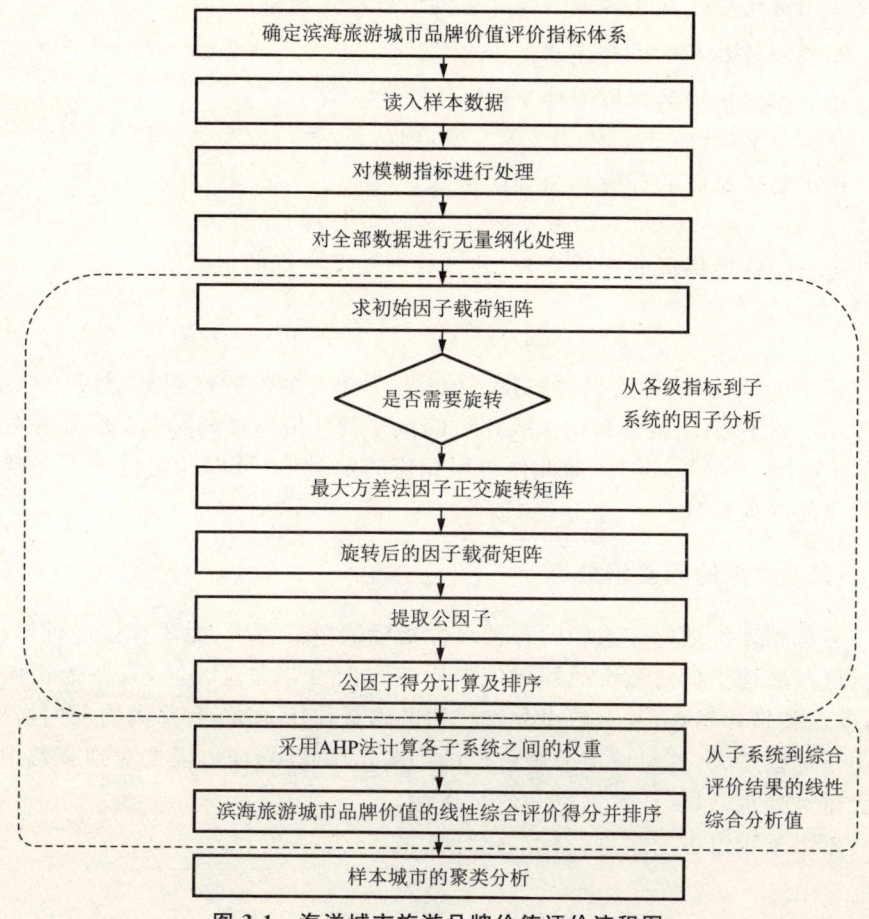

图 3-1 海洋城市旅游品牌价值评价流程图

（一）模糊性指标的处理

海洋城市旅游品牌价值的评估指标体系中,既包括客观的定量指标,又包含主观的模糊指标。对于模糊数据,需要进行量化处理,定量数据则完全一样。

1. 模糊性指标的概念

模糊性指标主要是指在对特定的评价目标进行评价时,某些方面对于反映评价目标的真实水平或状态非常重要,但又难以用定量的客观数据加以反映,或者在现行统计资料中无法直接获得相应数据,就必须采用一些只能用"程度""满意度"等人们的主观心理感受来反映评价目标状态的指标,这种无法直接用量化数据反映客观事物状态的指标称为模糊性指标。

2. 模糊性指标的处理步骤

建立模糊指标的评价模型 Y,

$$Y=(Y_1,Y_2,Y_3,Y_4,Y_5)=(很好,好,一般,较差,差)$$

评语集所对应的分数集为列向量 X,

$$X=(X_1,X_2,X_3,X_4,X_5)=(100,80,60,40,20)$$

进行模糊性指标的评价调查,并计算模糊性指标的指标值 D

$$D_i=\sum_{i=1}^{n}X_iP_{ij}(i=1,2,\cdots,n) \tag{3-15}$$

其中,D_i 为第 i 个模糊性指标的指标值;X_i 为第 i 个模糊性指标对应的评语;P_{ij} 为第 i 个模糊性指标获得 j 级评价的概率统计值($j=1,2,3,4,5$ 分别对应分值 $100,80,60,40,20$)。如此便可得相应的定量值,可以和定量数据一样进行相应的数据处理。

(二)数据的无量纲处理

考虑到评价指标体系中的各种属性指标的单位不同,无法直接进行比较;而且这些属性指标对城市品牌价值的影响方向也非完全相同,有些为正向指标,即该类指标越大,其对城市品牌价值的增强作用越大,有些则为反向指标,该类指标值越大,其对城市品牌价值的削弱作用越强,所以需要对现有数据进行无量纲处理,以保证数据之间的可比性。

本书采用以下公式进行标准化计算:

$$ZX=\frac{X-\overline{X}}{SD} \tag{3-16}$$

其中,ZX 为标准指标值;X 为评价对象城市的原始数据值;$\overline{X}$ 为同一类原始指标的平均值;SD 为标准差。

考虑上述计算可能出现的负数($X<\overline{X}$),不符合人们的心理习惯,不便于比较,也不易理解,因此在上述标准指标值基础上进一步计算,将 ZX 变为:

$$TX=50\pm10\times ZX \tag{3-17}$$

当为正向指标时,取"+";当为反向指标时,取"-",使数值在 0 和 100 之间变化,且不论 X 为正向值标还是反向指标,TX 的计量分值越高表明其表征的目标发展水平越高,反之越低。

(三) 从各级指标到子系统的因子分析

1. 因子分析法的提出

"因子分析"的名称于 1931 年由 Thurstone 首次提出,但它的概念起源于 20 世纪初 Karl Pearson 和 Charles Spearmen 等人关于智力测验的统计分析。近年来,随着电子信息技术的高速发展,人们将因子分析方法成功地应用于各个领域,使得因子分析的理论和方法更加丰富。

2. 因子分析的定义

因子分析的基本目的就是用少数几个因子去描述许多指标或因素之间的联系,即将相关比较密切的几个变量归在同一类中,每一类变量就成为一个因子(之所以称其为因子,是因为它是不可观测的,即不是具体的变量),以较少的几个因子反映原资料的大部分信息。因子分析法(Factor Analysis)就是寻找这些公共因子的模型分析方法,它是在主成分的基础上构筑若干意义较为明确的公因子,以它们为框架分解原变量,以此考察原变量间的联系与区别。

运用这种研究技术,可以方便地找出影响消费者购买、消费以及满意度的主要因素是哪些以及它们的影响力(权重)。运用这种研究技术,我们还可以为市场细分做前期分析。

3. 与主成分分析的联系

主成分分析主要是作为一种探索性的技术。在分析者进行多元数据分析之前,用主成分分析来分析数据,让自己对数据有一个大致的了解是非常重要的。主成分分析一般很少单独使用,主要用于:① 了解数据(screening the data);② 和聚类分析一起使用;③ 和判别分析一起使用,比如当变量很多、个案数不多,直接使用判别分析可能无解,这时候可以使用主成分对变量简化(reduce dimensionality);④ 在多元回归中,主成分分析可以帮助判断是否存在共线性(条件指数),还可以用来处理共线性。

(1) 因子分析中是把变量表示成各因子的线性组合,而主成分分析中则是把主成分表示成各变量的线性组合。

(2) 主成分分析的重点在于解释各变量的总方差,而因子分析则把重点放在解释各变量之间的协方差。

(3) 主成分分析中不需要有假设(assumptions),因子分析则需要一些假设。因子分析的假设包括:各个共同因子之间不相关,特殊因子(specific factor)之间也不相关,共同因子和特殊因子之间也不相关。

（4）主成分分析中,当给定的协方差矩阵或者相关矩阵的特征值是唯一的时候,主成分一般是独特的;而因子分析中因子不是独特的,可以旋转得到不同的因子。

（5）在因子分析中,因子个数需要分析者指定(SPSS 根据一定的条件自动设定,只要是特征值大于 1 的因子就进入分析),指定的因子数量不同,结果不同。在主成分分析中,成分的数量是一定的,一般有几个变量就有几个主成分。和主成分分析相比,由于因子分析可以使用旋转技术帮助解释因子,在解释方面更加有优势。大致说来,当需要寻找潜在的因子,并对这些因子进行解释的时候,更加倾向于使用因子分析,并且借助旋转技术帮助更好地解释。而如果想把现有的变量变成少数几个新的变量(新的变量几乎带有原来所有变量的信息)来进入后续的分析,则可以使用主成分分析。当然,这种情况也可以使用因子得分做到,所以这种区分不是绝对的。

在算法上,主成分分析和因子分析很类似,不过,在因子分析中所采用的协方差矩阵的对角元素不再是变量的方差,而是和变量对应的共同度(变量方差中被各因子所解释的部分)。

4. 因子分析的主要目标和用途

主要目标:数据缩减。

主要用途:

（1）减少分析变量个数;

（2）通过对变量间相关关系探测,将原始变量进行分类;

（3）将相关性高的变量分为一组,用共性子代替该组变量;

（4）既可以进行探索性因子分析,也可以部分验证因子。因子分析是主成分分析的推广,也是多元统计分析中降维的一种方法。这种方法是把刻画事物性质、状态的一组变量缩减成为能反映这一组变量之间的内在联系和能起主导作用的少数几个共同性变量,以达到简化现象、发现规律的目的,这些共同性变量即称为因子。因子分析的主要应用有两个方面,一是寻求基本结果,简化观测系统;二是用于排序,根据因子得分值,可以对样本进行排序和比较。

5. 因子分析的数学模型

因子模型是以回归方程的形式将变量表示成因子的线形组合。设原始数据矩阵为:

$$X_{n \times p} = \begin{bmatrix} x_{11} & \cdots & x_{1p} \\ \vdots & \ddots & \vdots \\ x_{x1} & \cdots & x_{xp} \end{bmatrix} \tag{3-18}$$

P 为样本数，n 表示变量数。

将原始数据进行标准化处理。公式：

$$X'_{ij} = \frac{x_{ij} - \overline{x_j}}{\sqrt{S_j}} \quad (i = 1, 2, \cdots, p; j = 1, 2, \cdots, n) \tag{3-19}$$

其中：

$$\overline{x_j} = \frac{1}{p} \sum_{j=1}^{p} x_{ij} \quad (j = 1, 2, \cdots, n) \tag{3-20}$$

$$S_j = \frac{1}{p-1} \sum_{j=1}^{p} (x_{ij} - \overline{x_j})^2 \quad (j = 1, 2, \cdots, n) \tag{3-21}$$

经标准化变换后，X'_{ij} 的均值为 0，方差为 1，相关矩阵 R 与协方差矩阵 S 相等。

因子模型假定维 p 随机向量线 X 性依赖于 m 个随机变量，$f_2, \cdots, f_m$ ($m < P$) 和 P 个附加的方差源 $\varepsilon_1, \varepsilon_2, \cdots, \varepsilon_p$ 为特殊因子，则建立因子模型为：

$$\begin{cases} X'_1 = a_{11} f_1 + a_{12} f_2 + \cdots + a_{1m} f_m + \varepsilon_1 \\ X'_2 = a_{21} f_1 + a_{22} f_2 + \cdots + a_{2m} f_m + \varepsilon_2 \\ \cdots \cdots \\ X'_p = a_{p1} f_1 + a_{p2} f_2 + \cdots + a_{pm} f_m + \varepsilon_p \end{cases} \tag{3-22}$$

其矩阵形式为：

$$X' = AF + \varepsilon \tag{3-23}$$

其中：

$$X' = \begin{bmatrix} X'_{11} & X'_{12} & \cdots & X'_{1n} \\ X'_{21} & X'_{22} & \cdots & X'_{2n} \\ \vdots & \vdots & \vdots & \vdots \\ X'_{p1} & X'_{p2} & \cdots & X'_{pn} \end{bmatrix}, \quad A = \begin{bmatrix} a_{11} & a_{12} & \cdots & a_{1a} \\ a_{21} & a_{22} & \cdots & a_{2a} \\ \vdots & \vdots & \vdots & \vdots \\ a_{p1} & a_{p2} & \cdots & a_{pa} \end{bmatrix},$$

$$F = \begin{bmatrix} f_{11} & f_{12} & \cdots & f_{1n} \\ f_{21} & f_{11} & \cdots & f_{2n} \\ \vdots & \vdots & \vdots & \vdots \\ f_{p1} & f_{p2} & \cdots & f_{pn} \end{bmatrix} = \begin{bmatrix} f_1 \\ f_2 \\ \vdots \\ f_n \end{bmatrix}, \quad \varepsilon' = (\varepsilon_1, \varepsilon_2, \cdots, \varepsilon_p) \tag{3-24}$$

且有：

$$E(F) = 0, \quad COV(F) = E(FF') = I, \quad E(\varepsilon) = 0,$$

$$COV(\varepsilon) = E(\varepsilon\varepsilon') = \varphi = \begin{bmatrix} \varphi_1 & 0 & \cdots & 0 \\ 0 & \varphi_2 & \cdots & 0 \\ \vdots & \vdots & & \vdots \\ 0 & 0 & \cdots & \varphi_3 \end{bmatrix} \quad (3-25)$$

φ 为对角阵。

$$COV(\varepsilon, F') = E(\varepsilon, F') \quad (3-26)$$

可见，ε 与 F 相互独立。

所以，因子分析的数学模型即是把各个观测变量分别表示成 $m(m<P)$ 个公共因子和一个唯一性因子的加权和：

$$X'_i = a_{11}f_1 + a_{12}f_2 + \cdots + a_{1m}f_m + \varepsilon_1 \quad (i=1,2,\cdots,p) \quad (3-27)$$

公式 3-24 中，a_{pa} 巧称为因子载荷，即用公共因子 $f_1, f_2, \cdots, f_m (m<P)$ 表达原始变量 X_i 的表达式中第 j 个公共因子的系数。当 a_{pa} 的绝对值越大时，表明公共因子 f_i 对原始变量 X_i 的相关程度越大。

因子分析的任务就是从原始变量 $X_1, X_2, \cdots, X_p$ 的协方差矩阵出发，求出因子载荷 A 和个性方差矩阵 φ，然后预测公共因子 $f_1, f_2, \cdots, f_m (m<p)$，并给予公共因子合理的解释。

6. 因子载荷矩阵的求法

本书采用主成分分析方法求因子载荷和公共因子。步骤如下：

(1) 样本矩阵的标准化，首先将样本矩阵 X 标准化，经标准化处理以后的数据的均值为 0，方差为 1，这时样本协方差矩阵 S 与相关矩阵 R 完全相同，其中，$R = X \times X'$，为方便计算，将标准化处理后的矩阵记为 X；

(2) 求解相关矩阵 R 的特征方程 $|R - \lambda I| = 0$，求得特征值为：$\lambda_1 \geqslant \lambda_2 \geqslant \cdots \geqslant \lambda_p > 0$；

(3) 求出对应于各特征根的单特征向量 $u_1, u_2, \cdots, u_p$；

(4) 求出主成分的因子解。

7. 因子载荷矩阵的正交旋转

因子分析的目的不仅要找出因子，更重要的是要知道每个主因子的意义。但是用上述方法所求出的主因子解，初始因子载荷矩阵并不满足"简单结构准则"，各因子的典型代表变量不很突出，容易使因子的意义含糊不清，不便于对因子进行解释。为此，需对因子载荷矩阵进行旋转，使得因子载荷的平方按列向和两级转化，以达到结构简化的目的。

在实际问题中，希望能寻求到适当的正交矩阵，使得其中的元素清楚地显现出：每一公共因子只对少数几个原始变量具有高载荷，而每一个变量只在少数公共因子上具有显著的载荷。

对因子载荷矩阵施行正交变换,等价于对诸因子轴做正交旋转,最常用的是方差最大正交旋转。这种方法是使旋转后的因子载荷矩阵中的各列元素平方的方差之和最大,同时也包含着按行向两极分化。

设因子载荷矩阵为 A,T 为 $m \times m$ 的正交矩阵,则记

$$B = A \times T \tag{3-28}$$

正交旋转后,对协方差阵(或相关阵)的估计、残值阵、特殊方差和共同度的估计都不会改变,这是因为:

$$AA' + \varphi = ATT'A' + \varphi = BB' + \varphi \tag{3-29}$$

$$S_n - AA' - \varphi = S_n = BB' - \varphi \tag{3-30}$$

所谓方差最大正交旋转的原则是使旋转后的因子载荷 S 中的各列元素平方的方差之和 V 达到最大。

其中,

$$V = \sum_{j=1}^{m} V_j = \sum_{j=1}^{m} \left\{ p \sum_{i=1}^{p} (b_{ij}^2/h_j^2)^2 - \left[\sum_{i=1}^{p} (b_{ij}^2/h_j^2) \right]^2 / p^2 \right\} \tag{3-31}$$

如果 V_i 为极大值,则此 f_j 因子具有简化性,它们的载荷是趋于 1 或是趋于 0,这样可以简化对复杂问题的理解。

8. 析取因子

因子载荷矩阵旋转后,根据各因子在若干变量上载荷值的高低正负以及这些变量的共性来说明因子含义。将正交旋转后的因子载荷矩阵 B 每一行中最大的载荷值挑选出来,然后看看第 $j = (j = 1, 2, \cdots, m)$ 类有几个这样的载荷值,这些载荷值对应的指标就归于因子 f_i。因子正交旋转后得到新的因子载荷矩阵 $B_{(p \times m)}$,该矩阵即为因子得分系数矩阵,各载荷反映了各指标对因子的依赖程度。

$$B = AT = R_{p \times p}^{-1} A_{p \times m} = \begin{bmatrix} b_{11} & b_{12} & \cdots & b_{1m} \\ b_{21} & b_{22} & \cdots & b_{2m} \\ \vdots & \vdots & & \vdots \\ b_{p1} & b_{p2} & \cdots & b_{pm} \end{bmatrix} \tag{3-32}$$

其中,R^{-1} 为变量相关矩阵 R 的逆矩阵。

$$F_P = \dot{a}_m B'_{m \times p} = (\dot{a}_1, \dot{a}_2, \cdots, \dot{a}_m) \begin{bmatrix} b_{11} & b_{12} & \cdots & b_{1m} \\ b_{21} & b_{22} & \cdots & b_{2m} \\ \vdots & \vdots & & \vdots \\ b_{p1} & b_{p2} & \cdots & b_{pm} \end{bmatrix} = (f_1, f_2, \cdots f_p)$$

$$\tag{3-33}$$

公式 $\dot{a}_m=(\dot{a}_1,\dot{a}_2,\cdots,\dot{a}_m)$ 为因子的权数向量，$\dot{a}_1,\dot{a}_2,\cdots,\dot{a}_m$ 分别为各因子的方差贡献进行 $a_1,a_2,\cdots,a_m$ 归一化处理后的值，即：

$$\dot{a}_j=\frac{a_j}{\sum_{j=1}^{m}a_j} \tag{3-34}$$

（四）从子系统到城市品牌价值的线性综合评价过程

1. 基于 AHP 法的权重确定

本书选用 AHP 法确定四个子系统（即品牌价值基础因素、品牌价值保障因素、品牌价值核心因素、品牌价值发展因素）之间的权重。AHP 法通过建立问题的递阶层次结构，构造两两比较判断矩阵，由判断矩阵计算被比较元素相对权重，计算各层元素的组合权重，其中大部分计算过程可借助计算机程序实现。

AHP(Analytic Hierarchy Process)方法，是在 20 世纪 70 年代由美国著名运筹学学家 T. L. Satty 提出的。它是指将决策问题的有关元素分解成目标、准则、方案等层次，在此基础上进行定性分析和定量分析的一种决策方法。这一方法的特点是，在对复杂决策问题的本质、影响因素及其内在关系等进行深入分析之后，构建一个层次结构模型，然后利用较少的定量信息，把决策的思维过程数学化，从而为求解多准则或无结构特性的复杂决策问题提供一种简便的决策方法，该方法在决策领域得到广泛运用。

2. 递阶层次结构的建立

一般来说，可以将层次分为三种类型。① 最高层：只包含一个元素，表示决策分析的总目标，因此也称为总目标层。② 中间层：包含若干层元素，表示实现总目标所涉及的各子目标，包含各种准则、约束、策略等，因此也称为目标层。③ 最低层：表示实现各决策目标的可行方案、措施等，也称为方案层。

典型的递阶层次结构如下：① 从上到下顺序地存在支配关系，用直线段（作用线）表示上一层次因素与下一层次因素之间的关系，同一层次及不相邻元素之间不存在支配关系。② 整个结构不受层次限制。③ 最高层只有一个因素，每个因素所支配元素一般不超过 9 个，元素过多可进一步分层。④ 对某些具有子层次结构可引入虚元素，使之成为典型递阶层次结构。

3. 构造比较判断矩阵

设有 m 个目标（方案或元素），根据某一准则，将这 m 个目标两两进行比较，把第 i 个目标($i=1,2,\cdots,m$)对第 j 个目标的相对重要性记为 $a_{ij}(j=1,$

$2,\cdots,m$),这样构造的 m 阶矩阵用于求解各个目标关于某准则的优先权重,成为权重解析判断矩阵,简称判断矩阵,记作 $A=(a_{ij})_{m\times m}$。

Satty 于 1980 年根据一般人的认知习惯和判断能力给出了属性间相对重要性等级表,利用该表取 a_{ij} 的值,称为 1-9 标度方法。在确定每一层次的因素相对上一层次某一因素的权重时,将其简化为成对因素的判断比较。其标度含义如表 3-2 所示,并写成矩阵形式,构成判断矩阵。形成判断矩阵后,即可通过计算判断矩阵的最大特征根及其对应的特征向量,计算出某一层因素相对于上一层次某一因素的重要性权值。在计算出某一层次相对于上一层次各个因素的单排序权值后,用上一层次因素本身的权值加权综合,即可计算出某层因素相对于上一层整个层次的相对重要性权值,即层次总排序权值。

表 3-2 数量标度取值及含义

标 度	含 义
1	表示两个因素相比,具有相同重要性
3	表示两个因素相比,前者比后者稍重要
5	表示两个因素相比,前者比后者明显重要
7	表示两个因素相比,前者比后者强烈重要
9	表示两个因素相比,前者比后者极端重要
2,4,6,8	表示上述相邻判断的中间值
倒 数	若因素 i 与因素 j 的重要性之比为 a_{ij},那么因素 j 与因素 i 重要性之比为 $a_{ji}=\dfrac{1}{a_{ij}}$。

构造出各层次中的所有判断矩阵并求得其最大特征向量的近似解,中间层 $A_1—A_5$ 各因素对目标层 Z 构成比较判断矩阵:

$$A=\begin{bmatrix} a_{11} & a_{12} & a_{13} & a_{14} & a_{15} \\ a_{21} & a_{22} & a_{23} & a_{24} & a_{25} \\ a_{31} & a_{32} & a_{33} & a_{34} & a_{35} \\ a_{41} & a_{42} & a_{43} & a_{44} & a_{45} \\ a_{51} & a_{52} & a_{53} & a_{54} & a_{55} \end{bmatrix} \tag{3-35}$$

给出成对比较判断矩阵 A 中 a_{ij} 的标度数值。

例如:

Z	A1	A2	A3	A4	A5
A1	1	5	4	4	1
A2	1/5	1	1/2	1/2	1/3
A3	1/4	2	1	1	1/4
A4	1/4	2	1	1	1/4
A5	1	3	4	4	1

则可得：

$$A = \begin{pmatrix} 1 & 5 & 4 & 4 & 1 \\ \frac{1}{5} & 1 & \frac{1}{2} & \frac{1}{2} & \frac{1}{3} \\ \frac{1}{4} & 2 & 1 & 1 & \frac{1}{4} \\ \frac{1}{4} & 2 & 1 & 1 & \frac{1}{4} \\ 1 & 3 & 4 & 4 & 1 \end{pmatrix}$$

4. 单准则下排序

层次分析法的信息基础是比较判断矩阵。由于每个准则都支配下一层若干因素，这样对于每一个准则及它所支配的因素都可以得到一个比较判断矩阵。因此，根据比较判断矩阵求得各因素 $w_1, w_2, \cdots, w_m$ 对于准则 A 的相对排序权重的过程称为单准则下的排序。这里设 $A = (a_{ij})_{m \times m}, A > 0$。

（1）本征向量法

利用 $AW = \lambda W$ 求出所有 λ 的值，其中 $\lambda_{\max}$ 为 λ 的最大值，求出 $\lambda_{\max}$ 对应的特征向量 W^*，然后把特征向量 W^* 规一化为向量 W，则 $W = [w_1, w_2, \cdots, w_m]^T$ 为各个目标的权重。求 λ 需要解 m 次方程，当 $m \geqslant 3$ 时，计算比较麻烦，可以利用 matlab 来求解。

（2）判断矩阵的近似解法

判断矩阵是决策者主观判断的定量描述，求解判断矩阵不要求过高的精度。判断矩阵有三种近似计算方法：根法、和法及幂法。幂法适于在计算机上运算。

1）根法：A 中每行元素连乘并开 m 次方，得到向量 $W^* = (w_1^*, w_2^*, \cdots, w_m^*)^T$，其中，$w_i^* = \sqrt[m]{\prod\limits_{j=1}^{m} a_{ij}}$。

对 W^* 做归一化处理,得到权重向量 $W=(w_1,w_2,\cdots,w_m)^T$,其中,$w_i = w_i^* / \sum_{i=1}^{m} w_i^*$。

对 A 中每列元素求和,得到向量 $S=(s_1,s_2,\cdots,s_m)$,其中,$s_j = \sum_{i=1}^{m} a_{ij}$。

计算 $\lambda_{\max}$ 的值,

$$\lambda_{\max} = \sum_{i=1}^{m} s_i w_i = SW = \frac{1}{m}\sum_{i=1}^{m} \frac{(AW)_i}{w_i} \tag{3-36}$$

2)和法:将 A 的元素按列做归一化处理,得矩阵 $Q=(q_{ij})_{m\times m}$。其中,$q_{ij} = a_{ij}/\sum_{k=1}^{m} a_{kj}$。

将 Q 的元素按行相加,得向量 $\alpha = (\alpha_1,\alpha_2,\cdots,\alpha_m)^T$。其中,$\alpha_i = \sum_{j=1}^{m} q_{ij}$。

对向量 α 做归一化处理,得权重向量 $W=(w_1,w_2,\cdots,w_m)^T$,其中,$w_i = \alpha_i / \sum_{k=1}^{m} \alpha_k$。

求出最大特征值

$$\lambda_{\max} = \frac{1}{m}\sum_{i=1}^{m} \frac{(AW)_i}{w_i} \tag{3-37}$$

3)幂法:幂法是一种逐步迭代的方法,经过若干次迭代计算,按照规定的精度,求出判断矩阵 A 的最大特征值及其对应的特征向量。

设矩阵 $A=(a_{ij})_{m\times m}$,$A>0$,则 $\lim_{k\to\infty} \frac{A^k e}{e^T A^k e} = CW$,其中,$W$ 是 A 的最大特征值对应的特征向量,C 为常数,向量 $e=(1,1,\cdots,1)^T$。

幂法的计算步骤是:

任取初始正向量 $X^{(0)}=(x_1^{(0)},x_2^{(0)},\cdots,x_m^{(0)})^T$,计算

$$m_0 = \|X^{(0)}\|_\infty = \max_i\{x_i^{(0)}\}, \quad Y^{(0)} = X^{(0)}/m_0 \tag{3-38}$$

迭代计算,对于 $k=0,1,2,\cdots$ 计算

$$X^{(k+1)} = AY^{(k)}, \quad m_{k+1} = \|X^{(k+1)}\|_\infty = \max_i\{x_i^{(k+1)}\}, \quad Y^{(k+1)} = X^{(k+1)}/m_{k+1} \tag{3-39}$$

精度检查,当 $|m_{k+1} - m_k| < \varepsilon$ 时,转入下一步骤;否则,令 $k=k+1$,转入下一步骤。

求最大特征值和对应的特征向量,将 $Y^{(k+1)}$ 归一化,即

$$W = Y^{(k+1)} / \sum_{i=1}^{m} y_i^{(k+1)}, \quad \lambda_{\max} = m_{k+1} \tag{3-40}$$

5. 单准则下的一致性检验

由于客观事物的复杂性,会使判断带有主观性和片面性,完全要求每次比较判断的思维标准一致是不太可能的。因此在构造比较判断矩阵时,并不要求 $n(n-1)/2$ 次比较全部一致。但这可能出现甲与乙相比明显重要,乙与丙相比极端重要,丙与甲相比明显重要,这种比较判断会出现严重不一致的情况。虽然不要求判断具有一致性,但一个混乱的、经不起推敲的比较判断矩阵有可能导致决策的失误,所以希望在判断时应大体一致。而上述计算权重的方法,当判断矩阵过于偏离一致性时,其可靠程度也就值得怀疑了。因此,对于每一层次作单准则排序时,均需要作一致性的检验。

一致性指标(Consistency Index,CI):

$$CI = \frac{\lambda_{\max} - m}{m - 1} \tag{3-41}$$

随机指标(Random Index,RI)

n	1	2	3	4	5	6	7	8	9
RI	0	0	0.58	0.90	1.12	1.24	1.32	1.41	1.45

一致性比率(Consistency Rate,CR):

$$CR = CI/RI \tag{3-42}$$

当 CR 取 0.1 时,最大特征值 $\lambda'_{\max} = CI \cdot (m-1) + m = 0.1 \cdot RI \cdot (m-1) + m$。

6. 层次总排序

计算同一层次中所有元素对最高层(总目标)的相对重要性标度(又称权重向量)称为层次总排序。

(1) 层次总排序的步骤为:计算同一层次所有因素对最高层相对重要性的权重向量,这一过程自上而下逐层进行;设已计算出第 $k-1$ 层上有 n_{k-1} 个元素相对总目标的权重向量为 $w^{(k-1)} = (w_1^{(k-1)}, w_2^{(k-1)}, \cdots, w_{n(k-1)}^{(k-1)})^T$;第 k 层有个 n_k 个元素,它们对于上一层次(第 $k-1$ 层)的某个元素 j 的单准则权重向量为 $p_j^{(k)} = (w_{1j}^{(k)}, w_{2j}^{(k)}, \cdots, w_{n k j}^{(k)})^T$(对于与 $k-1$ 层第 j 个元素无支配关系的对应 w_{ij} 取值为 0);第 k 层相对总目标的权重向量为 $w^k = (p_1^{(k)}, p_2^{(k)}, \cdots, p_{k-1}^{(k)}) w^{(k-1)}$。

(2) 层次总排序的一致性检验:在对各层元素做比较时,尽管每一层中所用的比较尺度基本一致,但各层之间仍可能有所差异,而这种差异将随着层次总排序的逐渐计算而累加起来,因此需要从模型的总体上来检验这种差异尺度的累积是否显著,检验的过程称为层次总排序的一致性检验。

第 k 层的一致性检验指标:

$$CI_k = (CI_1^{(k-1)}, CI_2^{(k-1)}, \cdots, CIn_k^{(k-1)})w^{(k-1)} \qquad (3\text{-}43)$$

$$RI^k = (RI_1^{(k-1)}, RI_2^{(k-1)}, \cdots, RIn_k^{(k-1)})w^{(k-1)} \qquad (3\text{-}44)$$

$$CR^k = CR^{k-1} + CI^k/RI^k \, (3 \leqslant k \leqslant n) \qquad (3\text{-}45)$$

当 $CR^k < 0.1$,可认为评价模型在第 k 层水平上整个达到局部满意一致性。

7. 子系统到城市品牌价值的线性综合评价

在采用因子分析计算出四个子系统(即品牌价值基础因素、品牌价值保障因素、品牌价值核心因素、品牌价值发展因素)的评估值后,采用线性综合评价方法计算城市品牌价值评估值:

$$VB = \sum i^A = iw_i P_i \qquad (3\text{-}46)$$

其中,VB 为城市品牌价值的评估值,w_i 为各主题层指标的权重,P_i 为各主题层指标的评估值。

(五)样本城市的聚类分析

聚类分析是对多属性统计样本进行定量分类的一种多元统计分析方法。这种方法基本思想是:从一批样本的多个观察指标中,找出度量样本之间或指标之间相似程度(亲疏关系)的统计量,构成一个对称的相似性矩阵,在此基础上进一步找寻各样本之间或样本组合之间的相似程度;按相似程度的大小,把样本逐一归类,关系密切的归类聚集到一个小的分类单位,关系疏远的聚集到一个大的分类单位,直至所有样本聚集完毕,形成一个亲疏关系谱,用以更自然地和直观地显示分类对象的差异和联系。本书采用聚类分析方法对研究样本城市的品牌价值进行分类,发现各类城市之间城市品牌价值的异同之处。

1. 聚类分析的具体过程

(1) 将被评价的 n 个样本城市看成 n 个类,这时类间距离与样品间距离是相等的;

(2) 按照被评价对象的评价指标体系的特征,选择适当的距离作为不相似性度量,并求出最小类间距离;

(3) 将最小距离的类并为一类,并求出新类与其余类之间的距离,并选出最小类间距离;

(4) 重复步骤(3),直至所有类归为一类;

(5) 在所取"距离"意义下,画出按相似性或相近程度联结的谱系图;

(6) 按综合评价的精度要求,选择阈值,确定聚类结果并给出综合评价的结果。

2. 模糊聚类分析的一般步骤

(1) 数据标准化

1) 数据矩阵:设论域 $U=\{x_1,x_2,\cdots,x_n\}$ 为被分类对象,每个对象又有 m 个指标表示其性状,即 $x_i=\{x_{i1},x_{i2},\cdots,x_{im}\}$ $(i=1,2,\cdots,n)$,

于是,得到原始数据矩阵为

$$\begin{bmatrix} x_{11} & x_{12} & \cdots & x_{1m} \\ x_{21} & x_{22} & \cdots & x_{2m} \\ \vdots & \vdots & & \vdots \\ x_{n1} & x_{n2} & \cdots & x_{nm} \end{bmatrix}$$

其中,x_{nm} 表示第 n 个分类对象的第 m 个指标的原始数据。

2) 数据标准化:在实际问题中,不同的数据一般有不同的量纲,为了使不同的量纲也能进行比较,通常需要对数据做适当的变换。但是,即使这样,得到的数据也不一定在区间[0,1]上。因此,这里说的数据标准化,就是要根据模糊矩阵的要求,将数据压缩到区间[0,1]上。通常有以下几种变换:

平移标准差变换,

$$x'_{ik}=\frac{x_{ik}-\overline{x_k}}{s_k} \quad (i=1,2,\cdots,n;k=1,2,\cdots,m) \tag{3-47}$$

其中,

$$\overline{x_k}=\frac{1}{n}\sum_{i=1}^{n}x_{ik}, \quad s_k=\sqrt{\frac{1}{n}\sum_{i=1}^{n}(x_{ik}-\overline{x_k})^2} \tag{3-48}$$

经过变换后,每个变量的均值为 0,标准差为 1,且消除了量纲的影响。但是,再用得到的 x'_{ik} 还不一定在区间[0,1]上。

平移·极差变换,

$$x''_{ik}=\frac{x'_{ik}-\min_{1\leqslant i\leqslant n}\{x'_{ik}\}}{\max_{1\leqslant i\leqslant n}\{x'_{ik}\}-\min_{1\leqslant i\leqslant n}\{x'_{ik}\}}, \quad (k=1,2,\cdots,m) \tag{3-49}$$

显然有 $0\leqslant x''_{ik}\leqslant 1$,而且也消除了量纲的影响。

对数变换,

$$x'_{ik}=\lg x_{ik} \quad (i=1,2,\cdots,n;k=1,2,\cdots,m) \tag{3-50}$$

取对数以缩小变量间的数量级。

(2) 标定(建立模糊相似矩阵)

设论域 $U=\{x_1,x_2,\cdots,x_n\}$,$x_i=\{x_{i1},x_{i2},\cdots,x_{im}\}$,依照传统聚类方法确定相似系数,建立模糊相似矩阵,x_i 与 x_j 的相似程度 $r_{ij}=R(x_i,x_j)$。确定

$r_{ij} = R(x_i, x_j)$ 的方法主要借用传统聚类的相似系数法、距离法以及其他方法。具体用什么方法,可根据问题的性质,选取下列公式之一计算。

1) 相似系数法

夹角余弦法:

$$r_{ij} = \frac{\sum_{k=1}^{m} x_{ik} \cdot x_{jk}}{\sqrt{\sum_{k=1}^{m} x_{ik}^2} \cdot \sqrt{\sum_{k=1}^{m} x_{jk}^2}} \tag{3-51}$$

最大最小法:

$$r_{ij} = \frac{\sum_{k=1}^{m}(x_{ik} \wedge x_{jk})}{\sum_{k=1}^{m}(x_{ik} \vee x_{jk})} \tag{3-52}$$

算术平均最小法:

$$r_{ij} = \frac{2\sum_{k=1}^{m}(x_{ik} \wedge x_{jk})}{\sum_{k=1}^{m}(x_{ik} + x_{jk})} \tag{3-53}$$

几何平均最小法:

$$r_{ij} = \frac{2\sum_{k=1}^{m}(x_{ik} \wedge x_{jk})}{\sum_{k=1}^{m} \sqrt{x_{ik} \cdot x_{jk}}} \tag{3-54}$$

以上四种方法要求 $x_{ik}, x_{jk} > 0$,否则也要做适当变换。

数量积法:

$$r_{ij} = \begin{cases} 1, & i = j \\ \dfrac{1}{M}\sum_{k=1}^{m} x_{ik} \cdot x_{jk}, & i \neq j \end{cases} \tag{3-55}$$

其中,

$$M = \max_{i \neq j}(\sum_{k=1}^{m} x_{ik} \cdot x_{jk}) \tag{3-56}$$

相关系数法:

$$r_{ij} = \frac{\sum_{k=1}^{m} |x_{ik} - \overline{x_i}| |x_{jk} - \overline{x_j}|}{\sqrt{\sum_{k=1}^{m}(x_{ik} - \overline{x_i})^2} \cdot \sqrt{\sum_{k=1}^{m}(x_{jk} - \overline{x_j})^2}} \tag{3-57}$$

其中,

$$\overline{x_i} = \frac{1}{m}\sum_{k=1}^{m} x_{ik}, \quad \overline{x_j} = \frac{1}{m}\sum_{k=1}^{m} x_{jk} \tag{3-58}$$

指数相似系数法:

$$r_{ij} = \frac{1}{m}\sum_{k=1}^{m} \exp\left[-\frac{3}{4} \cdot \frac{(x_{ik}-x_{jk})^2}{s_k^2}\right] \tag{3-59}$$

其中,

$$s_k = \frac{1}{n}\sum_{i=1}^{n}(x_{ik}-\overline{x_{ik}})^2 \tag{3-60}$$

而

$$\overline{x_k} = \frac{1}{n}\sum_{i=1}^{n} x_{ik} \quad k=(1,2,\cdots,m) \tag{3-61}$$

2) 距离法

直接距离法:

$$r_{ij} = 1 - cd(x_i, x_j) \tag{3-62}$$

其中 c 为适当选取的参数,使得 $0 \leqslant r_{ij} \leqslant 1$,$d(x_i,x_j)$ 表示他们之间的距离。经常用的距离有以下几种。

海明距离:

$$d(x_i,x_j) = \sum_{k=1}^{m}|x_{ik}-x_{jk}| \tag{3-63}$$

欧几里得距离:

$$d(x_i,x_j) = \sqrt{\sum_{k=1}^{m}(x_{ik}-x_{jk})^2} \tag{3-64}$$

切比雪夫距离:

$$d(x_i,x_j) = \bigvee_{k=1}^{m}|x_{ik}-x_{jk}| \tag{3-65}$$

倒数距离法:

$$r_{ij} = \begin{cases} 1, & i=j \\ \dfrac{M}{d(x_i,x_j)}, & i \neq j \end{cases} \tag{3-66}$$

其中,M 为适当选取的参数,使得 $0 \leqslant r_{ij} \leqslant 1$。

指数距离法:

$$r_{ij} = \exp[-d(x_i,x_j)] \tag{3-67}$$

(3) 聚类(求动态聚类图)

1) 基于模糊等价矩阵聚类方法

传递闭包法:

根据标定所得的模糊矩阵 R 还要将其改造成模糊等价矩阵 R^*。用二次方法求 R 的传递闭包,即 $t(R) = R^*$。再让 λ 由大变小,就可形成动态聚类图。

布尔矩阵法：

布尔矩阵法的理论设 R 是 $U=\{x_1,x_2,\cdots,x_n\}$ 上的一个相似的布尔矩阵，则 R 具有传递性（当 R 是等价布尔矩阵时）$\Leftrightarrow$ 矩阵 R 在任一排列下的矩阵都没有形如 $\begin{pmatrix}1&1\\1&0\end{pmatrix},\begin{pmatrix}1&1\\0&1\end{pmatrix},\begin{pmatrix}1&0\\1&1\end{pmatrix},\begin{pmatrix}0&1\\1&1\end{pmatrix}$ 的特殊子矩阵。

布尔矩阵法的具体步骤如下：求模糊相似矩阵的 $\lambda-$ 截矩阵 R_λ；若 R_λ 按定理 2.2.1 判定为等价的，则由 R_λ 可得 U 在 λ 水平上的分类，若 R_λ 判定为不等价，则 R_λ 在某一排列下有上述形式的特殊子矩阵，此时只要将其中特殊子矩阵的 0 一律改成 1 直到不再产生上述形式的子矩阵即可。如此得到的 R_λ^* 为等价矩阵。因此，由 R_λ^* 可得 λ 水平上的分类。

2）直接聚类法 所谓直接聚类法

指在建立模糊相似矩阵之后，不去求传递闭包 $t(R)$，也不用布尔矩阵法，而是直接从模糊相似矩阵出发求得聚类图。其步骤如下：取 $\lambda_1=1$（最大值），对每个 x_i 做相似类 $[x_i]_R$，且 $[x_i]_R=\{x_j|r_{ij}=1\}$，即将满足 $r_{ij}=1$ 的 x_i 与 x_j 放在一类，构成相似类。相似类与等价类的不同之处是，不同的相似类可能有公共元素，即可出现 $[x_i]_R=\{x_i,x_k\},[x_j]_R=\{x_j,x_k\},[x_i]\cap[x_j]\neq\varnothing$。此时只要将有公共元素的相似类合并，即可得 $\lambda_1=1$ 水平上的等价分类；取 λ_2 为次大值，从 R 中直接找出相似度为 λ_2 的元素对 (x_i,x_j)（即 $r_{ij}=\lambda_2$），将对应于 $\lambda_1=1$ 的等价分类中 x_i 所在的类与 x_j 所在的类合并，将所有的这些情况合并后，即得到对应于 λ_2 的等价分类；取 λ_3 为第三大值，从 R 中直接找出相似度为 λ_3 的元素对 (x_i,x_j)（即 $r_{ij}=\lambda_3$），将对应于 λ_2 的等价分类中 x_i 所在的类与 x_j 所在的类合并，将所有的这些情况合并后，即得到对应于 λ_3 的等价分类；以此类推，直到合并到 U 成为一类为止。

3. 最佳阈值 λ 的确定

在模糊聚类分析中对于各个不同的 $\lambda\in[0,1]$，可得到不同的分类，许多实际问题需要选择某个阈值 λ，确定样本的一个具体分类，这就提出了如何确定阈值 λ 的问题。一般有以下两个方法：① 按实际需要，在动态聚类图中，调整 λ 的值以得到适当的分类，而不需要事先准确地估计好样本应分成几类。当然，也可由具有丰富经验的专家结合专业知识确定阈值 λ，从而得出在 λ 水平上的等价分类。② 用 F 统计量确定 λ 最佳值。设论域 $U=\{x_1,x_2,\cdots,x_n\}$ 为样本空间（样本总数为 n），而每个样本 x_i 有 m 个特征：$x_i=\{x_{i1},x_{i2},\cdots,x_{im}\},(i=1,2,\cdots,n)$。于是得到原始数据矩阵，其中，

$$\overline{x_k}=\frac{1}{n}\sum_{i=1}^n x_{ik} \quad (k=1,2,\cdots,m) \tag{3-68}$$

$\overline{x}$ 称为总体样本的中心向量。

设对应于 λ 值的分类数为 r，第 j 类的样本数为 n_j，第 j 类的样本记为：$x_1^{(j)}$，$x_2^{(j)}$，…，$x_{n_j}^{(j)}$，第 j 类的聚类中心为向量 $\overline{x}^{(j)} = (\overline{x}_1^{(j)}, \overline{x}_{12}^{(j)}, \cdots, \overline{x}_m^{(j)})$，其中 $\overline{x}_k^{(j)}$ 为第 k 个特征的平均值，即 $\overline{x}_k^{(j)} = \frac{1}{n_j}\sum_{i=1}^{n_j} x_{ik}^{(j)}$，$(k = 1, 2, \cdots, m)$，做 F 统计量 $F = \dfrac{\sum_{j=1}^{r} n_j \|\overline{x}^{(j)} - \overline{x}\|/(r-1)}{\sum_{j=1}^{r}\sum_{i=1}^{n_j} \|x_i^{(j)} - \overline{x}^{(j)}\|/(n-r)}$，其中 $\|\overline{x}^{(j)} - \overline{x}\| = \sqrt{\sum_{k=1}^{m}(\overline{x}_k^{(j)} - \overline{x}_k)^2}$ 为 $\overline{x}^{(j)}$ 与 $\overline{x}$ 间的距离，$\|x_i^{(j)} - \overline{x}^{(j)}\|$ 为第 j 类中第 i 个样本 $x_i^{(j)}$ 与其中心 $\overline{x}^{(j)}$ 间的距离，称为 F 统计量，它是遵从自由度为 $r-1, n-r$ 的 F 分布。它的分子表征类与类之间的距离，分母表征类内样本间的距离。因此，F 值越大，说明类与类之间的距离越大；类与类间的差异越大，分类就越好。

第三节 中国海洋城市旅游品牌价值排行

一、评价城市的选择

目前，我国有 54 个海洋旅游城市，统计数据相对完整的城市有 53 个（除三沙市外）。考虑到城市整体的滨海特色、滨海旅游资源的利用程度、滨海旅游业发展的状况以及在我国东部及南部沿海的位置分布等因素，本书选取了 53 个海洋旅游城市作为样本，进行因子分析，最终得出各个样本城市品牌价值的综合得分及其排名，并根据影响因素对各个海洋旅游城市的品牌化发展现状进行分析，最后指出我国海洋旅游城市品牌化发展中存在的问题与挑战。本文根据我国海洋旅游城市的地理位置，依次选取大连、天津、青岛、上海、宁波、福州、厦门、深圳、广州、中山、珠海、海口、三亚、舟山、台州、温州、宁德、莆田、泉州、漳州、潮州、汕头、揭阳、汕尾、惠州、东莞、江门、阳江、茂名、湛江、北海、钦州、防城港、潍坊、烟台、威海、日照、连云港、盐城、南通、嘉兴、杭州、绍兴、丹东、锦州、营口、盘锦、葫芦岛、唐山、秦皇岛、沧州、滨州、东营 53 个样本城市。这些城市滨海旅游特色突出，并且重视城市品牌的塑造，具有代表性。

二、数据选择与分析

样本城市的数据主要来源于各城市环境质量公报、各城市国民经济与社会发展统计公报、中国海洋环境质量公报等,各项指标数据的具体来源详见表3-3。

表 3-3　海洋城市旅游品牌价值评价体系中三级指标的数据来源

23项三级指标	各指标的数据来源
C1	2013年各市海洋环境状况公报
C2	中国天气网、各市气象局网站
C3、C4、C7、C9、C10、C18、C19、C20、C21、C22	各市国民经济和社会发展统计公报
C5	中国文明网
C6	各市旅游局网站、各市政务信息公开网
C8	各市统计年鉴
C11	中国游艇发展网
C12、C13、C14	2013年中国海洋环境质量公报
C15	各市旅游局网站
C16	中华人民共和国农业部网站、中华人民共和国国家旅游局网站、东方纵横旅游网
C17	中国节会网
C23	博雅特产网

在大量查询有关数据的基础上,得到样本城市的相关数据,然后采用因子分析法对海洋旅游城市的品牌价值进行定量分析。与其他定量分析方法相比,因子分析法可以把一些错综复杂的关系变量转化为几个综合因子,用几个因子反映大部分原始数据的信息,更加简洁、直观。另外,各指标的权重是由旋转后的方差贡献率决定的,可以比较真实、客观地描述各个变量数据之间的相互关系。因此,本书借助统计分析软件 SPSS22.0,运用因子分析法对数据进行逐步分析,并计算出53个样本城市品牌价值大小的综合得分。

三、因子分析评价过程

在对各个指标的原始数据进行定量分析之前,由于各个指标单位、表达方式和内涵不同,不符合可比性原则,因此为了便于比较,首先需要对数据进行标准化处理。本文采用 Z 分法对指标进行标准化(见表 3-3)处理,消除变量间的量纲关系,使数据具有可比性。然后运用因子分析,得出53个样本城市品牌价值的相关矩阵。虽然此矩阵不是正定矩阵,但是各变量间的相关系数相对较小且不存在严重共线性问题,所以可以直接进行因子的定量分析。下文所列的公因子方差(如表3-4所示)可以基本反映出所有变量的信息。

表3-4 原始数据标准化

城市	品牌价值基础因素					
	ZC1	ZC2	ZC3	ZC4	ZC5	ZC6
大连	1.350	0.488	0.002	0.829	0.678	0.760
天津	−1.918	−1.098	−2.453	−1.141	−0.145	−1.215
青岛	0.464	0.488	−0.408	0.692	1.384	1.747
上海	−0.402	0.488	−0.837	−1.032	−0.027	−0.228
宁波	−0.355	0.488	−0.259	−1.065	0.090	0.760
福州	−1.198	0.488	0.903	0.145	0.208	−0.228
厦门	−1.027	0.488	0.866	−0.090	0.796	1.747
深圳	0.488	0.488	0.593	0.802	0.443	−1.215
广州	−0.341	0.488	−0.514	−0.320	1.266	−1.215
中山	−0.042	0.488	−0.529	−1.585	−0.380	−0.228
珠海	0.807	0.488	0.524	1.817	−0.732	−0.228
海口	1.350	−1.098	0.854	0.090	−1.673	−0.228
三亚	0.824	−2.684	1.258	0.857	−1.908	−0.228
舟山	−0.256	−0.509	1.081	0.798	−0.984	0.481
台州	0.794	−0.509	1.070	1.062	−0.419	−0.583
温州	0.816	−1.580	0.594	0.785	−0.957	−1.497
宁德	0.601	−1.580	1.296	0.998	−0.795	−0.413
莆田	0.822	−1.580	1.289	1.154	0.577	−0.413
泉州	0.757	−0.509	1.282	0.993	1.035	−0.413
漳州	0.956	−1.580	1.301	0.946	0.201	−0.109
潮州	1.178	−0.509	1.296	1.060	−0.607	−0.717
汕头	1.101	−1.580	1.307	0.964	0.281	−0.289
揭阳	0.958	−1.580	1.307	0.190	0.201	−0.470
汕尾	−0.981	0.562	−0.955	−0.972	−0.419	1.774
惠州	−0.983	0.562	−0.960	−0.973	−0.661	−0.945

续表

城市	品牌价值基础因素					
	ZC1	ZC2	ZC3	ZC4	ZC5	ZC6
东莞	-0.990	0.562	-0.961	-0.970	-0.526	-1.478
江门	-0.981	0.562	-0.961	-0.971	0.201	-0.964
阳江	-0.981	0.562	-0.955	-0.974	1.869	2.135
茂名	-0.981	-0.509	-0.955	-0.976	0.779	-0.394
湛江	-0.983	-0.509	-0.955	-0.972	0.876	-0.147
北海	-0.981	0.562	-0.955	-0.973	0.876	-1.002
钦州	-0.981	0.562	-0.955	-0.976	1.068	1.261
防城港	-0.988	0.562	-0.955	-0.975	1.261	1.698
潍坊	0.908	-0.509	0.775	0.997	0.876	-0.736
烟台	1.062	0.562	1.079	1.021	0.876	-0.907
威海	1.194	-0.509	1.163	1.293	-0.279	-0.546
日照	1.194	-0.509	0.793	1.014	0.683	0.956
连云港	1.194	1.634	0.400	0.876	0.491	-0.508
盐城	0.974	0.562	0.594	0.900	0.010	1.108
南通	0.864	1.634	0.425	0.979	-0.087	-0.755
嘉兴	1.194	1.634	1.001	1.015	-0.472	0.367
杭州	1.194	1.634	0.368	0.895	-0.526	-1.649
绍兴	1.194	1.634	0.759	1.516	0.201	-0.565
丹东	-0.981	0.562	-0.956	-0.973	1.869	1.660
锦州	-0.985	-0.509	-0.956	-0.972	0.281	0.139
营口	-0.986	-0.509	-0.956	-0.973	-0.419	1.242
盘锦	-0.988	0.562	-0.956	-0.973	-0.311	0.528
葫芦岛	-0.981	0.562	-0.957	-0.972	-0.069	0.918
唐山	-0.987	-0.509	-0.971	-0.972	1.573	-1.078
秦皇岛	-0.984	0.562	-0.965	-0.971	0.281	0.101
沧州	-0.985	-1.580	-0.969	-0.974	4.238	0.614
滨州	-0.973	0.562	-0.963	-0.973	-0.284	1.013
东营	-0.988	0.562	-0.968	-0.972	0.701	-0.268

续表

城　市	品牌价值保障因素				
	ZC7	ZC8	ZC9	ZC10	ZC11
大　连	−0.402	0.803	0.054	1.560	−0.655
天　津	−0.298	1.390	0.031	−0.242	−0.730
青　岛	−0.501	1.485	1.522	0.162	0.582
上　海	−0.418	0.855	2.641	1.781	−0.256
宁　波	−0.613	0.555	−0.189	0.420	−0.864
福　州	−0.614	0.563	−0.589	−0.782	−0.550
厦　门	−0.263	−0.985	−0.446	−0.574	1.215
深　圳	0.892	−1.043	−0.309	0.383	1.205
广　州	3.032	0.226	0.009	1.107	−0.122
中　山	−0.365	−0.935	−0.976	−1.175	−0.550
珠　海	−0.608	−1.083	−0.612	−0.610	−0.889
海　口	0.064	−0.792	−0.403	−0.966	−0.652
三　亚	0.094	−1.039	−0.732	−1.064	2.264
舟　山	−0.870	−1.396	0.287	−0.042	−0.268
台　州	0.865	0.464	0.398	0.093	−0.268
温　州	2.880	−0.244	1.125	1.385	−0.268
宁　德	−0.810	0.231	−0.168	−0.688	−0.268
莆　田	−0.256	−0.583	−0.512	−1.065	−0.268
泉　州	0.067	1.120	−0.057	1.143	−0.268
漳　州	−0.810	0.375	−0.218	−0.284	−0.268
潮　州	−0.470	−0.807	−0.501	−0.984	−0.268
汕　头	0.967	−1.038	−0.370	−0.419	−0.268
揭　阳	−0.150	−0.407	−0.825	−0.957	−0.268
汕　尾	0.799	−0.729	−0.865	−0.795	−0.268
惠　州	−1.395	0.338	−0.481	0.577	−0.225
东　莞	1.801	−0.816	−0.421	1.035	4.127
江　门	−0.014	0.111	−0.390	0.201	−0.268

续表

城　市	品牌价值保障因素				
	ZC7	ZC8	ZC9	ZC10	ZC11
阳　江	−0.756	−1.586	−0.724	−0.607	−0.268
茂　名	0.394	1.428	−0.744	0.281	−0.268
湛　江	0.299	−0.428	−0.693	0.201	4.063
北　海	−0.061	−1.282	−0.663	−0.419	−0.268
钦　州	−0.262	−0.600	−0.936	−0.661	−0.268
防城港	−0.855	−1.327	−0.653	−0.526	−0.268
潍　坊	0.892	2.888	0.398	0.201	−0.268
烟　台	1.441	1.411	1.095	1.869	−0.268
威　海	0.310	−0.435	0.226	0.281	−0.268
日　照	−0.747	−0.232	0.256	−0.419	−0.268
连云港	−0.034	0.438	0.075	−0.311	−0.268
盐　城	1.824	1.810	0.145	−0.069	−0.268
南　通	2.183	1.576	0.307	1.573	−0.268
嘉　兴	−0.637	−0.261	0.266	0.281	1.681
杭　州	1.015	1.203	5.318	4.238	−0.268
绍　兴	−0.378	0.070	0.266	−0.284	−0.268
丹　东	−0.877	−0.209	−0.279	−0.230	−0.268
锦　州	−0.905	−0.469	−0.269	−0.876	−0.268
营　口	−1.103	−0.984	−0.330	−0.795	−0.268
盘　锦	−0.975	−1.138	−0.461	−1.038	−0.268
葫芦岛	−1.042	−0.352	−0.350	−0.715	−0.268
唐　山	−0.288	−0.131	0.701	0.227	−0.268
秦皇岛	−0.564	−0.102	0.357	0.254	−0.268
沧　州	−0.390	1.046	0.165	−0.553	−0.268
滨　州	−0.568	1.195	−0.461	−0.499	−0.268
东　营	−0.521	−0.148	−0.016	−0.607	−0.268

续表

城 市	品牌价值核心因素					
	ZC12	ZC13	ZC14	ZC15	ZC16	ZC17
大 连	−0.900	−1.005	−1.083	−0.123	1.844	−0.160
天 津	−1.829	−1.832	−0.885	−0.807	−0.089	−0.577
青 岛	−1.458	−1.005	−0.885	0.409	1.844	1.507
上 海	0.029	0.483	−1.083	2.386	0.684	−0.160
宁 波	0.400	−1.336	−0.686	1.017	−0.476	0.256
福 州	−0.900	0.979	−1.281	−0.503	−0.476	−0.577
厦 门	1.143	0.814	0.503	0.713	−0.476	−0.160
深 圳	0.029	−0.178	0.503	−0.351	−0.476	−0.994
广 州	0.214	−0.013	0.503	0.713	−0.089	−0.994
中 山	0.400	0.153	0.702	−0.959	−1.249	−0.994
珠 海	0.400	0.814	0.900	−0.959	−1.249	−0.160
海 口	1.143	0.979	1.296	−0.883	−0.476	0.673
三 亚	1.329	1.145	1.495	−0.655	0.684	2.340
舟 山	0.736	0.876	0.633	−0.889	0.815	3.977
台 州	−0.262	−0.375	−0.149	−0.889	−0.815	0.882
温 州	−0.961	−1.145	−1.225	−0.889	−0.815	2.739
宁 德	−0.462	−0.568	−0.345	−0.576	0.272	−0.975
莆 田	−1.960	−2.011	−1.812	−0.889	−0.272	−0.356
泉 州	−2.060	−1.915	−1.714	−0.732	−0.815	0.263
漳 州	−1.261	−1.530	−1.421	−0.889	−0.815	−0.356
潮 州	−0.162	−0.087	−0.051	−0.576	−0.815	−0.975
汕 头	−0.662	−0.375	−0.247	−0.889	−0.272	−0.975
揭 阳	−2.159	−2.011	−2.008	−1.046	−0.815	−0.975
汕 尾	0.637	0.587	0.731	−0.889	−0.815	−0.356
惠 州	0.836	0.876	0.927	0.521	0.815	−0.975
东 莞	0.537	0.491	0.438	0.208	−0.272	−0.356
江 门	0.736	0.779	0.731	0.364	0.272	−0.975

续表

城　市	品牌价值核心因素					
	ZC12	ZC13	ZC14	ZC15	ZC16	ZC17
阳　江	0.836	0.876	0.927	−0.419	−0.272	−0.356
茂　名	0.836	0.876	1.122	−0.576	−0.272	−0.975
湛　江	0.836	1.068	1.318	−0.732	−0.272	−0.356
北　海	1.236	1.261	1.416	−0.576	0.272	−0.356
钦　州	0.836	0.876	0.927	−0.576	0.272	−0.356
防城港	0.736	0.876	0.731	−0.576	−0.272	−0.356
潍　坊	−0.262	−0.279	−0.051	1.931	0.272	0.263
烟　台	0.736	0.683	0.927	1.618	3.533	0.882
威　海	0.537	0.491	0.731	0.991	3.533	0.882
日　照	0.037	0.010	0.242	0.208	0.272	−0.356
连云港	−0.062	−0.087	0.144	0.991	−0.272	0.263
盐　城	−0.462	−0.472	−0.247	0.678	−0.272	−0.356
南　通	−0.562	−0.568	−0.345	0.051	0.815	1.501
嘉　兴	−0.362	−0.375	−0.149	0.521	−0.272	0.263
杭　州	0.337	0.298	0.144	3.654	1.359	0.263
绍　兴	0.337	0.298	0.144	0.834	0.272	0.263
丹　东	1.635	1.453	1.025	0.521	−0.815	−0.356
锦　州	1.036	0.972	0.438	0.521	−0.272	0.263
营　口	1.435	1.357	1.122	−0.419	−0.272	−0.356
盘　锦	0.437	0.491	0.144	−0.576	−0.272	−0.356
葫芦岛	1.435	1.357	0.731	−0.106	0.815	0.263
唐　山	−0.761	−0.664	−1.323	0.834	−0.815	−0.356
秦皇岛	−0.562	−0.568	0.438	1.461	−0.815	0.882
沧　州	−1.560	−1.626	−1.812	−0.732	−0.815	−0.356
滨　州	−1.061	−1.049	−1.714	−0.889	−0.815	−0.975
东　营	−1.161	−1.145	−1.519	−0.576	−0.272	−0.356

续表

城市	品牌价值发展因素					
	ZC18	ZC19	ZC20	ZC21	ZC22	ZC23
大连	-0.119	0.585	-0.253	-0.334	-0.280	3.097
天津	1.170	0.648	0.939	-0.060	-0.257	-0.530
青岛	-0.081	0.419	-0.107	-0.251	0.535	0.014
上海	2.366	-2.610	2.718	-0.679	0.501	-0.349
宁波	-0.064	-0.295	-0.098	-0.296	-0.314	0.377
福州	-0.637	0.508	-0.487	0.202	-0.495	0.558
厦门	-0.411	0.279	-0.331	-0.053	-0.427	-0.167
深圳	-0.057	0.208	0.388	-0.352	3.089	-0.530
广州	1.236	0.304	-0.279	-0.583	-0.144	-0.530
中山	-0.851	-0.525	-0.856	-0.404	-0.473	-0.530
珠海	-0.805	-1.315	0.704	0.241	-0.580	-0.349
海口	-0.932	0.699	-0.831	-0.277	-0.608	-0.530
三亚	-0.814	1.095	-0.805	-0.155	-0.546	-0.530
舟山	0.074	0.394	0.251	0.316	0.025	0.626
台州	0.805	1.166	1.371	0.816	0.100	0.089
温州	1.142	1.219	1.676	0.938	2.755	-0.447
宁德	-0.668	1.498	-0.662	1.505	0.556	0.268
莆田	-0.630	0.898	-0.602	1.361	-1.113	-0.447
泉州	0.630	1.069	0.602	0.783	1.238	-0.268
漳州	-0.435	0.747	-0.514	1.111	0.707	3.489
潮州	-0.722	1.219	-1.065	1.361	-0.279	-0.626
汕头	-0.505	1.059	-0.764	0.349	-0.810	-0.447
揭阳	-0.625	2.701	-0.218	3.439	-0.430	-0.626
汕尾	-0.751	-0.931	-1.067	-0.860	-0.658	-0.626
惠州	-0.257	-0.928	0.508	-0.859	-0.961	-0.626
东莞	0.304	-0.931	0.123	-0.870	0.631	-0.626
江门	-0.217	-0.929	-0.629	-0.862	0.100	-0.447

续表

城　市	品牌价值发展因素					
	ZC18	ZC19	ZC20	ZC21	ZC22	ZC23
阳　江	−0.630	−0.911	−0.711	−0.856	−0.810	−0.447
茂　名	−0.679	−0.935	−1.151	−0.866	−0.810	−0.447
湛　江	−0.487	−0.921	−0.028	−0.858	0.100	−0.447
北　海	−0.643	−0.915	−0.677	−0.852	−0.051	−0.447
钦　州	−0.827	−0.924	−0.965	−0.860	−0.203	−0.268
防城港	−0.818	−0.920	−0.858	−0.851	−0.506	−0.626
潍　坊	0.607	0.630	1.136	0.383	−0.582	2.237
烟　台	0.993	0.576	1.279	0.360	0.252	2.595
威　海	0.221	0.555	0.213	0.283	−0.734	2.595
日　照	−0.267	0.630	0.296	0.427	−1.037	0.805
连云港	−0.040	0.662	−0.243	0.460	−0.506	0.626
盐　城	−0.415	0.555	−0.445	0.649	−0.279	−0.089
南　通	0.303	0.748	0.075	0.527	−0.506	−0.089
嘉　兴	0.776	0.759	1.131	0.583	−1.189	−0.447
杭　州	5.007	0.684	3.786	0.672	0.100	−0.626
绍　兴	1.150	0.705	1.640	0.816	−0.658	−0.626
丹　东	0.365	−0.932	0.062	−0.864	1.996	0.089
锦　州	0.198	−0.920	0.345	−0.840	1.086	−0.268
营　口	−0.207	−0.921	−0.471	−0.863	−0.279	−0.268
盘　锦	−0.060	−0.918	−1.134	−0.847	−0.582	−0.447
葫芦岛	−0.036	−0.918	0.069	−0.834	1.011	−0.089
唐　山	−0.249	−0.917	0.097	−0.859	3.437	−0.447
秦皇岛	−0.092	−0.923	0.000	−0.861	−0.734	−0.626
沧　州	−0.816	−0.929	−0.881	−0.860	−0.127	−0.626
滨　州	−0.757	−0.928	−0.785	−0.860	0.025	−0.447
东　营	−0.741	−0.923	−0.792	−0.854	−0.279	−0.447

对指标进行检验,根据 KMO 系数和 Barteltt's Test 检验统计量来判断,如果 MKO 大于 0.7,则表明量表适合因子分析。检验结果如表 3-5 所示。

表 3-5　KMO 和 Bartlett 的检验

取样足够度的 Kaiser-Meyer-Olkin 度量		0.844
Bartlett 的球形度检验	近似卡方	2 296.715
	df	120
	Sig.	0.000

根据文献可知,KMO 值等于 1 时,说明变量之间的相关关系最大,适合做因子分析,若 KMO 值等于 0,则说明变量间没有相关关系,不适合做因子分析。Kaiser 给出了常用的 KMO 度量标准:0.9 以上表示非常适合,0.8 表示适合,0.7 表示一般,0.6 表示不太适合,0.5 以下表示极不适合。本研究的 KMO 值为 0.844,样本分布的 Bartlett 的球形度检验概率 p 值为 0.000,小于显著性水平 0.01,适合进行因子分析。如表 3-6 所示。

表 3-6　公因子方差

	初始	提取		初始	提取
Zscore(C1)	1	0.849	Zscore(C12)	1	0.729
Zscore(C2)	1	0.968	Zscore(C13)	1	0.901
Zscore(C3)	1	0.876	Zscore(C14)	1	0.957
Zscore(C4)	1	0.929	Zscore(C15)	1	0.97
Zscore(C5)	1	0.925	Zscore(C16)	1	0.924
Zscore(C6)	1	0.919	Zscore(C17)	1	0.932
Zscore(C7)	1	0.849	Zscore(C18)	1	0.958
Zscore(C8)	1	0.937	Zscore(C19)	1	0.952
Zscore(C9)	1	0.935	Zscore(C20)	1	0.952
Zscore(C10)	1	0.971	Zscore(C21)	1	0.826
Zscore(C11)	1	0.958	Zscore(C22)	1	0.796
提取方法:主成分分析。			Zscore(C23)	1	0.855

从海洋城市旅游品牌价值指标体系解释的方差比例表(见表 3-7)可以看出,一共提取了 7 个公因子,其初始特征值依次是 7.621、3.344、2.814、2.305、2.101、1.544 和 1.141,共同解释了原始变量总方差的 90.739%,因其

累计方差贡献率大于 85%,所以可以提取公因子。而旋转之后的特征值依次是 4.853、4.548、2.735、2.382、2.363、2.190 和 1.799,且旋转后公因子解释原始变量总方差依然是 90.739%。同时由前 7 个因子的方差贡献率可知,各因素对海洋城市旅游品牌价值都有影响,并且由图 3-2 可知,因子的特征值是随着因子个数的变化而产生着明显变化。通过解释的总方差及碎石图可以看出,这 23 个因子变量中有 7 个因子成分解释了 90.739% 的原始变量总方差,说明这 7 个因子成分起到了显著作用,由此可见因子分析达到了理想效果。

表 3-7 样本城市解释的总方差比例表

成份	初始特征值			提取平方和载入			旋转平方和载入		
	合计	方差的/%	累积/%	合计	方差的/%	累积/%	合计	方差的/%	累积/%
1	7.621	33.134	33.134	7.621	33.134	33.134	4.853	21.098	21.098
2	3.344	14.537	47.672	3.344	14.537	47.672	4.548	19.776	40.874
3	2.814	12.234	59.906	2.814	12.234	59.906	2.735	11.892	52.766
4	2.305	10.023	69.929	2.305	10.023	69.929	2.382	10.357	63.123
5	2.101	9.134	79.064	2.101	9.134	79.064	2.363	10.272	73.395
6	1.544	6.713	85.777	1.544	6.713	85.777	2.190	9.523	82.918
7	1.141	4.963	90.739	1.141	4.963	90.739	1.799	7.821	90.739
8	0.781	3.397	94.137						
9	0.643	2.797	96.934						
10	0.393	1.707	98.642						
11	0.222	0.966	99.608						
12	0.090	0.392	100.000						

提取方法:主成分分析。

作为因子分析的关键步骤,因子旋转有正交和斜交两种方法。综合考虑,本书采用方差最大正交旋转法(表 3-8 为采用最大正交旋转后得到的载荷矩阵),以便使因子的贡献程度的表现更加突出。鉴于在因子提取时需考虑旋转后因子负荷量不小于 0.5 的变量,因此本研究剔除的临界值为 0.5。

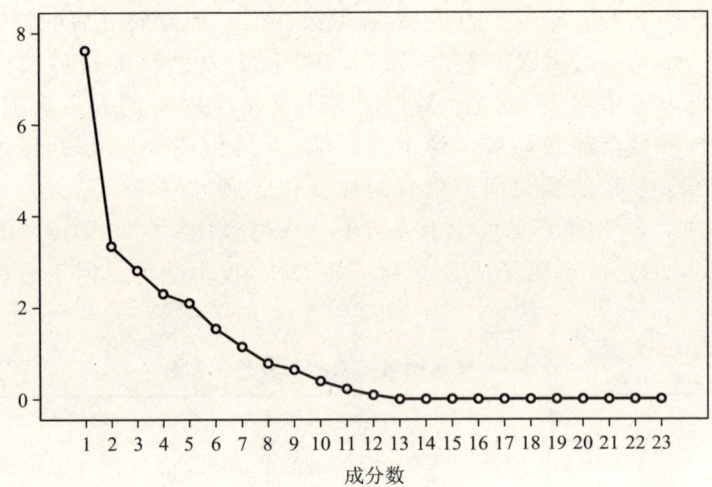

图 3-2 碎石图

表 3-8 成分矩阵

	成 分						
	1	2	3	4	5	6	7
Zscore(C14)	−0.844	−0.253	0.309	−0.093	0.071	0.035	0.119
Zscore(C8)	0.842	0.301	−0.254	−0.208	−0.158	0.069	0.007
Zscore(C18)	0.829	−0.308	0.339	−0.162	−0.107	0.113	0.104
Zscore(C10)	0.793	0.123	0.353	0.139	0.245	0.131	0.325
Zscore(C9)	0.765	0.152	0.467	0.098	−0.291	0.103	−0.058
Zscore(C20)	0.730	−0.279	0.365	0.136	−0.305	0.277	−0.139
Zscore(C3)	−0.728	0.297	0.304	0.319	0.183	−0.168	−0.031
Zscore(C12)	−0.681	−0.214	0.483	0.165	−0.103	−0.325	0.268
Zscore(C15)	0.671	0.003	0.552	0.195	−0.136	−0.373	0.078
Zscore(C5)	0.666	0.134	−0.048	0.118	0.565	−0.296	−0.213
Zscore(C13)	−0.646	−0.170	0.395	0.304	−0.133	−0.125	0.023
Zscore(C16)	0.452	0.788	0.261	−0.228	−0.019	0.130	0.091
Zscore(C6)	0.047	0.681	−0.018	0.343	−0.177	−0.529	−0.175
Zscore(C17)	−0.329	0.660	0.310	−0.228	−0.484	0.051	−0.067
Zscore(C23))	0.277	0.658	−0.307	0.254	0.232	0.007	0.363
Zscore(C1)	−0.423	0.462	0.309	0.241	0.158	0.354	0.391

续表

	成 分						
	1	2	3	4	5	6	7
Zscore(C11)	−0.351	0.253	0.627	−0.352	0.129	−0.149	−0.426
Zscore(C2)	0.489	−0.124	−0.132	0.657	0.440	−0.254	−0.081
Zscore(C18)	−0.382	0.421	−0.292	−0.645	0.342	−0.093	−0.037
Zscore(C21)	−0.373	−0.094	−0.259	0.592	−0.111	0.457	−0.199
Zscore(C7)	0.004	−0.339	0.365	−0.370	0.612	0.005	0.300
Zscore(C22)	0.246	−0.105	0.439	−0.048	0.524	0.266	−0.429
Zscore(C4)	−0.426	0.490	0.177	0.317	0.297	0.495	−0.180

提取方法：主成分分析法。
已提取了7个成分。

表 3-9 旋转成分矩阵

	成 分						
	1	2	3	4	5	6	7
Zscore(C12)	0.953	−0.043	−0.135	0.024	0.018	0.139	−0.095
Zscore(C8)	−0.865	0.334	0.010	−0.001	0.160	0.190	−0.125
Zscore(C13)	0.824	−0.024	−0.120	0.022	0.071	−0.169	0.032
Zscore(C14)	0.777	−0.343	−0.287	0.042	−0.289	−0.028	0.107
Zscore(C3)	0.696	−0.331	−0.004	0.367	0.305	−0.090	0.216
Zscore(C20)	−0.272	0.895	0.013	−0.178	−0.138	−0.125	0.107
Zscore(C9)	−0.323	0.869	−0.047	0.078	0.183	0.120	0.141
Zscore(C15)	0.009	0.805	0.243	−0.045	0.276	0.412	0.039
Zscore(C19)	−0.207	−0.805	−0.260	0.130	0.016	0.366	0.207
Zscore(C18)	−0.360	0.787	0.068	−0.173	−0.302	0.288	0.032
Zscore(C10)	−0.343	0.671	0.342	0.405	−0.136	0.320	0.033
Zscore(C2)	−0.105	0.235	0.932	0.017	0.148	−0.105	−0.015
Zscore(C17)	0.100	−0.024	−0.758	0.290	0.490	0.061	0.139
Zscore(C5)	−0.439	0.138	0.715	0.010	0.165	0.298	0.299
Zscore(C1)	0.335	−0.081	−0.179	0.830	−0.016	−0.100	0.018

续表

	成分						
	1	2	3	4	5	6	7
Zscore(C4)	0.158	−0.218	−0.066	0.671	0.085	−0.446	0.431
Zscore(C23)	−0.410	−0.107	0.282	0.643	0.312	0.091	−0.277
Zscore(C16)	−0.499	0.265	−0.260	0.550	0.332	0.355	0.210
Zscore(C6)	−0.006	−0.018	0.116	0.160	0.937	0.084	−0.021
Zscore(C7)	0.193	−0.031	0.191	0.104	−0.646	0.433	0.251
Zscore(C21)	0.178	−0.118	0.063	0.120	−0.018	−0.870	−0.076
Zscore(C22)	−0.080	0.225	0.250	0.064	−0.280	0.004	0.771
Zscore(C11)	0.344	−0.094	−0.340	0.012	0.195	0.291	0.747

提取方法：主成分分析法。

旋转法：具有 Kaiser 标准化的正交旋转法。旋转在 11 次迭代后收敛。

通过旋转成分矩阵（见表 3-9）的分析结果可以看出，第一类主因子主要是受 C12、C8、C13、C14 和 C3 五个变量的影响，依次包括海上观光、公路通车里程、海滨观光、沙滩娱乐和城市空气质量达标率等因素，共解释了 21.098% 的方差变异；第二主因子主要是受 C20、C9、C15、C19、C18 和 C10 六个变量的影响，依次包括年旅游接待人次、旅行社数量、知名旅游景区（4A、5A 景区）、旅游收入增长率、年旅游总收入和星级饭店数量等因素，共解释了 19.776% 的方差变异；第三主因子主要是受 C2、C17 和 C5 三个变量的影响，依次包括旅游气候舒适月持续期、重大涉海节会活动和城市公共文明指数等因素，共解释了 11.892% 的方差变异；第四主因子主要是受 C1、C4、C23 和 C16 四个变量的影响，依次包括海水水质年优良率、绿化覆盖率、特色海鲜美食（地理标志海产品）和滨海休闲度假区数量等因素，共解释了 10.357% 的方差变异；第五主因子是受 C6 和 C7 两个变量的影响，依次包括旅游安全状况和可进入性（旅客运输周转量）两个因素，其解释了 10.272% 的方差变异；第六主因子是受变量 C21 的影响，即旅游人数增长率因素的影响，其解释了 9.523% 的方差变异；第 7 主因子是受 C22 和 C11 两个变量的影响，即场馆经济（公共场馆数量）和游艇泊位数量两个因素，其解释了 7.821% 的方差变异。

在因子分析中，因子旋转之后的下一步操作是计算因子变量得分，借助 SPSS17.0 分析软件，采用回归法得出因子得分系数矩阵。从表 3-10 的因子得分系数矩阵中可以看出，每个因子在数据库样本上的数值有正值与负值之分。其中,正值表明这一项数值的得分高于均值,负值则表示这一项得分低于均值的数值。

表 3-10 成分得分系数矩阵

	成 分						
	1	2	3	4	5	6	7
Zscore(C1)	0.070	0.062	−0.042	0.419	−0.141	−0.005	−0.124
Zscore(C2)	0.064	−0.004	0.382	0.000	0.107	−0.051	0.029
Zscore(C3)	0.161	−0.021	0.097	0.092	0.131	0.014	0.079
Zscore(C4)	−0.044	−0.085	0.287	−0.052	0.113	0.090	0.202
Zscore(C5)	0.055	−0.017	0.098	−0.071	0.436	0.056	0.014
Zscore(C6)	−0.048	−0.008	0.005	0.245	−0.039	−0.265	0.247
Zscore(C7)	0.075	−0.039	0.092	0.139	−0.301	0.284	0.018
Zscore(C8)	−0.185	0.009	−0.080	0.004	0.033	0.019	−0.046
Zscore(C9)	−0.006	0.219	−0.096	0.025	0.065	−0.037	0.063
Zscore(C10)	0.017	0.138	0.077	0.261	−0.135	0.117	−0.089
Zscore(C11)	0.284	0.084	0.025	0.031	0.032	0.181	−0.158
Zscore(C12)	0.212	0.089	0.015	−0.006	0.062	−0.019	−0.017
Zscore(C13)	0.148	−0.005	−0.048	0.042	−0.121	0.057	−0.002
Zscore(C14)	0.147	0.192	0.071	−0.030	0.152	0.179	−0.038
Zscore(C15)	−0.105	0.042	−0.139	0.208	0.049	0.105	0.046
Zscore(C16)	0.043	−0.017	−0.081	−0.135	0.141	0.078	0.425
Zscore(C17)	−0.017	0.060	−0.290	0.040	0.169	0.008	0.048
Zscore(C18)	−0.013	0.170	−0.065	−0.004	−0.133	0.070	−0.018
Zscore(C19)	−0.136	−0.263	−0.052	0.004	−0.017	0.192	0.105
Zscore(C20)	−0.020	0.234	−0.093	−0.050	−0.046	−0.167	0.091
Zscore(C21)	−0.033	0.037	0.023	0.051	−0.022	−0.435	0.051
Zscore(C22)	−0.051	0.014	0.087	−0.024	−0.091	−0.123	0.475
Zscore(C23)	−0.060	−0.061	0.114	0.314	0.023	0.081	−0.228

提取方法:主成分分析法。
旋转法:具有 Kaiser 标准化的正交旋转法。

最后,对我国海洋城市旅游品牌价值排名,本研究采用综合因子得分法。首先要确定各主成分的权重,各个主成分对应的权重分别除以所提取的总特征值之和的商所得数值即为各主成分的权重。由上述可知,本书的因子分析中共提取了七个主成分,为了便于统计,从第一主成分至第七主成分的权重,依次用符号 F1、F2、F3、F4、F5、F6、F7 表示。通过计算可得,F1=0.233,F2=0.218,F3=0.131,F4=0.114,F5=0.113,F6=0.105,F7=0.086。其次,以公因子的方差贡献率为权数 f,每个因子进行加权后加总,将对应数值代入因子综合得分法计算公式"海洋城市旅游品牌价值 $=\sum_{i=1}^{7}Fi*fi$",利用 SPSS22.0 计算出样本城市品牌价值的综合得分并进行排名。

表 3-11 我国海洋城市旅游品牌价值得分和排名

排名	城市	得分	排名	城市	得分
1	上海	0.72	20	宁德	0.11
2	厦门	0.67	21	日照	0.10
3	广州	0.52	22	秦皇岛	0.09
4	杭州	0.47	23	南通	0.06
5	深圳	0.43	24	泉州	0.05
6	宁波	0.42	25	锦州	0.05
7	青岛	0.40	26	丹东	0.03
8	大连	0.34	27	温州	0.03
9	三亚	0.33	28	中山	0.03
10	珠海	0.33	29	潍坊	0.03
11	海口	0.31	30	葫芦岛	0.02
12	北海	0.30	31	唐山	0.00
13	舟山	0.27	32	绍兴	−0.02
14	福州	0.22	33	江门	−0.03
15	天津	0.20	34	汕头	−0.05
16	烟台	0.19	35	惠州	−0.08
17	嘉兴	0.19	36	揭阳	−0.13
18	威海	0.18	37	台州	−0.13
19	东莞	0.15	38	营口	−0.15

续表

排　名	城　市	得　分	排　名	城　市	得　分
39	汕尾	－0.15	47	湛江	－0.30
40	莆田	－0.16	48	连云港	－0.32
41	潮州	－0.16	49	钦州	－0.36
42	沧州	－0.2	50	防城港	－0.37
43	滨州	－0.20	51	盘锦	－0.59
44	东营	－0.21	52	漳州	－0.83
45	阳江	－0.27	53	盐城	－1.04
46	茂名	－0.30			

四、海洋城市旅游品牌价值综合聚类评价分析

（一）海洋城市旅游品牌价值聚类分层评级

本章对所选取的53个海洋旅游城市的品牌价值进行评价，通过评价结果可知，城市得分的平均值为0.022 6，有30个城市达到了平均水平，其中分数最高的为上海市，0.72分，最低的为盐城，－1.04分，各海洋旅游城市的品牌价值存在较大差异。根据统计学四分位差原则，综合考虑可以分为以下四个层次，如表3-12所示。

表3-12　城市层次分级表

层　级	综合得分要求	城　市	合计个数
第一层级	＞0.25	上海、厦门、广州、杭州、深圳、宁波、青岛、大连、三亚、珠海、海口、北海、舟山	13
第二层级	＜0.03，0.25＞	福州、天津、烟台、嘉兴、威海、东莞、宁德、日照、秦皇岛、南通、泉州、锦州、丹东、温州、中山、潍坊	16
第三层级	＜－0.16，0.03＞	葫芦岛、唐山、绍兴、江门、汕头、惠州、揭阳、台州、营口、汕尾、莆田、潮州	12
第四层级	＜－0.16	沧州、滨州、东营、阳江、茂名、湛江、连云港、钦州、防城港、盘锦、漳州、盐城	12

位于第一层次上的13个海洋旅游城市（见表3-12）综合得分均大于0.25，远远高于其他城市，是海洋城市旅游品牌价值评级为优秀的一组城市。

位于第二层次上的 16 个海洋旅游城市(详见表 3-12)综合得分介于 0.03 和 0.25 之间,是海洋城市旅游品牌价值评级为良好的一组城市。

位于第三层次上的 12 个海洋旅游城市(详见表 3-12)综合得分介于 0.03 和 -0.16 之间,是海洋城市旅游品牌价值评级一般的一组城市。

位于第四层次上的 12 个海洋旅游城市(详见表 3-12)综合得分均在 -0.16 以下,是海洋城市旅游品牌价值评级较差的一组城市。

(二) 海洋城市旅游品牌价值优秀评级分析

海洋城市旅游品牌价值优秀评级的 13 个海洋旅游城市,以绝对的优势地位居于我国沿海城市的前列。其交通便利,滨海旅游条件优越,旅游服务和旅游基础设施完善,注重城市生态环境保护,旅游资源的知名度和美誉度很高,有利于城市品牌价值的塑造和提升。

1. 上海

上海位于长江三角洲经济圈内,是全国最大的城市与重要的海港,是全国的经济中心,经济发展迅速,基础雄厚,这些为上海海洋旅游的发展奠定了坚实的基础。上海位于长江三角洲地区,是中国南北海岸的中心点,长江和黄浦江入海汇合处,区位条件优越,内外交通十分便利。另外,上海海洋文化旅游资源丰富多彩,拥有马桥遗址、广富林遗址、崧泽遗址和福泉山遗址等海洋历史旅游资源,海军上海博览馆、吴淞军港、临江公园的陈化成纪念馆等海洋军事文化旅游资源,奉贤海塘、宝山海塘、南汇海塘等独具特色的海塘旅游资源。近年来,上海大力发展海洋旅游,奉贤、金山、南汇等区发展融滨海观光、水上运动和康健疗养于一体的生态农业旅游、休闲度假旅游,形成滨海旅游度假旅游区;崇明东平国家森林公园和东滩林湿地注重开发以文化为题材的设施和景点;奉贤海湾旅游度假区以海湾风光为特色,以回归自然为主题;南汇滨海旅游度假区,发挥海岸线较长的优势,建成了滨海森林公园、滨海桃源、疗养康复、体育娱乐、度假旅游等生态型旅游设施。独具特色的滨海景观、便利的交通条件、雄厚的经济基础等优势条件使得上海成为沿海城市中旅游品牌价值最高的城市。

2. 厦门

厦门是海洋孕育的城市,海洋是厦门的优势和生命线。近年来,厦门大做海洋文章,海洋旅游、渔业休闲、海岛旅游等已成为厦门海洋经济新的增长极。厦门海洋旅游具有得天独厚的资源条件,美丽的城市容貌、闽南风格的民俗风貌、风光秀美的基岩海岸、红树林和湿地等海洋生态景观资源为厦门海洋旅游的发展创造了良好的条件。厦门休闲渔业发达,它拥有目前我国规模最大的海钓基地——五缘湾垂钓基地和目前国内唯一以休闲渔业为专门题材的国际博览会——中国厦门国际休闲渔业博览会。另外,厦门游艇帆船业发展迅速,已建成或在建的大型游艇项目包括五缘湾游艇帆船俱乐部、香山、中澳、大嶝游艇俱乐部与翔安欧厝游艇制造基地、海沧排头游艇工业园区等,同时厦门还通过策划和举办游艇帆船展览会及赛事,扩大其游艇产业的国际影响力。总体来说,厦门有优于其他海洋旅游城市的旅游资源,海上观光、海滨观光和沙滩娱乐的指数均较高,知名旅游景区较多,游艇旅游发展较好,并具有良好的人文环境,旅游安全状况好,城市公共文明指数高,这些因素既为旅游业的发展营造了良好的环境,也为城市塑造特色品牌和提升旅游形象夯实了基础。但是在可进入性、交通通达度、海水水质等方面有待改进。从长远看,厦门应适度扩张旅游产业规模和客源市场占有率,加强城市信息化建设以及与周边城市的联合,以提升厦门现有的和潜在的旅游竞争实力。

3. 广州

借助改革开放的东风,广州市旅游业的发展一直走在中国各大城市的前列。随着2010年亚运会的举办,广州市旅游业又一次迈上了新的台阶,不仅在旅游线路和景点建设方面取得了良好的成绩,在旅游管理和行业管理方面也再创辉煌。在海洋旅游方面,由于广州是中国的"南大门",有深厚的海洋历史文化底蕴,因此在发展海洋旅游方面具有得天独厚的自然、人文、历史、经济和社会条件,在我国"四带一区"(即渤海湾旅游带、长江三角洲旅游带、珠江三角洲旅游带、海峡西岸旅游带和海南旅游区)海洋旅游格局中具有独特战略地位,在珠江三角洲旅游带中处于核心地位。广州市高度重视滨海旅游发展,大力发展滨海观光旅游、湿地生态旅游,培育发展游艇、邮轮、高尔夫等高端滨海旅游项目,打造多层次的滨海旅游产品体系,积极培育邮轮游艇制造业,将广州建设成为世界邮轮旅游航线的著名节点和中国南方重要的游艇度假基地。但是,与世界知名的海洋旅游城市相比,广州海洋旅游还有很大的发展和提升空间,突出表现为:海洋旅游开发层次较低,旅游项目不够丰富,产品特色不足,缺少拳头产品、知名品牌、精品项目,海洋旅游的群众认知度有待提升等。

4. 杭州

杭州历史悠久,是中国七大古都之一,也是国务院确定的重点风景旅游城市和历史文化名城。杭州的城市旅游品牌价值非常高,曾先后获得联合国"人居奖""国际花园城市""国家环保模范城市""国家森林城市""中国最具幸福感城市""中国电子商务之都""中国十佳宜居城市""中国十大品牌城市""中国十大休闲城市""中国最具幸福感城市"等40多项全国乃至国际性的荣誉称号。在旅游产品方面,杭州实现了从以西湖为主的单一型自然观光型产品到包含宋城、杭州乐园、美国城、山里人家等文化演艺、农业休闲、度假产品在内多元发展的转变。

自身资源禀赋高、产品类型的不断丰富和组合优化、旅游产业结构调整为杭州旅游品牌建设创造了有利条件。在旅游设施、交通条件、政策规划等方面,杭州也做了许多努力。杭州在城市规划、旅游规划、城市旅游品牌规划等方面对城市旅游品牌塑造提出了明确的要求。"一小时半交通圈"快速路网的建设,推动了"休闲之都"的进程,使游客到访更为便利,促进了城市整体发展,增强杭州的辐射能力。目前,杭州基本形成了观光、会展、休闲"三位一体"发展的旅游产业格局。"东方休闲之都,生活品质之城"的旅游品牌全面引领杭州旅游产业的结构调整,实现旅游产业的转型升级。

5. 深圳

深圳是华南重要的区域经济及金融、航运中心城市,重要的综合创新中心,经济发达,有着强劲的经济支撑与现代化的城市基础设施,城市综合竞争力位列内地城市前五。深圳市发展旅游具有很好的区位优势,它是我国唯一拥有港口、航空、公路、铁路口岸,海陆空多种运输方式与海外交汇的大型口岸城市,每年各个口岸入境的游客占全国的50%,拥有良好的通信设施和简便的出入境手续,进一步增强了其旅游吸引力。与三亚、青岛等资源依赖型海滨城市发展路径不同,深圳属于都市型海滨旅游城市,它的旅游是伴随着城市发展步伐而快速成长起来的。除了知名度较大的现代主题公园之外,深圳滨海旅游资源丰富,客家历史文化遗存丰厚,物产民俗特征鲜明,资源整合基础条件好,尤其是中心城区产业基础配套完善,发展城市旅游得天独厚。其中,深圳的沙滩品质为中上等,且污染防治得力,因而具有较佳的开发条件,为海洋旅游的发展提供了优势。但是,目前深圳旅游开发主要还是停留在观光和娱乐产品开发上,休闲度假旅游和各类专项旅游产品开发不足,且大型景点集中在西部地区,海滨的优势旅游资源开发力度弱,东部大片山海风光尚待进一步开发。

6. 宁波

相对于长三角其他海域,宁波拥有得天独厚的海滨沙滩,构成了天然优良的滨海浴场;海岛众多,岛屿周围环境优良,海洋渔业资源丰富;受海洋水体的调节,气候冬暖夏凉,利于疗养治病和避暑避寒。宁波海洋旅游业已初具产业规模,在浙江省范围内处于领先地位。现已建成慈溪海天一洲景区、杭州湾滨海湿地公园、镇海招宝山文化旅游区、北仑洋沙山旅游区、北仑凤凰山海港乐园、鄞州南头渔村、象山松兰山旅游度假区、象山石浦渔港古城、象山中国渔村等一批海洋旅游景区和海洋旅游度假区，其中包含1个省级旅游度假区和8个国家4A级旅游景区。另外，宁波以"书藏古今，港通天下"为城市形象宣传口号，将海洋旅游线路推广和海洋旅游产品促销纳入其中，并以"中国徐霞客开游节""中国开渔节""中国象山国家海钓节"等重要海洋节庆活动为抓手，积极开拓海洋旅游市场，已取得一定成效。但是，宁波在海洋城市旅游品牌建设上仍存在一些问题：一是资源环境限制因素突出，受到台风、海水水质、港口等资源条件的限制较大；二是旅游形象不够突出，宁波缺乏一个完整的旅游形象体系，在目标市场的形象仍是发达的工商业城市；三是旅游公共服务体系缺失，存在总量不足、质量不高、体系不完善等问题。

宁波是典型的江南水乡城市，又是海港城市，历史文化悠久、人文积淀丰厚、文化古迹较多，知名度和美誉度俱佳。金融业和会展业等相关行业的发展，拉动了宁波的城市品牌建设，宁波市内有两港一湾（北仑港、象山港、杭州湾），象山港大桥的开通，促进了宁波的旅游发展重心向滨海转移。宁波应该以此为契机，发展海港游，不断拓展海港游的路线和方式。宁波虽然有漫长的海岸线，但是海滨观光指数较低，一定程度上制约了城市滨海旅游的发展。另外，应注重城市绿化，给游客提供一个绿色、舒适的游览环境。

7. 青岛

"红瓦绿树、碧海蓝天"的青岛是中国著名的滨海避暑、度假胜地，有"黄海明珠，东方瑞士"之称，又因举办2008北京夏季奥运会海上赛事而有"帆船之都"的美誉。青岛具有优越的人文环境，城市公共文明指数和旅游安全指数都较高，当地居民的友好热情对游客的吸引力较大。作为一座历史文化名城和知名海滨城市，青岛的人文旅游资源和自然旅游资源众多，旅游配套设施也相对完善，具有很高的知名度与美誉度。中国国际渔业博览会、青岛海洋节、红岛蛤蜊节等重大涉海节会活动的举办，不断充实着青岛海洋旅游城市的形象。

不可否认的是，青岛的海上观光指数相对较低，应加强海岛开发与海上旅游线路的组合。青岛海鲜种类较多，但是特色海鲜美食较少，应注重海洋文化与美食文化的组合，打造能吸引游客的旅游项目。

青岛作为第一次世界大战在远东的唯一战场，曾被德、日殖民统治，城市极具欧陆风情，这是国内其他滨海城市无法比拟的。青岛海洋旅游发展不能单纯强调山、海、岛等自然要素，应深度挖掘中西交融的文化内涵，提升城市文化品位，真正意义上成为东北亚海洋旅游名城。

8. 大连

大连是中国著名的避暑胜地和旅游热点城市，是京津的门户，依山傍海，气候宜人，环境优美，适于居住，夏无酷暑，冬无严寒，年平均气温为10 ℃，年降雨量700毫米左右，无霜期6个月。作为北方的重要港口城市，大连素有"北方明珠"的美誉，北依东三省和内蒙古，南与山东半岛隔海相望，与日本、韩国和俄罗斯远东地区相邻。

大连具有优越的海洋环境，常年海水水质良好，绿化覆盖率较高，适合滨海度假旅游，并且拥有丰富的旅游资源，但是鉴于地理位置的影响，旅游气候舒适月持续期相对较短，使得海上观光、海滨观光和沙滩娱乐等旅游活动受到很大限制。通过对城市环境的大力改造，大连建立了花园式绿化、广场文化等鲜明的城市形象，已经掌握了"全国文明城市""最佳旅游城市""世界环境500佳""园林城市"等优势品牌资源，配合先前的欧式建筑，更突出了浪漫的特点，"浪漫之都"的旅游品牌孕育而生。通过对旅游形象的传播，大连已建立了良好的品牌平台，但有了品牌没有产品，品牌就失去意义，旅游产品成为城市旅游得以持续发展的关键。

从20世纪90年代开始，大连提出了"比赛在北京、观光在大连""六大浪漫""五张牌""50最""阳光、沙滩、大海"为主打的旅游"3S""冬游到大连，体验新浪漫"等一系列独特的概念性旅游产品，使"浪漫之都"的旅游品牌更加深入人心，也使大连跻身于国际性旅游都市行列。大连的城市旅游形象来自两个方面：对旅游景观的开发、旅游基础设施的完善配套以及旅游文化的建设；其次是旅游者作为旅游形象的评价主体对形象的感知。对于前者大连市通过多年的努力已逐步完善，对于后者大连则利用多种媒体宣传方式取得了良好的效果。大连作为一个浪漫的宜居城市，吸引了大批游客的同时，也吸引了大量人才到这里定居。大连城市旅游品牌价值的实现具体可总结为以下几点。

（1）观念新：大连"敢为天下先"，提出"浪漫之都"的城市品牌定位，领先的城市经营理念使大连占得了城市旅游品牌宣传的先机。

（2）敢投入：城市旅游品牌建设是一个系统性的工程，必然需要大量的成本投入。大连在城市环境改造和城市旅游品牌传播推广的过程中，同样进行了大胆的财力、人力等成本投入。

（3）有产品：企业的知名品牌需要有各种产品来支持，城市旅游品牌同样需要多样的旅游产品来支撑。大连市推出的"六大浪漫"等旅游产品将"浪漫之都"品牌形象化、具体化。

（4）善宣传：大连在城市旅游品牌宣传上，不但充分利用了中央电视台的传播平台,城市电视台、火车站屏幕、国外地铁站、"大篷车"等传播方式和手段都成为大连城市旅游品牌宣传的有力工具。

9. 三亚

三亚位于海南岛的南部,是我国知名的海洋旅游城市,具有其他城市无法比拟的热带自然风光和热带海洋景观,不仅有助于塑造具有特色的城市旅游品牌形象,而且对生活在其他温度带的游客有极大的吸引力。近几年来,三亚市坚持"高端取向,旅游龙头,六业支撑"的产业发展战略,以"建设国际性热带滨海旅游城市"为目标,积极实施以旅游为龙头的产业发展战略,创新发展思路,完善旅游产业体系,加快旅游基础设施建设,加大旅游市场开发力度,加强对外开放程度,旅游业发展呈现出规模扩大、效益提高的良好态势,使三亚市旅游业呈现出稳定、持续、快速发展的态势,成为我国最知名的现代旅游品牌之一。三亚能够取得快速发展的主要原因之一在于旅游资源丰富这一大特色。三亚境内汇集了阳光、海水、沙滩、气候、森林、动物、温泉、岩洞、田园、风情十大"品牌"风景资源。在此基础上三亚市不断加大投入,突出重点,创新机制,加强旅游景点和配套设施建设,积极开发旅游景点、乡村旅游等旅游资源,取得了明显的成效。

提到天涯海角,人们就会想到椰林树影、水清沙白的美丽三亚,"美丽三亚,浪漫天涯"是三亚呈现给人们的城市旅游品牌。三亚旅游品牌是理念品牌、行为品牌、景观品牌的集合体,是三亚市整体化的精神和风貌,它既是人和物所构成的有机整体,也是城市国际竞争力和文明程度的重要标志。三亚市旅游资源得天独厚,是海南省风景名胜最多而又最密集的地方,星罗棋布的旅游景点、风情万种的旅游资源,构成了罕见的热带滨海风光,使三亚市旅游业发展迅猛,年接待人数和旅游总收入年均迅速增长。

三亚的城市旅游品牌具备现代国际旅游五大要素——阳光、海水、沙滩、绿色植被、洁净空气,而且还拥有河流、港口、温泉、岩洞、田园、热带动植物、民族风情等各具特色的旅游资源,天涯海角、大小洞天、崖州古城、落笔洞等星罗棋布的旅游景点、风情万种的旅游资源,构成了罕见的热带滨海风光,通过电视、旅游电子商务平台、多媒体展示,发放宣传资料以及开展广告宣传等形式,进一步擦亮了三亚温泉休闲、山水风光、民族风情的城市旅游品牌。

10. 珠海

珠海经济特区始终坚持发展经济不以牺牲环境为代价的发展战略,如今精心维护的环境优势正加快转化城市旅游品牌,进而成为经济优势。

珠海以其美丽的海滩、整洁的城市环境、优秀的生态环境,曾获评联合国

"人居奖"、被国家权威部门授予"园林城市"、"卫生城市"、"中国旅游胜地四十佳"等多项殊荣,并以其独有的魅力赢得了海内外的良好口碑,形成了"海上云天,天下珠海"的城市品牌。珠海依山傍水,城市绿化和人文环境让人感到悠然、舒适。可以预料,随着经济收入的提高,人们尤其是高端人才对生活质量的要求也会越来越高,环境优势将会在未来为珠海吸引更多的旅游人才和旅游投资。珠海具有海洋风情的旅游项目较多,海上观光、海滨观光和沙滩娱乐指数相对较高,营造的滨海旅游氛围较好,特色相对突出。但是在交通通达度、旅游配套设施方面有待改进和完善。珠海市应整合多种宣传渠道,建立城市营销宣传协调机制,实现"蓝色珠海"的形象塑造。

11. 海口

海口是中国仅有的位于热带海岛北岸的城市,这里有风无浪,特别适合开展海上运动,发展海滨观光和沙滩娱乐,海口还有特定的自然和人文旅游资源,对游客的吸引力很大。自1992年起,海口跨入"中国城市综合环境实力50强""中国城市投资硬环境40优"行列,被世界卫生组织和国家卫生部确定为全国唯一的世界健康城市试点,并荣获"中国优秀旅游城市""全国城市环境综合整治十佳城市""全国卫生城市、国家环境保护模范城市""全国园林绿化先进城市""全国造林绿化十佳城市"等一系列荣誉称号,是世界上著名的热带风光滨海特色的绿色国际性城市。海口是海南政治经济文化的中心,有着独特的人文景观和自然景观,但是旅游行业前进的道路却并不顺畅。目前,海口旅游资源的利用不充分,游艇旅游有待发展和完善,城市公共文明指数较低,公共场馆数量较少,滨海旅游的发展还存在巨大的提升空间。综合来看,海口城市旅游品牌建设存在以下两点问题:一是缺乏极具影响力的品牌产品。许多游客来海南后对海口印象都不深,这是因为在海南旅游线路中海口只是作为一个起点,与三亚相比,海口的滨海旅游资源不具明显优势,也无法媲美国际知名的巴厘岛、普吉岛,缺乏具有强烈冲击力和巨大带动作用的自然与人文景观,资源的观赏性、可游性和可开发性具有明显的不足,因此,建设出有市场号召力的城市旅游品牌显得尤为紧迫。二是文化产业有待发展。文化是城市实现品牌战略、发展品牌经济和持续发展的真实源泉。海口虽然有热气球节、铁人赛等品牌活动,但是缺欠的是精品文化。文化产业集聚的高附加值,则可以带动一个产业群的发展,有利于提高海口城市旅游品牌的核心竞争力。

12. 北海

北海地处东南沿海,拥有丰富优质的旅游资源,是广西亚热带滨海风光的代表。其所在地区属亚热带海洋性季风气候,冬无严寒,夏无酷暑,气候宜人,被国家环保总局列为"优秀环保城市"和空气污染度最小的城市,是休闲、度假、居住的最佳去处之一,位居国内十大宜居城市第六位,荣获全国人居城市生态环境范例奖。城市居民淳朴友好,珠乡文化、客家文化、疍家文化形成了鲜明的地方文化风貌。

北海拥有一流的海水、沙滩、阳光,具有丰富的旅游资源,综合优势更为突出。海水、海滩、海岛、海鲜、海洋珍品、海底珊瑚、海滩海洋运动、海上森林、海上航线、海洋文化,构成了一个"十全十美"的海洋旅游体系,集"海、滩、岛、湖、山、林"于一体,自然风光和人文景观兼备。

同样,北海的亚热带气候特色浓郁,气候温暖湿润,空气清新,也是我国西南地区的出海大通道、重要的旅游枢纽城市和我国唯一开通对越南海上出境国际旅游航线的城市。北海具有"滨海类、风光类、人文类、古迹类"四大旅游资源和"海水、海滩、海岛、海鲜、海洋珍品、海底珊瑚、海洋运动、海上森林、海上航线、海洋文化"十大海洋旅游特色,还拥有以南珠文化为代表的两千多年丰厚的历史文化资源,是古代海上丝绸之路的始发港之一、中国越南海上国际旅游航线的始发港之一。在基础建设上,北海是西部地区唯一拥有铁路、高速公路、海港和空港的城市,初步建立起便捷的海陆空立体交通网络。

但北海市的旅游业一直处于景区景点太少、旅游产品品种单一、缺乏旅游的主导产品、旅客停留时间短的状态中,现有的旅游景区景点服务设施不配套,管理机制滞后的问题比较突出。由于开发水平低、经济管理落后,北海丰富的旅游资源优势远远未能转化为产业优势和经济优势。北海城市旅游品牌塑造中所存在的问题主要有三点:第一,北海城市旅游品牌的建设与北海市的城市旅游市场定位存在着一定的脱节。第二,景区周边环境治理不严,一方面,北海市区的一些著名景区如海洋之窗、北部湾广场、银滩等,周边仍有少量老旧居住房屋,这与景区的美景格格不入。另一方面,管理部门对景区附近的商业经营缺乏规范的管理,不利于城市旅游形象的塑造。第三,缺少城市旅游品牌塑造的成功经验。目前,城市旅游品牌的塑造在全国还处于初步阶段,可供参考的成功经验与案例并不是很多,有很多方面的规划与建设需要摸索,旅游城市整体品牌的塑造、规划以及建设与发展现代化国家旅游的要求还存在较大的差距;同时各个海滨城市的规划与布局相似,缺乏独特性与创造性。

13. 舟山

舟山地处我国东南沿海"黄金海岸"与长江"黄金水道"的交汇点,拥有独特的气候资源,冬暖夏凉,气候宜人,是典型的海洋性季风气候区,全年的旅游舒适时间长,非常适合海洋休闲旅游的开发。优越的地理位置和舒适的气候资源是舟山建设海洋城市旅游品牌价值不可或缺以及不可取代的优势。依托海洋生物生态资源的生态旅游产品、海洋保健也是舟山发展旅游的重要资源。舟山每年还会定期举行一系列节庆类和其他海洋文化体育活动,包括"沙雕""美食"等。舟山是中国最大的海产品生产、加工和销售基地,素有"中国渔都"之美称。舟山港湾众多,航道纵横,水深浪平,是中国屈指可数的天然深水良港之一。丰富的港湾资源,给当地旅游业带来了深远的影响,不仅为海洋休闲旅游提供便利;还可以加强港口建设与航线的开通,为舟山带来国内外大量的客源。渔业开发和港口建设带动了舟山旅游业的发展,旅游业发展的同时也刺激了舟山渔业的发展。但舟山群岛各岛屿之间,与宁波、台州、温州等周边地区的岛屿之间在旅游资源上存在着雷同性与相似性。自身的独特性和竞争力不够强,不能满足广大游客的求异心理,也在一定程度上影响了客流量。舟山本岛与其他岛屿之间交通仍相对不便,交通系统还不够完善,在一定程度上影响了游客的可进入性。

(三)海洋城市旅游品牌价值良好评级分析

位列良好评级的海洋旅游城市,旅游资源各具特色,在我国海洋旅游业发展中也处于重要位置,但是与优秀层级的城市相比,还存在一定差距。尽管这些城市的旅游基础设施和旅游服务设施比较完善,滨海旅游风光优美,但是旅游产品的知名度不高,旅游开发缺少特色,这在一定程度上影响了城市品牌价值的传播。因此,今后的发展中,应该加强旅游宣传和特色营销,提升城市知名度,同时注重自然和人文旅游资源的开发和整合,创造良好的旅游形象,提升城市品牌价值。

福州地理位置优越,毗邻港澳地区、与台湾隔海相望,靠近东南亚,是东南沿海的重要港口城市,交通通达度高、人口流动快,并且福州是典型的亚热带季风气候,旅游气候舒适月相对较长,名胜古迹较多,海滨观光指数和年旅游收入增长率较高,说明本市具有发展滨海旅游的优势和潜力,可以形成有营销力的城市品牌;但是发展滨海旅游的生态环境有待改进,滨海旅游缺乏整体的长远规划,滨海旅游项目的开发不充分。

天津综合排名靠后,说明天津作为海洋旅游城市,在城市品牌的树立和维护方面做得不够充分,各方面的开发还存在很大潜力。天津的海水水质年优良率和城市空气质量达标率均较低,亟待加强生态环境的治理和保护,为游客提供一个良好的旅游环境,同时要重视城市的相关配套设施和软环境建设。另外,还需要加强城市品牌的营销和推广工作,树立良好的海洋旅游城市形象,以改进游客对该城市的认知。

从历史上看，烟台市是一座具有丰富旅游资源的名城。优美的自然风光和人文景观每年都会吸引大批中外游客前来观光旅游。1998年烟台成为首批54座"中国优秀旅游城市"之一，是我国海滨度假胜地。传统娱乐项目多是海水项目，养马岛旅游度假区、金沙滩、海阳万米海滩浴场等地大力发展游艇、游泳、冲浪、帆板、打沙滩排球等。此外，洗温泉已成为烟台近年新兴起的娱乐活动。2013年，烟台市重点围绕五大产品推出了200多项活动，并将继续推出"城市月月休闲会"活动、十大休闲旅游度假产品，集中打造休闲度假胜地。政府的宏观调控力度不足使烟台市虽然吸引了很多国内外游客，但是在旅游安全和文明经营旅游业方面也存在着诸多问题。比如在某些旅游景区游客的安全问题得不到保障，还有旅游景点在节假日期间存在乱涨价、欺压游客的现象。烟台的旅游产品虽然开发力度大，但是产品竞争力却相当低下。表现在产品创新不够，产品质量不稳定，缺乏创新，品种单一，依旧是观光型产品和度假型产品占主流，而这两种产品均属于资源消耗型产品，同质化程度严重，替代性极强，缺乏独特的竞争力，没有充分发挥出"临海"这一优势。

嘉兴市地处长江三角洲中心地区，以上海为邻近，深厚的历史文化和水乡特色融为一体，基本形成了以"秀水福地"的嘉兴文化为依托，以潮、湖、河、海、古镇为特色的江南水乡旅游胜地。当地优化整合全市各地的资源优势和产品特点，精心熔铸出了一个个特色独具、经久不衰的旅游节庆活动品牌，全方位提升了城市的美誉度和影响力。但嘉兴的旅游产品、旅游企业"小、散、弱"，市场竞争力不强，仅靠精品、名牌旅游项目并未完全带动整体旅游市场的活跃程度，且嘉兴的旅游城市品牌价值主要集中于"乌镇模式"，海洋资源特色非常弱势。

威海旅游因滨海特色而丰富多彩，较为出名的是大海垂钓。拥有千里海岸线的威海有得天独厚的垂钓优势，每年10月1日至15日举办中国威海国际钓鱼节，10多个国家和地区的近千名钓手参加比赛。威海市海鲜美食丰富，海产品产量居全国地级市之首，且品质高、味道鲜。每年5月1日至7日举办的海鲜美食节，是游客品尝海鲜的好时机。渔家民俗方面，威海渔家民俗浓郁，民风淳朴，海洋文化丰富，在石岛渔家做客、赶海、垂钓，都将给游客异样的文化感受。休闲度假方面，威海历来就是休闲度假的首选佳地，不仅有上乘的沙滩、充足的阳光、清澈的海水、温爽的气候和优美的城市风光，更有良好的服务设施。威海依山傍海，位置优越，交通十分便捷，形成了空运、海运、铁路、公路相衔接的立体交通网络。但是，威海的辖区面积较小，景观资源种类虽较为齐全，但数量有限；旅游业发展起步较晚，在发展意识、经验等方面亟待改进。

中山市是一座历史悠久并充满现代气息的城市,该市山清水秀,自然风光优美,是令人向往的旅游胜地。中山市的沙滩娱乐指数较高,适合发展沙滩娱乐项目,但是旅游基础设施和配套设施的建设相对落后,充分体现滨海特色的旅游景点较少,旅游软环境欠佳。今后相关部门需要充分发掘当地海洋特色,因势利导,同时加强本市旅游形象宣传,提升城市的知名度和影响力。

东莞、宁德、日照、秦皇岛、南通、泉州、锦州、丹东、温州、潍坊等城市均各具特色但又存在明显不足,从海洋城市旅游品牌价值的四个维度来评价,均有很多方面需要进行强化。

(四)海洋城市旅游品牌价值一般评级分析

葫芦岛、唐山、绍兴、江门、汕头、惠州、揭阳、台州、营口、汕尾、莆田、潮州12个城市的海洋城市旅游品牌价值评级为一般,相较于前两级的城市,其旅游品牌价值取得了一些成效,但仅仅处于初见端倪阶段,旅游投入产出未能到达收益阶段。根据品牌生命周期理论,海洋城市旅游品牌价值评级一般的城市旅游品牌孕育期品牌尚处于出笼阶段,此阶段的主要工作是在设计、生产、销售之间进行协调,做好充分的市场调查,以确保产品能够符合消费者的需要,在市场上受欢迎。任何时候不同的地区都有旅游品牌较为成熟的城市,也有处于刚刚起步发展的城市,旅游基础薄弱,各项设施急需改进。然而品牌价值需要经过长时间的积累转化,太急于求成,城市旅游品牌定位过于超前,就会造成揠苗助长、目标与实际不切合的不利影响,不仅丧失了发展机会,还会造成巨大的损失和浪费。

对于评级一般的城市,应该吸取其他城市在旅游品牌建设中的教训,遵循循序渐进的原则,精雕细琢。避免将独有的城市旅游文化进行庸俗化包装,抹杀特定的城市旅游文化个性,从而降低城市品位。

(五)海洋城市旅游品牌价值较差评级分析

沧州、滨州、东营、阳江、茂名、湛江、连云港、钦州、防城港、盘锦、漳州、盐城12个城市是53个海洋城市中旅游品牌价值评级最低的一组城市,其主要原因有以下三个。

1. 缺少核心旅游吸引物带动

"满天繁星不如一轮明月",目前,各市景区景点数量虽然众多,有价值的自然景观和人文景观却开发程度不够,像九寨沟、丽江、武当山那样的"明月景区"尚未形成。5A级景区过少,旅游的吸附、辐射能力依然有限。尽管各市重点景区建设全面启动,但是,培育"明月景区"有其规律性,不可能一蹴而就。

2. 缺少城市魅力帮衬

吸引游客靠景区,留住游客靠城市。知名度是旅游业发展的前提,但这些城市至今尚缺乏鲜明的旅游总体形象,宣传力度不够,在全国知名度不高,游客选择旅游目的地时很难将其纳入计划。城市即使有丰富的自然、人文旅游资源,但由于景点内容单调,尚未形成有强吸引力的旅游王牌产品,缺乏撼动性名牌景点和与之相配套的设施,旅游产品品位低,功能不全,同样不能给游客以鲜明的旅游形象。有些城市如葫芦岛讲起来是"中国优秀旅游城市""国家级园林城市",但是,从旅游功能上看,还相当薄弱:一方面是旅游服务不配套,全市至今没有一个像样的博物馆,没有音乐厅、艺术馆和综合性高档娱乐中心,对豪华旅行团的接待力不从心,没有高品位的旅游产品,致使游客往往来匆匆,去空空;另一方面各景区之间几乎没有交通连接,处于各自为政、单打独斗的状态,难以发挥整体优势。

3. 缺少完备交通体系

"交通瓶颈"问题仍是制约各市旅游业发展的重要因素。旅游业的发展速度在一定程度上依赖于交通业的发展速度。可以预见,发展中的交通业要从根本上解决迅猛增长的人流问题还需要相当长的时间。这种局面使旅游业的发展丧失了主动性,也丧失了巨大的现实市场,旅游资源的浪费在所难免。交通问题由此所产生的关联问题也不容忽视:一是交通问题的存在直接影响到服务质量。旅游旺季因为不能满足旅游者交通票务问题而出现的投诉时有发生,这对一地的旅游形象是极为有害的。二是交通问题的存在为旅游产品的设计和包装构成了障碍,许多本来可成为黄金旅游线路的产品皆因为交通问题而夭折。可以想见,没有交通作为纽带的旅游产品是极难在市场上立住脚的。

第四章 中国海洋城市旅游品牌化发展中存在的问题

第一节 中国海洋城市旅游品牌化发展现状

我国城市化进程的加速是城市实现品牌化的加速器,也是构成品牌的基础。从人均收入、工业化、产业结构、就业结构、流动人口等关联因素上看,目前我国已进入城市化加速阶段。在这个阶段中,旅游城市品牌化建设不断升级,而品牌竞争力的高低与变动直接反映城市旅游业发展的进程与变化。拥有品牌成为城市发展的关键,品牌影响力成为城市竞争的制高点,清楚城市自身的资源、环境、设施等状况,清楚如何塑造城市品牌,实现城市品牌化,提升城市的知名度与美誉度,对于加快城市发展具有重要意义。

一、海洋城市旅游品牌化发展概况

海洋旅游城市是指既具有一般城市的特点,又具有旅游功能和一定旅游条件的海滨城市,并以优越的区位条件及独特的城市景观等作为发展旅游业的重要组成部分,发挥着滨海旅游交通枢纽、游客接待与集散中心、提升城市形象和增强品牌效应的作用。在 2010 年发布的《中国优秀旅游城市名录》336 个城市中,滨海旅游省市共占有 173 个,比例高达 51.49%,其中全国 54 个海洋城市共占有 47 个,是全国总量的 14%(见表 4-1)。其中天津、上海、青岛、大连等 14 个沿海开放城市共接待国内外游客 61 938.97 万人次,实现旅游总收入 7 252.12 亿元,是全国旅游总收入的重要组成部分。还应该关注的是,随着国民生活水平的提高及休闲需求的增加,城市间旅游业的竞争日益激烈,全国各海洋城市都应高度重视品牌建设,把提升城市品牌形象作为工作重心,在推动自身城市旅游业发展的基础之上,促进全国旅游业的协调稳定健康发展。

表 4-1 中国优秀海洋旅游城市

省（区、市）	城　市
直辖市	天津市、上海市
辽宁省	大连市、丹东市、锦州市、葫芦岛市、盘锦市、营口市
河北省	秦皇岛市、唐山市
山东省	青岛市、威海市、烟台市、潍坊市、日照市、滨州市、东营市
江苏省	南通市、连云港市、盐城市
浙江省	杭州市、宁波市、绍兴市、温州市、嘉兴市、舟山市、台州市
福建省	厦门市、泉州市、漳州市、福州市
广东省	深圳市、广州市、珠海市、中山市、江门市、汕头市、惠州市、阳江市、东莞市、潮州市、湛江市、茂名市
广西壮族自治区	北海市、钦州市
海南省	海口市、三亚市

资料来源:中国旅游网。

城市品牌是城市发展的内在动力,是城市消费者对城市独特个性的一种综合印象和心理感知,这些印象和感知的外在体现是由城市名称、标识、符号或图案等要素或要素组合构成,而支撑城市品牌的核心内涵更在于代表城市独特价值的各种城市资源,诸如历史遗产、产业集群、人居环境等。同时城市品牌也是在一般产品和服务品牌基础上发展起来的特殊品牌形态,主要包括城市主题文化、品牌体系结构、品牌形象识别、品牌营销推介和品牌维护管理等内容,是一个城市身份、形象、意图和价值的综合体现。相对于城市品牌而言,城市品牌化是一个决策管理的动态过程,是指城市品牌建设者分析、提炼、整合所属城市具有的独特的（地理、人造自然）要素禀赋、历史文化沉淀、产业优势等差异化品牌资产要素,并向城市利益相关者提供持续的、值得信赖的、有关联的个性化承诺,以提高城市利益相关者对城市的认同效应和满意度,增强城市的集聚效应、规模效应和辐射效应的过程。城市品牌化带来的凝聚力、吸引力和辐射力能让城市管理者看到了产业调整的新契机,众多城市开始努力打造旅游城市的品牌,很多海洋旅游城市也形成了自己的知名品牌。其中,较为著名的有:威海——黄金海岸,避暑胜地;湛江——休闲港城,美食之都;舟山——中国渔都,海上花园;宁德——海上闽东,地质花园。除此之外,其他许多海洋旅游城市也提出了塑造城市品牌的口号,如以疗养避暑胜地著称的秦皇岛市,提出了以大型经济文化活动展示城市总体形象,逐步熔铸城市无形资产,以城市无形资产的积累和释放,塑造城市品牌的思路。如今,不仅是大城市,越来越多的中小城市也开始重视城市品牌的建设,渴望利用和挖掘当地现有的资源创造出自己城市的特色。

城市品牌价值是一个城市品牌化的重要体现,城市品牌的价值在于它能实现人的价值,展示人的价值,放大人的价值。旅游城市只有重视城市品牌价值的提升与内涵的挖掘,用城市品牌价值理念指导发展思路创新,指导资源优化配置,才能真正提升城市旅游品质、产业品质和市民生活品质,促进城市经济良性循环及品牌化建设。早在2007年,北京国际城市发展研究院就从科学发展观和以人为本的角度出发,提出了以"宜居、宜业、宜学、宜商、宜游"为核心指标的中国城市品牌价值评价体系,作为诠释城市内在价值,量化城市内在能力的一个全新坐标。在2012中国城市品牌价值排行榜中,前35名中海洋城市占有22个(见表4-2),可见,海洋城市品牌化整体发展态势良好,具有良好的发展空间,但仅从宜游指数来看,海洋城市品牌化建设还需继续努力。

表 4-2　2012中国城市品牌价值排行榜[①]

城　市	排　名	总指数	宜居指数	宜业指数	宜学指数	宜商指数	宜游指数
北　京	1	81.764	72.457	89.979	70.295	86.334	90.667
深　圳	2	81.145	92.599	79.059	88.972	81.416	63.089
广　州	3	77.930	79.050	81.345	76.759	84.836	66.786
上　海	4	77.477	73.042	85.787	70.777	85.839	71.926
杭　州	5	75.158	72.472	78.689	68.868	78.982	76.707
天　津	6	75.074	74.291	78.875	66.151	85.276	69.178
成　都	7	74.242	72.822	74.103	65.990	76.760	80.871
南　京	8	73.665	73.276	79.215	75.271	76.304	64.988

---

① 连玉明. 中国城市品牌价值报告[R]. 北京:中国时代经济出版社,2007:31-33.

续表

城　市	排　名	总指数	宜居指数	宜业指数	宜学指数	宜商指数	宜游指数
重　庆	9	73.111	72.211	75.396	60.515	78.957	77.585
长　沙	10	71.471	73.028	74.440	67.950	78.258	62.723
大　连	11	71.377	70.258	77.080	65.334	78.599	65.233
青　岛	12	71.202	76.879	72.762	64.619	75.549	65.505
武　汉	13	71.185	70.155	71.333	72.164	76.143	64.929
厦　门	14	71.091	72.568	75.793	72.375	72.856	62.599
宁　波	15	70.838	74.736	66.087	63.872	74.481	72.916
济　南	16	70.172	71.330	70.493	73.375	73.037	61.992
西　安	17	70.074	70.001	71.331	70.484	71.115	67.495
合　肥	18	70.068	72.062	73.432	68.032	75.392	60.935
南　昌	19	68.892	75.254	72.796	71.260	69.450	61.539
沈　阳	20	69.699	68.509	74.529	65.496	76.300	63.220
福　州	21	69.677	73.738	69.895	65.773	71.833	66.662
呼和浩特	22	69.235	71.596	73.399	72.084	69.490	60.583
银　川	23	69.229	74.947	74.982	68.029	67.179	62.958
海　口	24	69.188	71.633	77.546	69.248	68.620	61.122
郑　州	25	69.170	68.374	70.011	67.116	70.902	69.224
长　春	26	68.851	71.682	71.755	65.823	72.084	62.830
太　原	27	68.697	72.334	72.730	72.475	66.058	61.557
贵　阳	28	68.484	71.182	71.616	70.243	65.678	65.184
兰　州	29	68.104	71.231	74.042	71.675	64.400	61.581
石家庄	30	67.586	75.948	66.494	64.137	68.832	61.933
昆　明	31	67.570	68.835	73.641	64.683	68.020	64.076
哈尔滨	32	67.2512	68.924	70.630	65.412	69.905	62.868
乌鲁木齐	33	67.278	72.786	70.773	67.802	65.216	61.201
西　宁	34	67.226	68.870	73.535	64.096	68.729	62.102
南　宁	35	67.085	73.538	70.122	64.029	65.774	63.327

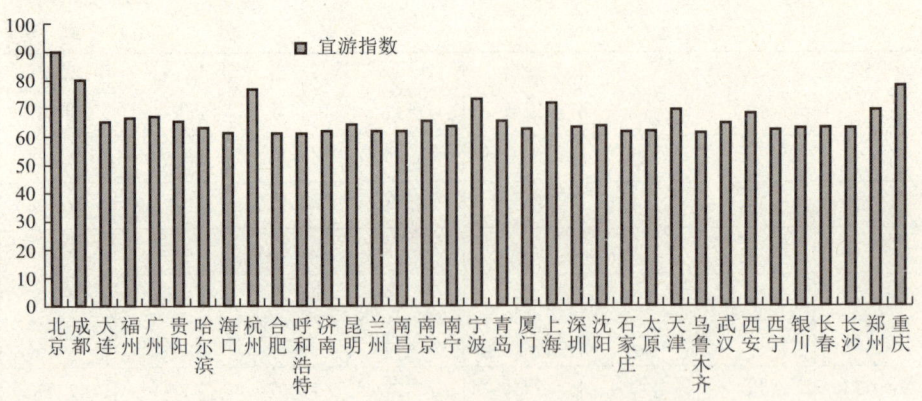

图 4-1　2012 中国城市品牌价值宜游指数排行榜

数据来源：IUD 领导决策信息分析中心. 2012 中国城市品牌价值排行榜[J]. 领导决策信息，2012(36)：28.

二、海洋城市旅游品牌化取得的成效

近年来，随着我国滨海旅游业的发展和繁荣，滨海旅游产品更加丰富多彩，大量品牌产品也不断涌现，广大旅游者的品牌意识也不断增强，有力推动了海洋城市品牌化建设。不少海洋城市在品牌化的道路上迅速前进，收到了明显的品牌效应，成功挤进了世界海洋城市旅游品牌行列，与世界上知名的海洋旅游城市一样不断被人们知晓、认可和记忆。所谓城市品牌效应，是指通过城市品牌或品牌城市的创建、运转和推广，产生内部和外界对城市运行和发展整体及其要素的认同、欣赏、赞美，从而形成对城市发展的热爱和支持，使城市富有生命力、充满活力，得到持续的发展的积极效果，最终使城市居民享受到现代城市文明，过上稳定与祥和的生活。这里，对城市品牌化所取得的效应主要从经济、社会、文化和生态四个方面进行分析。

（一）海洋城市旅游品牌化发展的经济成效

1. 促进了城市经济的稳定增长

我国海洋旅游城市多位于东部沿海地区，是我国较早的经济对外开放城市，近年来依靠海洋旅游城市的品牌化发展使当地经济保持稳定增长。根据《国民经济与社会发展统计公报》与《统计年鉴数据》，2013 年仅 14 个首批沿海开放城市就实现地区生产总值 99 262.69 亿元，比上年增长 9.86%，占全国国内生产总值的 17.45%，经济总量大幅度增加；第一、第二、第三产业增加值分别实现 3 931.91 亿元、43 544.15 亿元、51 786.96 亿元，三产业结构比例为 3.96：43.87：52.17。沿海开放城市的产业经济不断发展壮大，经济结构持续优化,综合实力在发展中进一步提高。

2. 促使城市旅游收入和旅游人数连年增长

城市品牌是旅游者选择旅游目的地的重要因素之一,品牌竞争力的强弱也就成为城市旅游业发展研究中的焦点所在,一般情况下城市品牌竞争力越强,城市的旅游收入就越高,前来休闲观光旅游的人数就越多,也就是说城市品牌与城市旅游收入、旅游人数具有相关性。大连市自2003年申请了"浪漫之都"这一商标以来,旅游收入和旅游人数连年增加,2004年大连市接待国内外旅游者1 625万人次,旅游总收入共170.1亿元,经过近十年的发展,接待国内外旅游者达5 349.9万人次,旅游总收入高达900.8亿元。同样,青岛、上海、天津、广州、厦门、三亚等城市的旅游收入和旅游人数也呈现出连年增长的趋势(如图4-2、图4-3)。

3. 保证了城市居民增收

品牌是富有价值的战略财富,品牌化成为城市发展的重要推动力。海洋旅游城市由于其品牌知名度高,特别是品牌旅游产品受到旅游者的欢迎与喜爱,市场占有率也相应增加,即使比其他城市花费水平要高,旅游者也会欣然接受。同时,旅游业是关联带动作用强的劳动密集型服务行业,增加当地居民的直接就业和间接就业机会,提高了城市居民的收入水平。据统计,2012年海洋旅游城市居民可支配收入近27 688.27元,2013年已达到3万多元,比上年增长8.92%,拓宽了居民增收渠道,进而提高了居民的生活水平和质量。

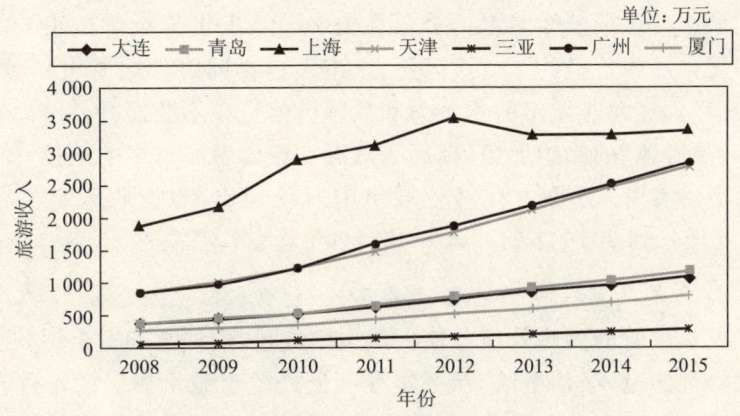

图4-2 滨海七市十年旅游收入增长趋势

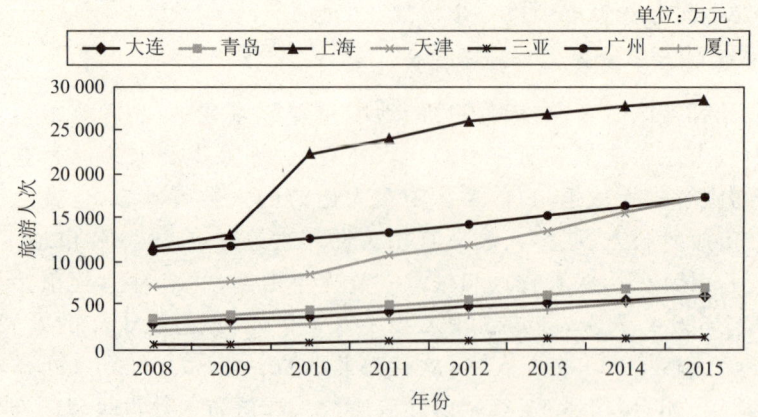

图 4-3 滨海七市十年旅游人数增加趋势

数据来源:2004～2015 年七市国民经济和社会发展统计公报

(二)海洋城市旅游品牌化发展的社会成效

1. 增强了城市的竞争力和吸引力

在市场经济条件下,良好的品牌增强了海洋旅游城市的竞争力和吸引力,政府通过品牌化建设,强化城市品牌意识,整合城市品牌和优化旅游资源配置,实现旅游产业升级,以全力打造海洋城市旅游品牌,形成品牌效应,增强了海洋旅游城市及旅游产品的竞争力和吸引力。早在 2003 年,大连市旅游协会便向国家工商总局商标局申请注册了"浪漫之都"商标,是我国第一个以城市形象注册的商标,如今"浪漫之都——时尚大连"这一集北国雄伟和南国秀丽于一身的城市特色形象知名海内外。在 2010 年,据世界旅游组织专家评估,大连这一城市品牌价值约 1 000 亿元,城市大连在国内外旅游市场重要的竞争力,近几年大连海洋城市的竞争力和品牌价值也在不断提升。威海市以"黄金海岸、避暑胜地"的品牌形象,提高了威海在旅游者心目中的地位,受到众多避暑旅游者的青睐,竞争力在其他城市中脱颖而出,旅游收入自 2004 年的 71.33 亿元增长到 2014 年的 383.86 亿元,年均增长率高达 15.85%。

2. 增强了城市居民的荣誉感、自豪感

海洋城市旅游的品牌效应能使人产生愉悦感、信赖感和安全感,吸引更多的人前来参观游览、居住生活,在一定程度上鼓舞了城市居民的士气,使城市居民更加注重城市自身的文化、环境建设,注重自身素质的提高,进而增强了城市居民的优越感、自豪感和认同感。同时,这些好感也促使城市居民更加注重城市的旅游设施维护,促进了旅游服务质量的提升,使城市居民积极参与城市旅游资源的开发与建设工作,支持城市品牌化建设工作,在完善城市多项功能的同时也提高了城市的知名度。

海洋城市品牌化发展在某些方面能够不断提升领导者的整体素质,提高政府领导的管理效率、战略决策、突发事件应变及疑难问题的解决能力;建立健全法纪制度和社会化服务体系。政府对海洋城市品牌化的有效管理使当地居民自觉地产生了某种热爱自己城市的凝聚力和向心力,更大程度上提高了城市在海内外的知名度。深圳的"拓荒牛"形象就极大地增强了深圳市民的城市意识和主人翁意识,在深圳特区品牌建设中发挥了助推器作用。

3. 海洋城市旅游品牌化发展的文化成效

城市文化是城市的品牌,是其他任何竞争城市都无法模仿的独特资源,也是城市与城市之间的差距所在。品牌的魅力在于品牌凝聚的文化内涵,是一种独特的、高品位的、富于自我个性的文化,海洋旅游城市拥有了知名的城市品牌,就能在新一轮旅游经济发展中占据先机,为城市创造更多的价值,成为城市发展的助推力。在人与人、人与环境、传统与现代相互作用下产生的富有魅力的海洋城市旅游文化,如天津的市井文化等,成为这些海洋城市旅游品牌化发展不可或缺的组成部分。

海洋城市旅游品牌化发展的过程中也使城市的文化内涵得到了发掘和提炼,保护和继承了城市的文化遗产,塑造了城市的外在形象,增强和促进了城市的民间文化交流,培育了高素质的城市居民群体,在一定程度上营造了城市浓郁的文化氛围,形成了良好的城市精神和市民精神,如青岛——"诚信、博大、和谐、卓越";深圳——"开拓创新,诚信守法,务实高效,团结奉献",大连——"创造、创业、创世"等。这些城市精神携带着这个城市过去、现在和未来的全部信息,在某种程度上也加快了城市旅游业的发展。

4. 海洋城市旅游品牌化发展的生态成效

海洋城市旅游品牌化发展的重要成效还包括促进了生态环境的建设后与保护,使政府和企业更加自觉地加强生态环境的建设与保护,并加强了对城市居民及来往游客的宣传教育和管制,激发了居民和游客对生态环境的保护意识。一方面,使城市绿化覆盖率、人均公园绿地面积和空气质量整体得到改善,其中绿化覆盖率基本保持在40%～50%,空气质量优良率均达到90%以上;另一方面,城市污水处理水平和城市垃圾无害化处理水平整体得到提高,为海洋城市旅游业的发展提供了生态保障。海洋城市环境的改善成果,不仅感召了城市居民自身的环境保护意识,而且在无形中树立了城市的形象,提升了自身的环境竞争力。

第二节 中国海洋城市旅游品牌化发展中存在的问题

目前我国越来越多的海洋旅游城市开始加大城市品牌化建设扶持力度,加快城市品牌化建设进程,并且有些海洋旅游城市已经成功地打出了城市品牌的旗帜,取得了良好的经济、社会、文化和生态成效。但是经过冷静思考、仔细观察之后,我们可以发现很多海洋旅游城市在品牌化建设中仍然存在着一些普遍性问题,这些问题可以具体概括为以下几个方面。

一、海洋城市旅游品牌化建设相应的机制设施不健全

(一)海洋城市旅游品牌化建设机制不完善

随着城市品牌化建设取得的成效越来越突出,各海洋旅游城市也加快了品牌化建设的步伐,海洋旅游城市的各级各部门对品牌化建设工作也越来越重视,旅游局、工商局、环保局、质量技术监督局等经过对城市品牌的申报、创建等大量工作,迈出了城市品牌建设的坚实一步。但是,由于海洋旅游城市品牌化建设工作涉及旅游、文化、质检、工商、规划、招商、工商等多种不同部门,各分管部门在自己的所属领域内单打独斗,在对外进行城市品牌宣传时各自为政,缺乏专门的品牌化建设部门来负责城市品牌的整体规划、任务分配、监督管理等,使城市品牌化建设工作不能有效开展,城市品牌管理缺位。目前我国城市形象的建设和维护隶属于不同的部门,各部门之间关联度较少,缺乏统一理念。尤其是作为新兴的滨海旅游,相关部门还没有引起足够的重视,多数持保守态度,更多的是利用城市的原有资源进行品牌定位和宣传,缺乏规范的城市品牌管理机制。当前,一部分海洋旅游城市还是沿用原先的城市定位和品牌宣传口号,更多的是依托经贸优势、历史古迹,滨海特色不突出。

海洋旅游城市连云港作为海上丝绸之路东方的起点和新亚欧大陆桥的东方桥头堡,拥有良好的区位条件和优秀的旅游资源。据中国社会科学院财经战略研究院在2013年5月发布的《中国城市竞争力蓝皮书:中国城市竞争之报告》显示:2012年连云港市在选取的中国293个城市中,综合经济竞争力排名第99位,综合效率竞争力排名第100位。但是在现阶段由于连云港市品牌化建设机制不完善,缺乏整体规划、统一指导,造成各部门之间各自为政、互不协调,导致连云港市综合竞争力并不强。

(二) 海洋城市旅游品牌风险机制缺失

城市品牌创建过程中不可避免地会发生各种各样的风险,忽视城市品牌创建过程中的风险管理,就可能使城市品牌创建功亏一篑。但是,目前国内一些城市的品牌创建中因为过多重视品牌的正面宣传,而忽视城市品牌的风险防范与管理,没有建立城市品牌风险防范管理机制以及风险应对不当,从而影响甚至折损了原有的城市品牌形象和品牌资产,其遗留的不利影响制约了城市的长远发展。这样的事例比比皆是,如三亚"宰客"事件、青岛"38元大虾"事件等。

所谓风险,一般定义为"损失发生的不确定性",城市品牌创建风险也就是在城市品牌创建过程中客观存在的不确定性。城市品牌风险从不同角度可以有不同的划分,按风险的来源可分为客观风险和主观风险;按风险产生的原因可分为自然风险、社会风险、经济风险和技术风险;按风险性质可分为静态风险和动态风险;按对风险的承受能力可分为可接受的风险和不可接受的风险等。

研究城市品牌风险类型和分类的目的在于按照不同的风险制定和采取不同的防范措施及应对预案,以便于加强风险管理。所谓城市品牌风险管理就是指城市品牌管理者(或管理机构)对风险进行识别、衡量、分析,并在此基础上有效地处置风险,以最低成本实现对城市品牌最大安全保障的一整套的科学管理方法。加强城市品牌风险管理就是要从城市品牌风险管理的全过程来加以管理,即从风险预警开始,制订风险处理计划,建立健全相应组织,加强处理的指导和处理管制。具体来说就是加强城市品牌风险预警系统建设,通过对各种风险的科学考察,判断风险的性质和后果,制定并选择风险处理方案,编制风险处理的实施计划;根据风险处理计划建立健全风险管理组织,包括业务分工、权力和组织协调等,即合理安排人力、物力和财力以降低城市品牌风险的不确定性。风险处理的指导就是采用信息交流的方式,组织管理计划实施;风险处理的管制是按照规定进行业务风险管理记录、评价和分析,形成制度化管理方式。在上述过程中,风险处理计划是风险管理的重要一步,也是整个管理过程的关键和核心,重点体现在风险的识别与衡量、处理手段的选择和处理预算计划的编定三个方面。

从目前来看,我国城市品牌风险防范上存在的主要问题可概括为五个方面:一是缺乏风险防范意识,这是主要的也是根本性的问题。由于缺乏风险防范意识,因而也就不可能建立风险防范机制、制订风险防范计划等一系列风险管理措施。二是虽然有一定的风险防范意识,但风险防范组织机制不健全,影响了风险防范计划的制订与实施。三是风险防范措施实施中因政府相关部门人员变动而影响城市品牌风险管理过程的连续性与持久性。四是风险防范预算经费严重不足,致使风险防范计划与措施成了一纸空文,难以发挥应有的效应。五是相关人员的理论知识缺乏和管理经验不足,在应对实际发生的风险事件时,不知所措或措施不当,从而影响化解危机的效果。

在全球城市化浪潮中,每个城市都面临着一场"新造城运动",如果一座城市要想在这场运动中取得胜利,就必须把城市当作产品,塑造成品牌,并像销售产品一样推销这座城市。在这场"造城运动"中,城市品牌化建设过程不可避免地会发生多种多样的危机,如果忽视危机管理,那么就有可能导致城市品牌化建设工作不能取得任何成效。但是我国很多海洋城市在旅游品牌化建设过程中忽视城市品牌的防范和管理,没有及时建立城市品牌的危机反应机制或对危机事件处理不当,以至于破坏原有的城市品牌形象和品牌资产,最终制约城市的发展,影响城市综合竞争力的提升。

(三)海洋城市旅游品牌服务保障机制缺失

健全的品牌服务机制是城市品牌化发展的重要保障,在一些海洋城市旅游品牌化发展中,时常暴露出城市品牌的创建和保障机制不健全、城市品牌的服务机制不完善等问题。首先,有关政府部门的城市品牌服务职能过于分散。城市是一个广阔的空间区域,包括各种各样的行业和部门,海洋城市旅游品牌化建设需要这些部门和行业的相互配合,形成凝聚力和内向力。但是目前,各职能部门和行业之间受多种因素的限制,很难真正实现有效协调。其次,旅游行业协会对海洋城市旅游品牌的服务职能较弱。现今,很多海洋旅游城市的旅游行业协会出现管理职能过度、服务职能缺失的现象,未能在城市品牌价值的创建、发展、宣传、评价与维护中发挥有效的作用,也未能对城市品牌化提供专业化服务。最后,在各海洋城市旅游中对城市品牌化建设提供服务的各类专业性的社会中介组织、服务机构发展速度缓慢,数量有限,不能在城市品牌化建设中发挥实质性的作用。

在旅游发展中,交通等保障基础机制和配套设施建设的不完善,会造成当地的旅游业发展滞后。交通通达度是影响旅游业发展的重要因素,海洋旅游城市由于地理位置的特殊性,与周边城市的外部交通系统衔接欠佳,在一定程度上造成了城市的封闭,游客周转相对困难,不利于城市品牌的推广和传播。城市内旅游景区专用交通道路和游客游览道路规划不合理,景区的可进入性较差,存在"进不去、散不开、出不来"的窘境,同时景区内的公共服务设施数量较少,分布不合理,影响游客的出游心情,进而引发游客的抱怨和投诉。诸如珠海、宁波等城市的可进入性较差,深圳、三亚等城市的市内交通通达度相对较低,中山、海口、三亚等城市的旅游配套设施的建设滞后于旅游业的发展,一定程度上影响了游客的满意度,对城市品牌的塑造和传播产生不利影响。

同时,发展中忽略环境保护机制,也会造成生态环境系统失调。对自然资源的过度索取,会造成自然生态失衡等负面影响。落后的城市建设体制、人们对城市建设认识的差异以及社会文明程度的局限,也不同程度地影响着我国城市品牌的健康发展。世界各大城市曾出现的大城市病,如水源缺乏、环境污染、交通堵塞、居住条件恶劣等,都在国内不同程度重现,成为城市健康发展的制约因素。此外,在城市基础设施严重滞后、城市基础设施建设资金每况愈下、市政公用设施投资占固定资产投资的比重趋降的情况下,而城市规模却日渐膨胀,两者反差不断扩大,矛盾日益尖锐。

海洋城市旅游在发展的过程中只关注发展的速度,忽视旅游发展的质量,会致使滨海旅游资源的盲目开发和过度开发。一些城市管理者为了短期的旅游收益,没有限定合理的旅游环境容量和景区的最大游客承载量,大批游客的涌入,对景区环境、近海海域及沙滩造成了不同程度的污染和破坏。另外,一些城市为吸引游客而在海边修建栈道、人造景观,在对地表环境造成破坏的同时却没有进行及时修复,只有平整的水泥路,却没有道路两边的绿树成荫,绿化覆盖率极低,这既造成了对生态环境的破坏,又影响了游客的旅游体验,会对城市品牌的塑造产生不利影响。比如,天津、上海等城市的空气质量较差,年达标率不足70%甚至不足50%。城市绿化覆盖率也相对较低,并且天津市的海水污染比较严重,不能给旅游者提供一个舒适的旅游生态环境,不利于形成良好的城市口碑效应,在一定程度上会影响旅游城市形象的提升。

二、海洋城市旅游品牌化建设缺乏明确的方向

(一)海洋城市旅游品牌定位杂乱模糊,缺乏个性

城市品牌定位不同于城市功能定位,城市品牌定位是城市功能的高度升华,是城市最核心价值的体现,也是区别于其他城市的差异性存在,而城市盲目定位品牌,核心优势势必不能得到良好彰显。城市品牌定位本质上应该将城市最美好、最独特、最吸引人的要素呈现出来,借助优势元素,对既定品牌进行包装和宣传营销。优势资源可以与海洋文化相融合,或者是滨海产品与民俗文化、饮食文化相结合,进行品牌创新,最终确立有吸引力和竞争力的海洋城市旅游品牌。因此,城市品牌定位要遵循差异性原则,找出能被消费者辨别的独特之处。比如,"水上之城"威尼斯,"浪漫之都"大连,"中国渔都"舟山,

"休闲之都"杭州等,都有代表城市自身风格、体现核心价值、凝聚城市功能、理念、整体价值取向以及由内向外的辐射力和由外向内的吸引力的城市品牌。

品牌的主题是城市主题文化定位,也是旅游品牌差异化发展战略的建设目标,代表旅游的发展方向。好的品牌定位,有助于营销,独特的定位,是旅游品牌最小的广告传播单位,可以激发受众对城市的想象,对于招商引资、增加旅游休闲吸引力起着重要的作用。像"桂林山水甲天下","上有天堂,下有苏杭"这些从古代流传至今的旅游品牌定位,以感性的方式描绘了一个城市的特征,让受众浮想联翩,本身就可以成为城市形象的代言,具有城市营销的作用。

但是从国内某些海洋城市旅游品牌中却看不出城市自身的特点和个性,城市品牌的核心价值也不突出,没有根据城市自身拥有的资源条件、历史背景和文化特色打造出代表城市形象的给予消费者视觉冲击与心灵震撼的、富有诱惑力的城市品牌。有些海洋旅游城市,拥有丰富的滨海旅游资源,但是却对此利用不足,品牌定位没有凸显出应有的特色,游客对此城市的优势旅游资源一无所知。例如,天津作为一个重要的海洋旅游城市,旅游资源丰富,旅游总收入和旅游接待人次居于样本城市前列,但城市品牌定位却略显尴尬,没有一个特色突出的城市形象定位;湛江从20世纪80年代的"两水一牧"战略到21世纪的"优秀旅游城市""美食之都""生态文明城市"等品牌定位呈现出模糊杂乱的现象,不能实现旅游产业发展、形成支柱产业等全面发展的局面。

(二)海洋城市旅游品牌核心价值不明确

旅游城市品牌的核心价值不明确具体表现在:一些城市对品牌的角色关系理不清,对品牌认同的设计不重视;缺乏高水平的规划指导和超前的开发理念,品牌培育基础不牢,品牌意识淡薄,品牌策划缺乏创意,品牌形象苍白无力,品牌定位脱离实际,品牌经营盲目跟风,品牌管理乏力;作为旅游城市载体的旅游企业普遍缺乏清晰连贯的品牌管理体制;大多数旅游企业只注重具体节庆活动的宣传,多借助传统的营销手段名噪一时,却难以维持长期的品牌效应和领先地位;少数知名度较高、有实力的旅游景区(点),虽已具有发展旅游地品牌的意识,但并未明确品牌内涵,缺乏完整的品牌策略,也不具备整合运用各种传播手段来统一进行品牌推广的能力。结果,缺乏鲜明的主题形象、完善的接待设施和个性化的优质服务,严重地制约了旅游城市品牌的高水平发展。

目前,我国许多海洋城市旅游在品牌建设过程中存在核心价值不明确的现象,主要表现为:缺乏城市资源的统一整合和城市品牌的统一规划理念;城市品牌定位脱离实际,盲目跟风;城市品牌策划缺乏创意、培育基础不牢;缺少优秀旅游企业和旅游产品,不能对城市形成一定的品牌效应;少数知名度较高的海洋旅游城市虽然已具有发展城市品牌的意识,但是不能明确城市品牌的内涵,也不具有整合各种营销方式进行城市品牌传播的能力。最终,缺乏明确的品牌主题形象,制约城市品牌的高水平发展。如烟台市为使每一个城市品牌定位既能满足消费者需求、实现旅游促销,又能达到招商引资、展示城市形象的效果,提出了"苹果之乡""黄金之城""五彩之城"等称号,造成烟台城市品牌核心价值不明确,城市发展竞争力弱。

同时,各个海洋旅游城市开展的滨海旅游缺乏新意,常规滨海旅游项目一成不变。海洋旅游城市要依靠海岸带、海岛、近海的自然和人文景观以及良好的气候条件等,对旅游景观进行组合,推出适宜的旅游线路,进行城市品牌的组合营销,塑造和提升城市的品牌价值。更多的城市仍旧是发展海边观光、海上观光和海滨度假游,还沿用常规滨海旅游项目来吸引游客,没有适时推出新的旅游项目和旅游线路来改变旅游者对城市品牌的认知,重新进行城市品牌的包装营销。个性化的海岛旅游、邮轮旅游、游艇旅游等高端的海洋休闲旅游项目还处于萌芽状态,其兴盛还需假以时日。目前,我国大部分海洋城市旅游的滨海旅游项目还处于常规化阶段,新型旅游项目的发展正处于酝酿或初始发展阶段,像厦门、青岛、大连等知名度比较高的海洋旅游城市,新颖的、个性化的滨海旅游项目类型还不是很丰富多样,应因地制宜地开发和发展具有吸引力的新型旅游项目。

(三) 海洋城市旅游品牌缺乏核心特色

城市特色蕴于多种多样的内容与形式之中,有历史的、传统的特色,有民族的、地方的特色,也有新兴的、时代的特色。城市特色的形成有自然因素,包括自然地理环境、山川名胜;有人工因素,即人为建造的成果;有社会因素,包括生活习俗、道德情趣和行为方式等。如何顺应、利用和突出这些因素,从而形成自己的特色,需要不断继承、创新与发展。

城市不在于规模大小,而在于特色,创建特色是城市的生命,目前我国城市建设和发展中普遍存在的问题是趋同化,注重规模扩大,忽视质量的提高,城市面孔大同小异,没有自己的个性,出现了"特色危机""克隆现象"。有的城市原有的地方性和历史性特色正在消亡,原有的自然和历史文化遗产遭到严重破坏,令人十分痛心。特别是在旧城市改造过程中,忽视保护、盲目开发、"建设性"破坏,已成为当前的突出问题。

许多世界名城十分重视保护自己的原有风貌。巴黎市将新建的高层住宅区分别集中于城区东北部与南部,以保护古城风貌。意大利的一些古城,如罗马、佛罗伦萨、米兰等城市都对高层建筑严加控制,以保持原有的城市特色。中国古城保护得比较完好的如丽江、平遥、阆中等已是屈指可数。

中国城市化经过了一个漫长而曲折的过程,因此,50多年来的中国城市化率也较低。城市是人们的物质寓所,也是人们的精神家园。概括地说,城市品牌是城市外感的物质形象和内在的精神文化形象的统一,是物质文明和精神文明的统一。城市品牌的本质就是城市所要追求的现代化发展目标和发展方向。良好的城市品牌不仅可以提高城市的知名度,扩大城市的影响辐射力,而且还可以产生巨大的凝聚力,形成良好的投资环境,从而提高城市的竞争力,赢得自己在世界城市中的地位。

三、海洋城市旅游品牌建设缺乏旅游文化内涵

(一) 海洋城市旅游旅游文化内涵未深入挖掘

城市旅游文化是城市品牌的灵魂,是凝聚在城市品牌上的精华,城市品牌建设要充分融入城市旅游文化,凸显城市的文化内涵。一个城市源源不断地发展动力就是文化,而体现一个城市内涵思想的也是文化,因此文化对于城市而言有着特别的意义。城市旅游文化是城市积极发展的必要基础,而城市的主题文化是城市赖以发展的主要依据。文化是人类不断创造出来的物质,是人类智慧的结晶。随着人们不断关注社会的发展,文化的作用越来越重要。尤其是在塑造城市品牌的过程中,无论是城市本身还是我们每个人,美好的城市形象都是建立在良好的文化基础上。因此,我们不仅要通过不断努力加强我们自身的城市旅游文化建设,还要不断丰富城市的文化内涵,从而提高城市旅游文化内涵,提升城市品牌效应。

城市旅游资源文化内涵的发掘的过程是通过塑造、规划、框限的方式来展现某个城市的特质目标、特成载体、特质形态。城市是人类精神和物质的集散地,而文化内涵则是城市发展的"风向标",起到了传递城市主流、主体内涵的作用,旅游文化则是围绕城市主题的特点而形成的一种文化形态,这种文化形态是独一无二的、不易被模仿的,是这个城市最鲜明的优势。当充分了解了城市主题文化的优势之后,便可有目的、有组织、有计划地对城市的特色进行培养、挖掘、锁定、提炼、创造、升华、规划,从而使城市主题文化的作用发挥到极致,进而使城市主题文化一跃成为城市的"招牌",成为主流文化。对于任何一个城市而言,只有城市主题文化才是真正意义上的特色文化。要使一个城市得以长久的发展,就必须不断挖掘城市主题文化内涵。

很多海洋旅游城市在品牌化建设过程中过于追求速度,忽视无形的文化

遗产,忽略城市的发展历程,导致城市精神文明的衰落。就天津滨海新区而言,地处在海河流域下游,拥有海岸线 153 千米,海域面积 3 000 平方千米,具有浓厚的文化背景及地域优势。然而,滨海新区在品牌化建设过程中,一些重要的文化积累不够深厚,如渔民文化及渔民风俗的地域特色文化等。还有一些海洋城市旅游一提到城市品牌建设,就将其理解为建设度假区、建设休闲游乐场、建设主题公园等,片面地认为有了旅游设施就是品牌建设,割断了城市品牌建设与城市旅游文化的关系,对城市旅游文化挖掘深度不够,不能将文化渗透到城市品牌化建设中去,削弱了文化在城市品牌建设中的力量。

(二) 海洋城市旅游文化内涵缺乏塑造

旅游城市品牌价值应注重其应有的文化内涵。旅游城市品牌是一个特殊的产品,在资源共享的前提下,同一线路产品其文化含量注入多与少就形成产品层次的高低之别。从竞争的角度看,第一层次的竞争是最原始、最普遍的竞争手段,即价格竞争;第二层次的竞争是质量的竞争;第三层次是文化竞争,也可以说是最高质量的竞争。创立旅游城市品牌,就必须注重文化内涵的加深,让品牌产品具有厚重的文化底蕴,进行文化竞争。例如,同一条旅游线路,可文化内涵深一些,导游水平高一些,同一星级的饭店产品地方性、民俗性的含量多一些,通过文化内涵抓住旅游消费者的求异心理。同时,也可以强化底蕴浓厚、特色突出的文化资源,打造文化品牌。清明上河园是我国中原地区的文化主题公园,是以弘扬北宋优秀文化为主体的新建旅游区,它以《清明上河图》为蓝本,融入独特浓郁的北宋文化风味和氛围,再现了这一千古名画,是充分挖掘文化内涵、创文化品牌、变资源为效益的成功典例。

城市化进程的加快及滨海旅游业的快速发展,使得塑造城市品牌文化内涵显得越来越重要,对提高内部凝聚力、增加外部吸引力具有不可忽视的影响。但是,由于对城市品牌文化内涵的认识水平较低,我国许多城市盲目攀比的现象比较严重。有一段时间国内各城市之间就城市建设的问题互相交流、参观之风盛行。这种交流学习往往没有注意对方品牌建设的文化内涵与思想,忽略了城市的灵魂。而真正具有个性的、深层次内涵的城市必须挖掘、提炼和弘扬城市竞争能力的灵魂和核心价值——城市旅游文化,包括物质文化(即城市建设和产业链)、制度文化(即规范制度和公共政策)、精神文化(即城市价值观和人们的行为方式),三者必须有机统一。

(三) 海洋城市旅游文化内涵不受重视

海洋城市旅游品牌价值的竞争本质上是文化的竞争,文化因素成为旅游城市经济发展的决定性因素。在旅游活动中,旅游者物质方面的需求是较低级的需求,易于满足;但是其最终目标是精神文化方面的需求,属于高级而复杂的需求,较难满足。由于各地域、各民族的文化差异性,往往一个地域、一个民族的文化很难模仿和复制,可比性较低,易于创出自己的特色和品牌,形成发展旅游强有力的竞争能力,文化中所带有的民族和地域的独特信息,往往是不可再生也是不可替代的。突出旅游文化特色,形成区域间文化特质,是培植旅游经济核心竞争力的关键。随着旅游开发逐渐向深度发展,文化像一只无形的手支配着旅游经济活动,只有通过文化创新才能保持旅游经济长远发展。

旅游者通过旅行活动,了解到旅游目的地的文化,同时也将自己本地区的文化带给了旅游目的地的居民,传播和交流了两地的文化。同时,为了吸引旅游者,旅游目的地也日益重视文化资源的开发和保护,这对于文化的发展无疑有着积极的作用。但由于存在行业政策规定,优秀旅游城市的称号只能源于《中国优秀旅游城市检查标准》的评定,这致使许多旅游城市只是一味参照此标准去发展城市旅游,结果搞成了无主题、无特色、无文化的多样化发展。很多地区本身旅游资源并不优质,而是借助于该区域内某些景点的拉动,使其旅游职能获得较大发展,于是通过了优秀旅游城市评审。但其决策者却把该城市当成极具旅游吸引力的旅游目的地城市来开发,集中全力开发城市旅游产品,而忽视其区域旅游文化内涵的打造,结果是城市旅游吸引力没增加,城市区域旅游的旅游功能也没突出出来,失去了其自身文化特色,走向平庸化道路。2009年,国家旅游局停止组织创建中国优秀旅游城市、中国旅游强县的验收和命名工作,表明这项工作对我国旅游发展并未起到应有的作用。

四、品牌传播存在误区

(一) 城市品牌传播缺乏系统规划,稳定性差

城市品牌传播需要对传播媒介和传播内容进行系统的整合,是一个系统持续的过程。凯文·莱恩·凯勒在《战略品牌管理》中也提到强大品牌的八个特征之一就是"在任何时点上都坚持以连贯的形象出现"。国内很多海洋旅游城市为追求短期利益,对城市品牌传播缺乏长远规划和系统分析,使品牌传播缺乏连贯性和系统性,不利于旅游者留下印象。如上海在城市品牌传播中不断更换主题,令旅游者无所适从,并且在品牌传播过程中忽冷忽热,缺乏连贯性和稳定性。因此,只有把城市品牌传播作为一个长期的、系统的、有针对性的工程,配合城市品牌定位进行整合营销,才能打好城市品牌传播的攻坚战,不然城市品牌只能变成城市招牌,不能发挥实际作用。

（二）城市品牌传播形式单一，缺乏特色

城市品牌传播的主要目的是传播城市的历史文化、民族特色、风景名胜等个性特色，在激烈的旅游城市竞争中脱颖而出。自威海市为发展本市旅游业利用广告传播成功吸引了旅游者之后，很多海洋城市旅游就过度效仿，相继拍摄了各自的品牌广告。这些广告流程相近，大多都是简单地描述城市主要的自然景观、标准建筑，简单拍摄城市居民的生活状态、城市美食之后就对城市夸张宣传，注重视觉效果，轻视理念的传达。

在城市品牌形象方面也存在同质现象，如各海洋旅游城市的纪念品的制作都是以贝壳和海产品为原料，缺乏个性，不能给游客带来新鲜感，甚至会给旅游者带来反感。

（三）片面地把城市品牌战略管理理解为城市形象的传播

现今各个城市的宣传意识已经大大加强，在各大媒体投放形象广告是塑造城市品牌最常见及效果较好的做法，但不能误以为传播是城市品牌战略管理的全部，其实城市的宣传工作只是品牌建设的手段之一。根据品牌的定义，品牌存在的真正领域是受众的头脑，受众对于某一地理位置的全部体验才是品牌。宣传或者说传播活动通过对目标受众的认知进行影响，从而为整体体验的形成起到一定的作用。城市品牌建设过程是在城市品牌战略的指导下，通过管理城市与受众接触的每一环节以形成整体体验的过程。如果城市的宣传工作不是在品牌战略的指导下进行的，宣传的内容以及宣传的口径与整体品牌规划并不一致，那么这种宣传工作做得越多、投入越大，其负面效果就越明显，这样反而会对城市品牌建设的步伐形成阻力。

（四）忽视和缺少城市整合营销沟通战略规划

目前国内许多城市只注重外部宣传而不注重城市内部的认同，对城市品牌形象的传播工作仅仅停留在一两句宣传口号、摄制几段宣传片上，不做系统的筹划，对传播的范围、媒介的选择、受众的特点也不进行科学系统的分析研究，传播十分随意，最终变成了"信天游"。同时，城市品牌的确立有许多方法可供选择，目前国内城市品牌宣传大多停留在一般的"点"上宣传，而忽视和缺少城市整合营销沟通战略规划。诸如有的城市从卫生城市创建入手（如江苏的连云港）宣传和树立城市品牌；有的从某一重要的公关事件出发（如博鳌小城就借助"博鳌亚洲论坛"进行宣传）；有的从电视形象广告切入（如昆明城市旅游形象广告）等。目前央视每天轮番播出的城市形象广告多达几十个，在旅

游黄金周之前广告投放量更是成倍增加,一些中小城市也相继加盟,大有一分高下之势。但是这种"点"式的城市的品牌宣传与推广仅仅是城市品牌塑造的初始切入点。这些方式方法在一段时间内虽然有效,但过了一定时间之后往往无法持续,因而不能形成连续的、紧紧围绕城市品牌理念的传播沟通手段,即缺乏城市品牌传播沟通的整体战略规划。城市品牌塑造的科学流程应该是:把塑造城市品牌作为一个长期的战略,从城市定位做起,制定城市发展战略,进行城市功能和规划设计,制定城市营销规划和城市品牌整合营销沟通规划,最后进行和完成城市品牌的塑造。

城市品牌宣传应该在城市营销规划中进行。在城市整体营销规划中,针对品牌的整合营销沟通还应该制定相关的城市品牌整合营销沟通计划。一般来说,城市营销战略规划主要包括:城市营销规划概述,包括形势分析、营销战略目标、营销战略和预算;城市营销形势分析,包括城市营销现状、城市自身(历史、声誉、实力与弱点等)、城市产品或服务、城市营销市场分析、竞争状况、城市营销传播、城市营销环境、城市经济社会发展战略等;城市营销目标;城市营销战略;城市营销运行方案;城市营销评估、回顾与控制;城市营销预算;附件,如调研报告等支持性文件材料。

首先,充分认识城市品牌建设的艰巨性和长期性,真正将品牌营销理念引入城市品牌建设中。城市品牌的目标、核心以及品牌识别、体验、规划建设等确立之后,要避免在短时间频繁变动。因为,城市品牌建设具有连续性和一贯性,不可能是一届政府和一届班子的政绩工程,当我们明确了城市品牌核心之后,就必须开展全方位、多层次的建设,对政府官员、企事业单位人员、市民的行为进行引导和规范,以体现城市的价值观。一些城市的城市品牌在创设初期往往得到全面支持和重点呵护,但在政府换届后,又往往草草收场或偃旗息鼓。所以,要避免在城市品牌推广的一开始轰轰烈烈、一阵风之后又虎头蛇尾的现象。要把城市品牌贯彻于城市建设及发展的方方面面。无论是市政建设、基础建设、市容市貌还是环境保护、旅游产业的发展、城市旅游文化的树立等,都需要城市品牌战略的指导,都需要通过城市最高管理层对资源进行整合,对部门进行协调,把城市品牌建设当作市委市政府的核心战略工作来抓。

其次,品牌设计固然重要,品牌的传播推广、宣传更具有现实意义。城市品牌传播有两个方面,一是对内传播,即针对城市市民进行的传播,动用各种力量,运用各种资源,通过广告、公关、节日、活动、会展、会议等多种方式的充分传播,明晰城市品牌内涵,累积、强化品牌拉力,增强市民的认同感,提升市民的自豪感,尽情释放城市魅力,使城市品牌通过宣传深入人心。二是对外传播,促使投资者、旅游者、上级政府和外地民众对本城市品牌的认知,促进品牌偏好。"城市营销就像谱写一曲城市乐章,或宛转悠扬或雄浑高亢,贵在传达动人的主题意境。努力发挥创造力,让一个个跳动的音符汇成一首优美乐曲。"通过不同的传播手段,使不同的媒介形式统一于相对一致的主题上,才能达到城市营销的目标。

目前,城市之间的互相交流、参观学习之风盛行,然而这种交流往往没有学习对方品牌化的精髓,而是只生搬漂亮的建筑,导致了很多城市的同质化。很多城市特别注重城市外在物质表现的宣传,在市政建设、公共设施上大做文章,却忽略了品牌文化内涵和文化理念的凝练与提升,品牌宣传缺乏感召力和吸引力,既无法得到城市多元主体(市民、企业、非政府组织等)的普遍认同,也不能很好地起到引领城市发展的作用。再次,既要在意城市的历史,唤醒城市的记忆,又要追求城市创新。充满活力与创意的新元素在塑造城市品牌中通常起着以小搏大和事半功倍的效果,在沿袭传统文化的同时,不断注入现代文化的活力与新意,是城市发展的必由之路。城市品牌建设的终极目标是创造和提升城市价值。所以,城市品牌建设要根植于城市产业,重视经济基础培育,以战略的眼光发展优势产业,以产业品牌推动城市品牌,以城市品牌拉动产业品牌。

五、市民参与性低

如今,城市品牌建设在国内城市已经活跃起来,大连、青岛、杭州、厦门和深圳这些海洋旅游城市的城市品牌已经形成,并在旅游者心目中树立了较高的知名度和美誉度,但是这些成果主要是依靠政府的作用,城市市民很少参与。如从2013年中国城市品牌建设与投资发展论坛中可以看出,参加论坛的基本上是政府组织和各科研院校的代表,只有极个别的优秀企业代表,这说明目前城市品牌的建设还停留在政府主导、企业冷淡的状态。

市民自身的素质同样代表着海洋城市旅游的品牌价值和形象,塑造高品行的市民形象,提高市民的素质,同样能够反映一个海洋城市旅游的精神文化风貌,是海洋城市旅游的精神品牌,也是品牌建设的重要内容。一个城市必须具备一种精神、一种催人奋发的精神。人民群众是塑造城市精神的主体,是城市精神长盛不衰的动力。居民素质的提升,企业精神、文化的发展、政府形象的改善和干部队伍建设都属于城市精神建设。城市精神也是城市发展的软环境,包括城市管理、市民素质、法制意识、人文精神等方面的体现,需要长时间的培育和引导。

城市文化是长期积淀形成的,是由城市居民共同创造的,因而人们对其有认同感和归属感,城市文化能调动他们的积极性,产生巨大的向心力和凝聚力,并起到显性激励和隐性激励的作用,进一步促使城市文化深入人心,强化市民的服务意识。一个好的城市品牌对于本城市的居民具有鼓舞作用,使他们油然而生一种自豪感。例如,在我国,多少年来,人们传颂"上有天堂,下有苏杭",说的是苏州和杭州自然文化资源的独特性。而苏州和杭州很少有人嫌弃本市而想外迁的,这就是因为有了"人间天堂"这个品牌而大大增强了凝聚力。通过富有个性的城市理念传播,城市文化建设及城市品牌形象的塑造,会把市民的精神凝聚到城市发展这一中心上来,增强居民的参与意识,并进而营造出人人为城市发展做贡献的良好气氛,推动城市的发展进步。

一座城市的市民生活素质,反映了这座城市的发展程度和水平。悠久的历史文化,给予人文精神基础;而现代科学技术文化的发展,给予人文精神的动力。必须要通过加强宣传,开展丰富多彩的社区文化、广场文化和全民健身活动,不断丰富精神文明建设,激发市民热爱家乡、关注城市发展、保持城市卫生、支持并参与城市建设与管理的热情。在文化方面,强调学习和交流,建立世界范围内的学习和交流中心平台。与此同时,还要积极树立学习风气,加强与外地的联系和交流,塑造一个积极进取、不断学习先进文化的城市,才能克服中国传统文化的糟粕,进一步提升城市居民的社会意识和人文素质,促进城市整体素质的提高,促进城市品牌向更高层次发展。一般说来,市民生活素质包括个人的受教育水平,是否健康的生理、心理,道德水平,是否丰富多彩的文化生活方式等方面,生活素质决定了市民所具备的视野,也决定了一座城市的总体文化品位的高低,这一切都是构建城市品牌的关键要素。显而易见,要提高市民的生活素质,文化建设在其中起到了根本性作用,这既依赖于普遍有效推行的基础教育和高等教育,也依赖于总体性的社会文化的发展,从而为居民的智力成长和知识底蕴提供基础性的支持,同时也能使人们在社会生活的主要方面形成共同的价值观并在精神上得到提升。

文化在提升城市居民的审美情趣、文化品位和生活素质的同时,还大大有助于强化城市居民对城市的认同、塑造城市文明风气、影响城市的生活方式,有助于良好社会风气和健康生活方式的形成。要进一步提高城市品牌的凝聚力,以文化凝聚人心,陶冶市民情操,提高城市文明程度,使城市居民积极为城市建设和发展做贡献。

居民既是城市品牌塑造的主体,也是城市品牌的受众者,在城市品牌建设中发挥不同的作用,如果城市品牌建设中忽视了居民参与的积极性,就会使城市品牌引起相关质疑和争议,造成城市品牌发展的失败。但在有些海洋旅游城市的城市品牌建设中市民很少参与,在城市品牌传播过程中更是如此,城市品牌还没有得到内部市民认同的情况下,就急于对外进行宣传,这虽然使城市在外界树立起良好的城市品牌,但本市公民对城市品牌却不是很认同,会导致城市品牌建设陷入尴尬境地。

第三节 品牌化发展中存在问题的原因分析

我国海洋城市旅游品牌化建设过程中存在的普遍问题是由多方面的原因造成的,有政府的原因,有经济发展状况的原因,有旅游资源开发深度的原因,也有人才缺失的原因,归结起来,主要有以下几个方面。

一、海洋城市旅游品牌化发展观念片面、滞后

相对于国外海洋旅游城市来说,我国海洋城市旅游品牌建设起步较晚,城市品牌化发展观念滞后。21世纪初,虽然国内有一部分海洋旅游城市已经在城市品牌建设中取得了优异的成绩,如"帆船之都"青岛、"浪漫之都"大连、"世界休闲之都"杭州、"世界花园城市"深圳,但是我国有53个海洋旅游城市,除了青岛、大连、杭州、深圳之外,还有秦皇岛、连云港、宁德、汕头等其他海洋旅游城市,这些城市品牌化发展的系统工作还没有完善,处在城市品牌化发展的初级阶段,虽然部分城市已经将城市品牌化发展作为城市发展的战略性决策,但是品牌化发展的观念滞后,导致战略性决策还没有完全实施。

(一)片面地把塑造城市形象理解为城市品牌的塑造

目前以会展经济、旅游经济为城市品牌基础的大中型城市普遍存在一个误区,就是简单地将市政建设、星级宾馆的兴建、交通道路的改善和城市绿化同品牌建设画上了等号,只单一追求城市基础设施等硬件方面的建设,而没有全面考虑城市的社会、经济、历史、文化等诸方面的因素,认为搞一两项工程、开发几个住宅小区、建几个中心广场就是塑造城市品牌。这样的理解不仅表面化,而且会将建设城市品牌的活动引入大兴土木、大搞"形象工程"的城市建设的误区,这就改变了塑造海洋旅游城市品牌的性质。

(二)以经验管理为主创建城市品牌

品牌运动是指一个品牌的自我建设和发展过程,它从某一个基点开始,通过对城市品牌因素的外化、延伸等方式,从弱小走向强大,从单一走向多元,从

地区性品牌走向全球性品牌。每个城市品牌都有其自身的生命运动形式,但在品牌运动模式的不同阶段会有较大的差异,具体表现在城市品牌经营模式、管理模式、传播与沟通模式以及危机公关处理模式等方面。正是因为不同的城市品牌运动模式的差异性,才最终形成了不同城市品牌的特殊识别体系、特殊价值体系和特殊的与城市品牌受众之间的关系体系。由这三大特殊体系形成的总体差异性才成为城市品牌的不可替代性和其独有的运动模式。但是,从目前我国城市品牌创建的现状来看,许多城市的品牌创建缺少城市品牌运动模式的深入研究,没有找到适合城市自身的城市品牌运动模式,因而还基本停留在对品牌的经验管理阶段,具体表现为模仿多于创造,感性多于理性,对城市品牌的理论研究明显滞后,致使城市品牌管理实践缺乏理论指导,从而影响了城市品牌的塑造与提升。

城市存在于一定空间区域内,并在这一区域中担负着区域分工的角色,而且随着区域政治、经济、文化乃至技术等因素的变化以及城市内部因子的变化,区域内一些城市的角色也必然会随之发生变化。如果仅仅从一个静态的角度研究城市品牌,就会影响城市品牌的提升。按照城市经济学的相关理论,城市是各种社会经济活动在地域上的结合点,是地域空间组织的中枢,其三大产业结构的演变内在地决定着城市的发展阶段。在三大产业中,工业和服务业是城市发展的主体,其地域分布特征直接影响城市体系变化。在城市区域空间结构的分析中,也是主要分析区域内城市经济结构,以确定城市发展阶段。由于目前国内不同区域内的城市经济结构不同,城市经济社会发展水平相差悬殊,因此,客观上也决定了城市定位与城市品牌创建的不同。有的城市还处在低级均衡发展阶段,即处于准封闭式的以农业为主体的经济发展低级阶段;有的城市处于极核发展阶段,工业超过第一产业,经济发展在空间结构上表现为非均衡状态;有的城市处于点轴发展阶段,经济发展已经达到或接近工业化,在第二产业为主的条件下,相应推动了第三产业的发展;而处于高级均衡发展阶段的城市,其第三产业超过第二产业处于后工业化阶段。许多城市在品牌创建中相互模仿,处在不同经济发展阶段的城市之间实施相同的城市品牌战略,从而客观上决定了一些城市品牌的创建脱离了城市自身的客观条件。诸如一些经济发展条件较差的沿海城市,一味搞滨海大道、现代化海洋主题公园等,既浪费了大量的财力,也不利于创建适应城市自身发展的城市品牌。

(三) 照搬其他城市的品牌模式

品牌模式化最典型的表现就是旅游城市建设中的大广场和大绿地之风。

很多旅游城市一味照搬大连和昆明的旅游城市建设模式,大建大广场和大绿地。实际上,旅游城市不仅需要把旅游作为一个产业来发展,而且要把城市本身作为一个中心目的地来发展,不能一味地模仿。另外"吃、住、行、游、购、娱"是现代旅游的六大要素,也反映了旅游者的多方面需求。旅游是一种高层次的物质、精神享受,如果让旅游者在模式相类似的景区进行旅游,则不仅无法满足旅游者求新求异的心理需求,久而久之还会使其对品牌模式化的景区产生厌倦,从而不利于景区的市场培育与发展。

(四)误把品牌化建设等同于景区建设

目前存在这样一种认识误区,认为品牌化建设等同于景区建设,只要开发出一个好景区,这个城市的市场形象和地位就树立起来了。实际上,在创建旅游城市过程中,如果忽视城市整体定位及城市其他功能与旅游功能间的关系,将致使宾馆、酒店等硬件服务设施的大量过剩,造成片面强调景点建设而忽视城市旅游的整体功能和城市本身资源的后果。旅游城市建设不仅涉及城市的品牌问题、城市发展的综合问题,而且还涉及城市的国际化和现代化发展水平等问题。城市旅游的发展,不但要开发景区,而且应特别注意培养城市本身其他旅游配套设施的建设。在城市发展过程中应强调从"城市旅游产业"到"全域旅游城市"的转换,所有相关因素都应该与其配套。

二、旅游资源与城市品牌整合深度不够

(一)与城市品牌建设整合不够

旅游资源内涵发掘与城市品牌塑造,就是要在城市建设过程中进行积极的探讨,将旅游纳入城市的品牌建设中,并在城市综合发展的道路上积极地发展旅游事业,在城市建设中不断挖掘旅游资源文化内涵,来完成城市品牌的创建。

城市是旅游的重要目的地。它本身包括了重要的旅游资源,很多城市的发展过程中都对旅游业有了新的认识,以其优越的商务购物环境、方便的交通、发达的科技、完善的信息、独特的地方文化、现代的建筑风貌等,不断吸引游客前来观光,从而更好地促进旅游业的发展,使很多城市都成为有名的旅游地点。从这个意义上来讲,就要求我们要把城市本身作为旅游地点来建设,在发展城市的同时还要不断加强城市的品牌建设,打造城市品牌。

在城市环境建设方面,很多城市的建设管理和规划都还存在着一些弊端,比如说城市人口急剧增长,就会引出许多现实问题,这对城市环境建设产生很

大影响,而人们对城市环境的改善要求也越来越高,因此,旅游资源文化内涵发掘与城市品牌建设的策略,不仅是城市发展的硬性指标,还是当前城市综合实力发展的要求。加强城市的发展和建设,不但可以创造出更好的旅游环境,也可以对城市居民以及社会经济的发展起到促进作用。

城市多元化是当前人类发展的一个必然趋势,城市的多元化才能形成独有的文化主题,才能形成综合价值链,通过旅游资源的深度开发,更好地塑造城市品牌形象,促进城市历史文化的挖掘和保护,带动休闲产业、创意产业、商业等综合业态的发展,提升城市品牌。

(二) 与城市品牌塑造整合不够

通过挖掘旅游资源的核心文化,使之成为城市主题文化,塑造城市品牌。如此一来,一方面,大幅提升了城市特色文化定位的精准性;另一方面,为实施城市发展战略规划奠定了基础。与此同时还提升了城市特色发展的可行性和精确性。这不但为城市发展指明了方向,更重要的是大大提升了城市战略规划的可操作性和可执行性,把涵盖了城市愿景和目标等的诸多要素结合在一起,实现了文化系统、旅游系统、经济系统、教育系统、景观系统、建筑系统的完美结合,使整个城市动中有静,建筑和景观相得益彰,旅游资源的价值也得到了充分的体现。

任何一个城市都包含着形形色色的信息,要彰显出这个城市的品牌,首先就必须明确这个城市的旅游资源文化主题,这样才能充分发挥出城市的潜质。这种潜质是一种独一无二的符号,有了这种符号,人们对该城市的印象会大大加深,使人们能在短时间内对该城市的主体内涵进行判断和选择,从而推动城市的发展,更好地促进旅游资源的健康发展。

城市主题文化的构建同该城市所拥有的特质资源是密切联系在一起的,利用对城市所拥有的特质资源进行发掘以及培育,并在经济全球化的要求下,和城市本身所具有的特色相结合,将城市所拥有的比较优势充分地发挥出来,从而让城市在全球经济一体化背景中,实现差异化的发展,并确保城市所具有的核心竞争力得到有效的提升。城市特质资源会随着城市经济的飞速发展而不断变化,这实际上是城市特质资源的规模不断发展壮大的一个过程。如果经济一直停滞不前,那么城市的特质资源就无法产生乘数效应。这种效应一开始会出现在城市资源的增长过程中,然后以城市主题文化系统为依托辐射城市经济。城市主题文化在城市空间上形成的特质资源,成为协调城市经济活动空间的重心,对规划城市经济活动空间分布产生强大作用,城市就在这样的情况下得到了长足的发展和进步。城市中的主题文化除了是一种旅游资源之外，也是经济增长最有效的培育和发展途径，城市主题文化实现了城市特质资源与经济增长的完美融合，使城市特质资源成为促进城市经济增长的"助推器"，最终有效地推动了城市经济的发展。

（三）与城市品牌定位整合不够

城市品牌形象定位的变动性较大，缺乏科学的资源评价和深度的资源开发，即便是意识到资源对城市品牌发展的重要性，很可能因为没有相对相应的资源进行深入的开发和管理，造成城市品牌知名度和名誉度不够，城市品牌发展遇到阻碍。总之，城市品牌的塑造必须以优秀旅游资源为前提，旅游资源的开发和整合深度不够会在一定程度上阻碍城市品牌的发展。海洋城市最重要的旅游资源为海洋资源。对资源利用不够充分，就会形成旅游吸引物不足的负面影响。海岸线漫长且曲折的海边城市，海产品类型丰富多样，产量高，品质好，备受顾客青睐。因此，拥有丰富海鲜产品的城市，可以借用特色海鲜美食的吸引力打造城市品牌。但是许多海洋旅游城市没有充分利用丰富的海产品资源，特色海鲜美食种类单一，相邻的海洋城市呈现给游客的海鲜美食几乎一样，不能凸显当地特色。另外，关于展现当地海洋文化的博物馆、民俗馆较少，每年举办的涉海节会活动种类少、规模较小、知名度较低，影响了游客对该城市品牌的整体感知，不利于城市品牌的长期发展。例如，福州的海滨观光指数很高，海产品的种类也相对较多，但是重大涉海节会活动却非常少，公共场馆数量也相对较少，福州在发展海峡旅游的同时，应该注重滨海旅游资源的发掘和利用，为城市滨海旅游的发展注入长足的动力。除此之外，上海对滨海旅游资源的利用也不是十分充分，有待进一步改善和提高。

我国的53个海洋旅游城市，大都山海相拥、风光秀丽，旅游资源丰富，集名山、名海、名水、名滩、名石等优秀资源于一地，为城市品牌发展奠定了重要基础。但是当前很多海洋旅游城市的旅游资源开发程度不是很高，开发规模小、整合能力差，旅游城市品牌市场化面积小，再加上缺少创新，使很多城市的优秀资源未得到充分的体现。从总体上来讲，我国很多沿海旅游城市处在"一流资源、二流开发、三流品牌"的低端发展状态。宁德、莆田、连云港等其他海洋旅游城市在资源的开发和整合上同样存在深度不够的现象，比如宁德与厦门、福州、广州等海洋旅游城市相比，城市品牌的知名度和美誉度之所以相对较低，在很大程度上是由于旅游资源开发深度和档次上存在较大差距，主要表现为旅游资源开发还停留在传统意义的组合上，参与性程度低，特色旅游产品少等。

（四）与城市品牌创新整合不够

为了构建一个完善的海洋城市旅游品牌价值建设系统，就必须把创新工作落实到城市的各方各面，包括景观、建筑、教育、文化与经济等，尤其是旅游资源的创新，这样，才能切实提高旅游资源的利用率，充分发挥旅游资源的优势。不仅如此，还要在微观层面上引入宏观战略，做到统筹兼顾，实现产业的集群。著名的城市区域经济学家帕斯卡尔·马拉加尔曾指出，随着人类社会的不断发展与进步，城市将成为区分不同国家的主要依据。在全球经济、文化一体化的过程中，城市主题文化成为一国综合实力的表现。世界上那些知名的城市都是采用什么方法进行定位的呢？比如，毕尔巴鄂（艺术之都）、慕尼黑（啤酒之都）、伯尔尼（钟表之都）、爱丁堡（艺术与文化之乡）、硅谷（软件之乡）、威尼斯（水上城市）、佛罗伦萨（绘画与雕塑之乡）、鹿特丹（港口之乡）、日内瓦（会议之乡）、洛桑（酒店业与体育业的聚集地）、海德堡（一流大学的聚集地）、沃尔茨堡（汽车之乡）、苏黎世（金融业的聚集地）、达沃斯（论坛聚集地）、里约热内卢（狂欢之乡）、维也纳（音乐胜地）、洛杉矶（一流导演的聚集地）、罗马（古建筑之乡）、汉诺威（会展之乡），等等。由这些城市的称谓不难看出，人们都是以当地特色旅游资源文化作为依据和参考，定位城市主题文化，塑造出城市独有的品牌。

目前，很多城市建设者还没有根据城市的特质资源、旅游资源文化内涵、城市主题文化来建立城市品牌价值的意识，这就是为何城市品牌营销总是无法达到城市品牌系统营销目标而流于形式的原因所在。应将城市的文化和城市的主题文化融合在一起，并逐渐形成一套以城市旅游文化中的各个系统为支撑的城市品牌，最终带领城市品牌营销走上一条高端化、全面化、系统化的道路，在城市主题文化的艺术系统、城市主题文化的活动系统、城市主题文化的文化系统、城市主题文化的新闻系统、城市主题文化的旅游系统的支撑下，全面实现城市品牌视觉化、明确化、鲜明化、深植化、特色化的目标。

三、海洋城市旅游品牌建设周期跨度过大

（一）脱离实际，定位超前

城市品牌定位来源于城市竞争力。首先，目前许多城市没有客观分析城市竞争力所在，城市品牌定位过于超前，结果"欲速则不达"，丧失了发展机会，并造成了巨大的损失和浪费。例如，南方某市本应以发展产业为核心，但由于过分强调环境，基础设施投资过多，这不仅没有促进产业发展，反而提高了产

业发展的成本;华北某市现有人口不到 30 万,却在城市规划中决定要将该市建成"华北平原中心城市""一个新兴的国际大都市",这种定位显然是不符合实际的。第二,反复无常,摇摆不定。目前,一些城市品牌定位缺乏科学性,在缺乏深入的调查研究和科学论证的条件下,定位时领导主观意志化,同时因领导更替等原因反复变化,这不仅浪费了资源,而且还丧失了许多发展机会。例如,一些城市一年一个定位,有的城市一任领导一个定位。第三,目标模糊,定位不准。定位问题十分复杂,或者由于区域内城市体系比较复杂,或者由于区域行政因素的原因,或者由于主观认识上的问题,在中国有不少城市品牌定位不清楚。定位目标模糊、政府导向不统一,必然导致城市产业和城市建设以及城市品牌塑造没有特色。

(二) 急于求成,缺乏产业支撑

城市品牌塑造缺乏产业支撑,是我国城市品牌塑造中存在的重要问题之一,城市品牌建设的终极目标是创造和提升城市价值。所以,城市品牌建设要根植于城市产业,重视经济基础培育,以战略的眼光发展优势产业,以产业品牌推动城市品牌,以城市品牌拉动产业品牌。城市品牌塑造认识的滞后性和城市竞争意识的严重缺乏,导致了国内许多城市将城市品牌塑造肤浅地理解为城市的美观漂亮,过分注重城市建筑、街道、宾馆、文体设施等基础设施建设方面的硬件打造以及追求建造标志性的建筑,多数城市未能以战略眼光看待自身的发展,没有将城市品牌与自己的优势产业结合起来,没有将重点放在培育知名产业、品牌产品、优质服务和优势产业、提升管理素质上,从而缺乏坚实有力的主导产业基础,这是中国许多城市的品牌形象十分苍白、缺乏血肉、知名度不高的主要原因。

(三) 盲目复制,百城一面

城市品牌视觉设计要素严重雷同、城市品牌塑造个性不足、相互抄袭和克隆建筑模式,风格与创意成为中国城市建设及品牌塑造的最大败笔。如青岛栈桥是旅青游客最喜欢的景点,常年游人如织,而仿建的烟台栈桥尽管号称我国最长的海上栈桥,却是人迹罕至。各个城市之间由于"形象工程"大都集中在城市规划、绿化、发展旅游资源几项招数上,而且,往往是一个城市在某方面有了名气,就会迅速掀起全国各地"取经"的热潮,城市与城市之间的观摩学习带来的结果是品牌视觉形象的雷同。不少城市刻意模仿建筑式样,片面追求高、大、新、奇,导致城市形象同质化;在推倒重来的造市运动中,古老建筑被千篇一律的高楼大厦所淹没。"特色危机"正成为中国城市品牌塑造的致命

"杀手"。

(四) 规划欠缺,政策不一

城市品牌建设是由政府根据专家的论证结果,结合城市市民的意见,经过多方面的协调而得出的方案并进行统一规划的一个过程。但是很多中小海洋旅游城市的城市品牌建设未进行统一规划,政府根据主观意愿进行活动,并在品牌建设过程中由于任务分配不均和利益关系的复杂性,使相关部门之间的协作工作存在一定的难度。所以,从政府层面上来看,海洋城市旅游品牌建设工作尚未形成正规的工作系统,缺少统一规划和整体协作。相关部门之间联动意识、合作意识不强,单打独斗现象明显,常态化的协作机制没有真正形成。有的地级市政府对城市品牌建设工作重视不够,意识不强,没有把品牌建设摆到提高城市竞争力、促进城市经济社会发展的高度加以对待;有的却把城市品牌建设工作片面理解为追求形象和经济效益,简单地制订城市品牌建设计划,缺乏长远规划和政策扶持,这也是导致城市品牌建设出现问题的原因之一。

随着城市品牌建设之间的激烈竞争,大多数海洋旅游城市政府都相继出台了一系列推动城市品牌建设的相关政策措施,但在政策措施的系统性、全面性、保障性和执行性等方面还有待改善。比如,对城市品牌建设起推动作用的旅游企业或旅游项目在技术改造、资金扶持、科研立项等给予优惠政策,对城市品牌的宣传工作给予便利等。城市品牌建设的推广时间长,相关政策的扶持至关重要,部分海洋城市旅游就是由于相关政策的欠缺,使得城市品牌建设未能取得良好的效应。

四、海洋城市旅游品牌建设资金缺乏,阻碍城市品牌发展

城市品牌建设是城市发展投资的一个过程,城市品牌的塑造、传播与经营离不开雄厚的经济实力。各海洋旅游城市之间经济实力的大小对于城市品牌建设步伐具有重要作用。城市经济的发展主要表现为城市国内生产总值、人均财政收入、人均可支配收入的增加以及城市竞争力的提高。城市竞争力的提高使城市在国内外旅游市场竞争中处于优势地位,能吸引更多的投资和技术,为城市品牌建设提供重要保障,提升城市品牌形象。就我国首批沿海开放城市之一的大连市而言,城市品牌建设走在了中国城市的前列,成为国内城市品牌建设的成功典范,通过吸引国内外投资者前来投资发展,经济发展水平不断提高,成功塑造了"浪漫之都"的城市品牌,吸引了不少国内外旅游者前来观光游览、休闲娱乐,旅游收入也不断增加。当然,各海洋旅游城市之间综合经

济发展水平的不同,对城市品牌建设的步伐也有一定的影响。

五、旅游品牌建设人才短缺

海洋旅游城市品牌化发展出现问题的关键原因之一是城市品牌建设人才缺乏。城市的发展历史已经证明,要想一直保持增长和发展的趋势,其关键在于城市吸引人才、技术和资本的能力。其中,最关键的是人才。因为人是创造和创新的最主要的原动力,技术和资本为人的能动力的发挥提供技术和资本支持,而这些的实现,主要是城市的独特性——即城市文化的发展和保持。城市文化是否开放兼容、是否适宜创业发展、是否让人们安居乐业,成为城市能否吸引人才的关键。一个环境优美、秩序优良、富有活力的城市,会在人才竞争中居于优势地位,进而对各类人才产生强大的吸引力。

品牌价值较高的海洋旅游城市能够对人才形成吸引力,但众多专业人才中,专注于品牌价值建设研究的人员相对较少。海洋旅游城市品牌建设是一项系统工程,从城市品牌的规划设计、城市品牌的定位、城市品牌的传播管理到政府政策措施的扶持,都需要进行大量的研究工作,需要专业化的城市品牌规划设计人才和专业化的城市品牌传播推广人才。现阶段海洋城市旅游品牌建设比较成功的城市,基本上都有自己专业化的设计推广机构和完整的城市品牌服务体系。但是国内许多海洋城市旅游品牌化发展的服务体系和推广机构还没有真正建立起来,专业化水平较低,严重制约了部分城市的品牌化发展。

整体来看,我国各类从业人员较多,有经营型人员、服务型人员、管理型人员、策划型人员。但从从业人员的比重来看,策划型人员较少,真正懂得城市品牌规划设计的人也不多,整体素质偏低。城市品牌形成是长期的工程,在这个漫长的过程中,尤其是后期管理与维护,对人才要素的需求显得极为迫切。这主要是因为我国在改革开放之后才进入城市品牌策划的起步阶段,从事城市品牌策划的时间不长,大部分城市品牌策划人员还处于学习和探索阶段。这些少数的城市品牌策划人员往往分布在经济较发达的城市,专业人才的不均匀分布,也导致了部分城市专业人才的缺乏,阻碍了城市品牌化发展。

六、海洋旅游品牌之间竞争激烈

国内海洋城市滨海旅游业赖以生存和发展的旅游资源共性大,差异性小,在城市品牌竞争中可替代性强。随着滨海旅游业的繁荣发展和城市化进程的加快,城市品牌建设面临着激烈的竞争。为了在激烈的竞争中取得效应,一些虽然旅游资源丰富，但在经济发展水平、基础设施建设、专业型人才、对外开放程度等方面相对落后的海洋旅游城市，开始模仿其他海洋城市的品牌建设，"休闲之都""美食之都""生态旅游城市"等城市品牌层出不穷，使得城市品牌建设在策划设计、定位、推广传播等方面出现一系列问题。在海洋旅游普遍化、海洋旅游资源共性化程度越来越高的时代，如何避免沿海城市品牌建设出现问题，打造出个性鲜明的城市品牌，是值得每个海洋旅游城市好好考虑的问题。

第五章 国外海洋城市旅游品牌化发展的成功经验借鉴

第一节 尼斯城市品牌化发展的成功经验

一、尼斯的基本情况

蓝色海岸地区,又称作里维埃拉地区,位于法国东南部的边境地带,从马赛延伸到法意边境约300千米,毗邻意大利。1887年,诗人列杰奥第一次踏足这片土地,不禁为之动情,首次用"蓝色海岸"的美称形容这里海天相映、明净蔚蓝的美景。从此,"蓝色海岸"深入人心,成为法国南部这一地区的代名词。得天独厚的地理位置使这个地区呈现出了两种截然不同的地貌特征:海洋与山脉共存,景致独特。18世纪起,这里成为英、俄贵族度假之地。第二次世界大战后解决了旅游交通问题,其旅游业繁荣至今。

尼斯位于著名的"蓝色海岸"中心地区,是法国第五大城市,也是仅次于巴黎的法国第二大旅游城市。每年到访尼斯市区的旅客数量超过了400万,是这座城市本身人口数量的近10倍。尼斯拥有法国第二大航空港,有55家航空公司开通了尼斯至100多个城市的航班,每年的游客吞吐量达到1 000万人次。人们对尼斯做出这样的评价:"如果说巴黎是全世界游客聚集的地方,尼斯则可以说是世界上有钱人扎堆的中心。"

尼斯城分为三个主要部分:第一部分是老城和港口,很像意大利,富有特色;第二部分是19世纪时建造的城中区,也就是在英格兰散步道后面的区域;第三个部分则是可眺望城市北方的西米耶区,这里是罗马人和维多利亚女王的最爱。从巴洛克时期的建筑到洛可可时代的教堂,从古希腊人的雕塑到文艺复兴时期的遗迹、古罗马式建筑的小巷、鹅卵石铺就的巷道上随处可见的露天酒吧、在阳光下悠然自得喝着咖啡的游客,无不构成一幅幅美丽的图画。

尼斯三面环山,一面临海,城镇沿海岸线呈带状分部,有着 7 500 米长的海岸线。群山的阻拦,使尼斯免受寒冷的北风侵凌。南部濒临地中海又使得尼斯一年四季阳光充沛,天气晴朗,阳光明媚,一年之中阳光普照的日子超过了 300 天,是没有淡、旺季之分的旅游胜地。白雪覆盖的阿尔卑斯山峰与婀娜多姿、蜿蜒曲折的地中海海岸线遥相呼应,形成了蓝天、雪山、碧海的独特美妙景观,法国地中海式的文化元素更是这里吸引游人的另一大亮点。

尼斯的海滩沿着天使湾向两边伸展出去,港湾停泊着许多豪华游艇,亦成为一道亮丽的风景。弓形的海滩宽广而蔚蓝,岸边有高大的椰林和白色的鹅卵石道路。这里是法国最著名的海滨浴场之一,3.5 千米长的海滨大道循着海岸线延伸过去,还有众多超一流豪华酒店和世界名品店。气派的海边别墅、比比皆是的商店和浓厚的艺术气息交织,使其形成了一种富丽堂皇但不失典雅的美。

尼斯每年都有许多盛大的节日,如赛花节、帽子节、五月节等,而尼斯狂欢节又是最具吸引力的一个。尼斯的狂欢节比夏日海滨更热闹,每年的二三月份,举行近三周的狂欢活动,包括花车游行、放烟火、化装舞会等系列活动,每年吸引约 60 万人热情参加,届时满城飞花,落英缤纷,热闹非凡。平日的尼斯也是个花团锦簇的世界,建筑物的阳台上都装饰有各式美丽的鲜花,许多街头巷尾的房屋,仿佛被鲜花淹没,恍似童话世界。很多其他传统文化艺术都被保留下来,尤其是民间音乐和民间舞蹈,尼斯最著名的舞蹈是法朗多尔舞。无论从任何一个角度,尼斯都是法国人眼中永远的度假天堂。

二、尼斯旅游品牌化发展的经验总结

(一)以文物古迹为依托,挖掘人文内涵,发展文化旅游

文物古迹可以展现出厚重的文化底蕴,诉说城市的历史,游客如果置身其中,仿佛定格在古时,不仅让人浮想联翩,而且可以真切地感受到古老城市的文明。古老的建筑群是重要的文化遗产,也是非常重要的经济遗产。[①] 旅游的核心是文化,法国是拥有世界文化遗产最多的国家之一,这些都在吸引越来越多的国内外游客前来"访古"。

尼斯的阳光、大海、茂盛的植物……这些大自然的恩赐同样也吸引了大批为之倾倒的艺术家。一个多世纪以来,许多最负盛名的现代绘画大师在这里

---

① 徐和平. 欧洲城市文化特色与城市旅游发展[J]. 中国名城,2012(5):53-56

发现了迷人的光线与色彩,"蓝色海岸"于是便成为艺术家们最向往的地方。无论是在海边还是在内陆,处处都留下了艺术家们的印迹。

尼斯有许多的民间节日活动,法郎多尔舞、斗牛等给游客留下了深刻的印象。尼斯文化旅游的重要组成部分是众多的古城、美术馆、教堂、博物馆。城市中不仅有保护完好的自然景观,更有富有浓郁地方色彩的建筑和许多名胜古迹以及风格各异的生活方式。尼斯的城市风格充分体现出文化多元化的特点,拥有许多具有丰富的历史和艺术财富,也有可以满足游客个人品位的多类文化旅游线路,如美食之旅、民间建筑之旅、艺术之旅、葡萄酒之旅、城堡游等。

在尼斯,博物馆、展览中心、文化中心、风格迥异的建筑物等随处可见。具有民族特色的表演层出不穷,民俗文化活动备受关注。每年都有大量来自世界各地的旅游者,他们凭借对欧洲古老文化的喜爱,进入尼斯参观、消费,既带动了当地经济的发展,也塑造了城市的品牌特色与品牌形象。

(二)发展会议展览旅游,解决好旅游淡季问题

由于气候与季节的变化以及人们的生活、工作周期等原因,旅游度假淡季与旺季不可避免。即使在冬季气候温和的地中海地区,旅游淡季也很明显,虽然那里的冬季平均气温为 14 ℃左右。在欧洲,像法国尼斯这样被阳光、大海、鲜花、艺术品围簇着的城市,不胜枚举。而尼斯却独树一帜,成为整个欧洲乃至全世界最闻名的会展旅游城市,每年吸引 200 个大型展览和不计其数的会议在此举办。从寒风袭人的 2 月,到层林尽染的 11 月,都是尼斯漫长的会议、展览举办期,整整 10 个月里,各种大型国际会议、展览轮番粉墨登场。

如果说大自然为尼斯制造了一种独一无二,那么聪明的尼斯人则学会了如何将之转化为最大的财富。凭借新颖灵活的创意和智慧的头脑,尼斯人将这些形形色色的建筑和景点稍加改造,即为商旅人士举办世界级的会议、活动、展览和奖励旅游提供了种种实现的可能。

尼斯在 1984 年就建立了卫城会展中心,作为欧洲最好的会展中心之一,其各项功能、设施至今仍不显落伍。每年卫城会展中心会主办近 200 场活动,迎接来自世界各地约 70 万名合作与参会者,其中国际性的会议、展览和公司奖励旅游已占到 70%。卫城会展中心早在建设之初,设计师就为其配备了完善的会议设施,这是法国第一家设有中央技术管理系统的会议中心,其在 30 多年间经受住了各种大型国际会议的考验。

会展旅游是借助举办国际会议、研讨会、论坛等会务活动以及各种展览会而开展的旅游形式,是许多发达国家旅游产品开发的重点,具有如下特点:涉及相关服务行业多、客人档次和消费额高、成本低、利润高、组团规模大、停留

时间长等。① 在欧洲、北美以及亚洲的新加坡和中国香港等国家和地区,会议已经成为一门产业。具有展览性质的会议也在迅速增加。尼斯注重发展会展旅游,拥有国会大厅和会议中心,完善的现代化基础设施和会议酒店,符合国际标准的先进科学技术,为会展旅游顺利开展奠定坚实的基础。尼斯正是将商务、会议、休闲、节庆、娱乐与传统的自然旅游资源和文化旅游资源成功整合营销的最佳范例,也正因此,尼斯成为湛蓝地中海上最惹人注目的世界级会展城市。

(三) 整合旅游资源,融合创新,发展新型旅游项目

航海旅游是地中海地区的主打旅游产品。得天独厚的港口资源,成为地中海地区航海旅游的基础。这里分布着一连串的运动码头,从水深7米到水深超过24米的深水泊位一应俱全。深度发展航海旅游,打造巨型邮轮矗立,豪华游艇如织,帆船桅杆如林,一派航海运动、休闲度假的世界顶级海岛旅游目的地形象,是海洋旅游城市发展的有效路径。

任何事物的发展都是有生命周期的,只有适时地将旅游资源重新整合,才能为旅游的持续发展注入动力和活力。② 传统的滨海旅游项目已经司空见惯,政府及相关部门在整合旅游资源的基础上,对旅游资源进行重新组合和定位,推出新的旅游线路,同时加强滨海旅游资源的深度开发。

十多年前,尼斯的旅游者中90%的游客去了仅占地10%的海滨地区,而后随着山区资源的开发,乡村旅游资源逐渐被挖掘。为了吸引更多的滨海旅游者,尼斯开发了以游艇旅游为主的深度滨海旅游项目。对海洋城市而言,保健游、教育旅游、体育旅游、景观房产游、商务节庆游等都为我们提供了很好的发展思路,丰富了旅游的种类。

(四) 完善旅游管理体制,提高服务人员技能,建设游客满意城市

完善旅游管理体制在旅游产业发展中具有十分重要的意义,能够切实提高旅游行政管理的水平和效率,为旅游的持续发展提供制度保障。旅游业是对资源依赖性较强的开放性产业,应在可持续发展的理念下,统一协调与规划,促进旅游地的健康有序发展。诸如当地的旅游协会等组织,起着联系政

---

① 陈业芬.入境旅游客源市场竞争态势及市场开拓研究——以山东省重点入境旅游城市为例[D].河南大学硕士学位论文,2009:14
② 杭州赴法国尼斯"旅游目的地管理"专题研讨班.法国尼斯"旅游目的地管理"对杭州的启[J].中共杭州市委党校学报,2010(2):9-13

府、企业和游客三方的桥梁和枢纽作用。

旅游人才是提升旅游城市形象的软实力,一个城市旅游业的发展需要大量的旅游人才,尤其是旅游服务人员,他们直接与游客接触,其服务技能和服务水平的高低影响着游客对该城市的整体感知。海洋旅游城市要提高旅游人才队伍的素质,需要引进高质量的旅游人才,制定吸引人才、留住人才、鼓励人才创业的相关政策;要注重对从业人员的培训力度,加强学术交流;不定期地组织学习和考察,灌输国际先进的旅游管理理念。因此,海洋旅游城市需要培养适合当地旅游发展的旅游人才,提升对客服务的满意度,减少游客的抱怨与投诉,塑造和维护城市品牌。

第二节 坎昆城市品牌化发展的成功经验

一、坎昆的基本情况

坎昆被誉为世界第七大海滩度假胜地,是墨西哥著名的海洋旅游城市。坎昆地处热带,全年平均气温达 27.5 ℃。每年只有雨、旱两季,7～10 月为雨季,几乎天天都要下阵雨。天放晴后,碧空万里,天际边常常出现美丽的彩虹,被视为幸福和欢乐的象征。

坎昆是一座长 21 千米、最宽处仅 400 米的岛屿,加上陆地部分,面积为 60 平方千米。岛的西北端和西南端有大桥与尤卡坦半岛相连,隔尤卡坦海峡与古巴岛遥遥相望。岛与陆地之间形成 24 平方千米的尼楚德湖,湖中又有若干小岛和半岛,岛外有湖,湖外有岛,湖套湖,湖连湖,隔而不断,是开展滑水、垂钓、潜水等水上运动的理想场所。坎昆岛上覆盖着由珊瑚礁风化而成的皑皑白沙,葱绿的树木点缀其间。这里的海面平静清澈,因其深浅、海底生物情况和阳光照射等原因,呈现出白色、天蓝、深蓝、黑色等多种颜色,美不胜收。

坎昆之所以成为闻名遐迩的国际旅游城,是因为它有充足的阳光、新鲜的空气和美丽的海滩。坎昆岛全年有 243 个晴天,即使在雨季下的也是阵雨,雨过便天晴。岛上没有工业,所以没有污染,四面环海,郁郁葱葱,空气十分清新。岛的外侧有一片 20 千米长的白沙滩,铺满了柔如毯、白如玉的细沙,被分别命名为"白沙滩""珍珠滩""海龟滩"和"龙虾滩"等。海滩上还建有以棕榈叶为顶、木或石为柱的玛雅式小凉亭和咖啡屋,供游客小憩。坎昆地理位置优越,它位于北美洲和中南美洲的中心,距离美国相对较近,交通十分方便。

当人们来到这座豪华旅馆、高级商店、餐厅、舞厅、夜总会鳞次栉比的现代化旅游胜地时，很难想象，20世纪70年代初的坎昆还是荆棘丛生、人迹罕至的僻静渔村。20世纪60年代末，一批墨西哥银行家经过实地考察，选择了自然条件得天独厚的坎昆岛，决定在此营造一个高起点的旅游城，使之成为开源外汇的宝地。1972年，由墨西哥全国旅游发展基金会组织和支持，开始实施耗资3.5亿美元的坎昆开发投资计划，由国家、国内外私人企业家、银行家共同出资建设旅游区和自由贸易中心，重点发展旅游业。

坎昆市划分为国际机场、市区和旅馆区三个部分。目前全市人口有25万人，市区的各行各业都直接或间接为旅游业服务，市区内街道清洁整齐，商店鳞次栉比，旅馆价格相对要便宜得多，游客乘坐公交车，20分钟左右便可到海滩，这里的海滩均免费向公众开放。海滩旅馆区建于长17千米的狭长岛上，有三个潟湖，林荫道与大陆相连。旅馆区内100多家旅馆都为四星或五星级，各家建筑风格迥异，造型新颖。豪华舒适的酒店、饭店、餐馆和咖啡厅掩映在繁花绿荫之中，恬静幽雅。其中，希拉顿旅馆是一座6层楼的金字塔形建筑，南北首脑会议就在这里举行。

对于许多人来说，坎昆市给他们的印象就是一座国际知名的海滨旅游城市。事实上，坎昆不仅是一处国际知名的旅游目的地，更是古老的玛雅文化的发源地之一。坎昆诞生于公元前200年至公元900年玛雅文化繁盛时期，知名的齐琴伊察古城和乌克斯马尔古城便位于这片区域中。在当时，尤卡坦半岛是美洲地区重要的经济与宗教中心，坎昆作为主要海滨城市也是一处重要的交通枢纽，不同地区的商人与朝圣者都通过这里进入尤卡坦半岛进行贸易和宗教活动。正是通过这样一种交流与往来，璀璨的玛雅文化得到了广泛的传播与推广，越来越多的人了解了玛雅人尖端的科学技术、精确的数据计算和丰富的天文学知识。

今日的坎昆，人们不仅可以享受现代化的舒适，还可以凭吊美洲古代的玛雅文化遗址。在坎昆岛上有属于玛雅文化的圣米盖里托古迹遗址，包括一个小金字塔和残墙、断柱等废墟。距坎昆约130千米处的图伦遗址，是迄今墨西哥保存最好的一座玛雅和托尔特克人的古城。位于尤卡坦半岛东北部的奇琴伊察玛雅古址离坎昆只有201千米，那里有闻名世界的库库尔坎金字塔。据统计，到坎昆的游客中，至少有三分之一的人是以坎昆为支点、到附近的尤卡坦半岛各玛雅古迹参观的。此外，从坎昆可乘船或小机抵达不远的科苏梅尔岛和"女人岛"。就这样，坎昆以"会议旅游""文化旅游""度假旅游"等方式，终年吸引大量国内外游客。

作为墨西哥向全世界展示的一张名片，坎昆完美地向世界展示了这个国家美到让人无法呼吸的自然风光和悠久的历史，青绿色半透明的海水，像粉一样细的白色沙滩和神秘的玛雅遗迹,各种主题的生态园……在这里会让你觉得多少假期都不够用。

二、坎昆旅游品牌化发展的经验总结

(一)准确定位,科学规划,注重公众的参与

坎昆借助优越的地理位置、适宜的气候和迷人的热带风光,定位于海滨旅游度假区。凭借其海岸线长、热带树木众多、沙滩平缓、沙质柔软等独特的海滨资源优势,终年温度适宜旅游度假。从度假角度去考虑整个旅游区的规划和建设,国家和市政府在规划上控制得十分严格,综合考虑了气候环境、通讯交通、社区居民参与、当地社会经济发展水平等因素,制定了发展综合海岛休闲旅游度假区的目标。这种度假区一方面能催生出与环境、社会文化的协调效应,另一方面,为游客提供了一个赏心悦目的旅游大环境,很好地促进了当地旅游业的有序发展。

坎昆的旅游开发注重先行规划,开发建设具有合理性、有序性、计划性及兼顾终点等特性。既根据自然景观和文化景观的特点,在确定主要功能的基础上,保留和发挥个性特点,又整体相互协调,形成海洋旅游城市整体,处理好旅游业与水产养殖、港口建设等其他行业的关系,使旅游资源更具有竞争力和生命力。

政府针对一些基础设施和公共设施的修建,充分尊重和吸取民众的意见,群策群力,满足绝大多数人的要求。一方面,在规划编制阶段,技术人员在深入调研的基础上,对各个方案进行严格把关,发动专家讨论,博采众长;另一方面,对重要建筑和基础设施进行公民表决,建设真正让民众赏心悦目的城市,提升民众的满足感和满意度。

(二)依托环境优势,注重凸显特色,坚持人本思想

坎昆十分注重对区域内酒店的污水处理,在旅馆区建有8个污水处理厂,统一处理整个城市酒店的污水,有效地保护了海水不受污染,保护了环境。

坎昆旅游区的建设体现出以人为本的思想,十分注重城市环境的保护,在城市社区留有充足的绿地、休闲空间、生态型建筑和人性化设施。游客来此旅游会感觉空气洁净,亲近自然,身心舒畅。

在室外,各个建筑物布局合理,设计构思巧妙,使整个度假区成为一个充满艺术氛围的建筑博物馆。在室内,从酒店大堂的造景布景、客房内的规划设计到错落有序的阳台、泳池等设计新颖的配套设施,也都因地制宜,恪守"天人

合一"的理念,让游客来了之后有重回自然之感,使人居环境更加诗意化。

(三)配套设施完善,旅游服务优良,彰显文明之风

交通的运输能力和便捷能力对旅游发展来说尤为关键,是游客选择出行的重要参考因素。坎昆建有专门的机场,使来自美国、加拿大、欧洲等地的游客十分方便。市区内专门在海边设立"7"字形的旅馆区,总长约25千米,共分布着超过70家星级饭店和度假村。酒店主题房间错落有致,游客在房间内就可以感受到海边的阳光、壮阔的大海。库坎大道贯穿整个岛屿将其与陆地的307公路连接,连晚上也灯火通明,游客不断。

现代旅游产业项目,除了满足游客吃、住、行、游等基本的旅游需求外,更重要的是为游客带来轻松和愉悦的心情,基础设施建设环境和服务质量正逐渐成为衡量一个地区旅游业竞争力的重要因素。

酒店注重绿化,草木成荫,流水不断,多数酒店类似庭院式的建造风格,让游客入住之后感受到一种家的亲切和温馨。服务员敬业负责、热情大方、彬彬有礼,对住店客人笑脸相迎、服务周到,在酒店几乎看不到不良现象。当地居民在公共场所礼貌谦让,对待外来人员热情友善,主动帮助他人,自觉遵守公共秩序,公共场所气氛祥和、井然有序,尽显文明风尚。

(四)政府主导,多方投入

坎昆度假区的开发模式、坎昆多年的发展史,是通过政府规划和执行等集中措施产生的旅游经济效益,也就是说,坎昆旅游开发是政府发挥主导作用的最好例证。

1975年坎昆刚开始建设时,墨西哥便从基金会拨出一大笔钱建宾馆。起步后又制定实施优惠政策,吸引国际大财团等国内外资金投资建宾馆。经过20多年建设,把过去的一个荒岛建成了一片宾馆区。国家20多年来,对坎昆旅游业的投资达24亿美元,而现在坎昆也正在逐年回报国家和社会。2002年坎昆市旅游创汇达32亿美元,占墨西哥全国旅游创汇的40%,上交国家财政的税费也直线上升。

墨西哥全国旅游开发公司与全国旅游促进基金会合并后,采取集中模式发展旅游业,全面负责坎昆度假区基础设施和其他各项设施的设计和建设,负责坎昆度假区的对外宣传促销,也对开发建设初期的宾馆、饭店启动和经营给予了一定的资助和扶持。全国旅游促进基金会聘请一些国内咨询机构来做规划和工程方案,这弥补了它自身技术人员在设计和监督各项设施建设上的不足。由于墨西哥宪法规定,滨海地区的土地不能向外国人出售,因此开发好的成熟地段,即便是由私人开发的也只能卖给至少由墨西哥人控股的买主,这就在一定程度上控制住了地价,同时也促使墨西哥人提高管理水平和所有权意识。政府主管机构对旅游业的发展十分重视,每年从开发银行获得的资金中,有一半用于本地旅游服务业和在本土上创建一座"服务型城市"的基础设施。

总之,坎昆旅游业的快速发展得益于政府的重视和主导。

第三节 檀香山城市品牌化发展的成功经验

一、檀香山的基本情况

夏威夷群岛位于北太平洋中,总面积 16 633 平方千米,属于太平洋沿岸地区。主要有 8 个大岛和 120 多个小岛,自东南向西北斜跨北回归线,延伸 2 400 多千米,即从东南端的夏威夷岛到西北端的库雷岛(不包括中途岛)。主要的 8 个岛屿在北回归线南侧,相当于狭义的夏威夷群岛,即夏威夷岛、毛伊岛、卡胡拉韦岛、拉奈岛、莫洛凯岛、瓦胡岛、考爱岛、尼豪岛。各岛是从洋底巨大裂隙喷发形成的火山岛。每座岛屿都有着鲜明的个性,有与众不同的探险、活动和风光。

檀香山(译名火奴鲁鲁),是华侨对美国夏威夷群岛中第三大岛——瓦胡岛的俗称,是夏威夷群岛的政治、经济、文化中心,也是群岛中最繁华的现代旅游城市。人们经常谈及的夏威夷风土人情、夏威夷海滩和夏威夷旅游城市风貌都主要源于檀香山。在夏威夷语中,火奴鲁鲁意指"屏蔽之湾"或"屏蔽之地"。早期为波利尼西亚人小村,19 世纪初因檀香木贸易和作为捕鲸基地而兴起。1850 年成为夏威夷王国首府。因为早期本地盛产檀香木而且大量运回中国,被华人称为檀香山。

檀香山是海岛式的现代城市,交通便利,高速公路把市区与珍珠港军事区连为一体。著名的古典欧式宫殿建筑、伊奥尼皇宫就建造在风景优美的威基基海滩,更显示出这座古典建筑的艺术魅力。檀香山背山面水,地势平坦,市区东西为夏娜奥玛湾和钻石头火山口,南邻珍珠港。整个城市建筑布局突出了旅游建筑和设施,市区道路呈不规则的方格网状,靠海滩形成威基基商业旅游中心,建有不同风格的旅游宾馆,建筑造型考究,充分体现出浓郁的海滨旅游城市特色。

檀香山城市宁静,气候宜人,空气清新,建筑物周围全是景栽和树木,使建筑建筑沉浸在繁花似锦、绿草如茵的自然景色之中。檀香山城市建筑以现代建筑为主,而其建筑风格多以淡雅的色彩、简洁的体型而形成热带海滩的剔透轻盈的建筑格调,整个城市形成高低错落、整齐有致的丰富的城市天际轮廓线。檀香山的美,除建筑风格的美,主要是海滩的自然美,以其迷人海滩而著称于世。

檀香山大小海滩公园有 41 个,其中最著名的要数岛南的威基基海滩和岛东南钻石头火山口东侧的夏娜奥玛湾海滩。这两个海滩虽然风格各异,但其共性是现代化而富有野趣,简而不陋,较少人工痕迹,即使是必要的设施或建筑,也是藏而不露,返璞归真,崇尚天然。威基基海滩工艺,呈宽阔的带形公园,公园内布置了齐全的商业与旅游设施,建筑小巧,风光绮丽。夏娜奥玛湾海滩公园,公园与公路停车场高差几十米,海滩呈月牙形,三面环山景色宜人,以色彩缤纷的鱼而著称。

檀香山的一切都是美好的,美丽的风光,友善的邻居,到处飘扬着和谐悦耳的歌声。戴上当地人赠予的沉香扑鼻的花环,会使你疲劳顿消。海上活动有风帆、滑水等项目,既富有刺激性,又无太大危险。在海滩浴场一头设有潜艇旅行,可在水下观赏鱼类及其他海洋动物和海底废墟。檀香山的花之音、海之韵,为游客们奏出一首优美的浪漫曲,是人们梦想中的天堂。

二、檀香山城市品牌化发展的成功经验

(一) 以旅游发展为本,抓好城市建设

旅游城市建设不仅要考虑面向本地居民的功能化设施建设,而且要更多地考虑服务于旅游发展的功能、元素与布局,"全域旅游"理念在檀香山得到贯彻。

首先,城市中有专属的旅游商业区——世界著名的威基基海滩及其旅游商业区。为了与居民生活区分离开来,檀香山市专门划分出一个长 1 英里的海滨空间区域发展度假旅游。在这个区域内,休闲公园、旅游街区、游艇码头、度假酒店和购物超市在空间上鳞次栉比、有机布局,并且专门引进了优质海岸沙子,修建了阿拉外运河营造水景,改善当地度假旅游条件。市中心区域另开辟有一片专门的购物区——阿拉木阿购物区作为外地游客的购物场所,其品类繁多的百货公司、免税商店让檀香山几乎成为世界上最重要的购物中心之一。

其次,为了方便游客出行,整个城市建筑布局突出了旅游建筑和设施。市区道路呈不规则的方格网状。临海建筑采用多种手法,小巧多变给人以亲切

感。其中夏威夷州议会大厦等几座高层建筑较为集中,建筑造型独特。主轴线上突出了一座庄严的纪念性庭园,庭院上的永恒之火金属雕塑,象征着永不熄灭的火焰,浓缩着人们对火山爆发的一种特别情感。

最后,精心营造支撑旅游发展的城市环境。城市中配置建设了各种各样的植物园和社区公园,嵌入各个社区之中和旅游景区周边,建筑物周围全是树木和景栽,使建筑物也沉浸在一片生机盎然当中;寸土寸金的威基基商业区旁保留有占地面积达 1 800 余亩的卡皮欧拉尼公园,营造出一种惬意的旅游休闲环境。

(二) 以人为本,健全旅游公共服务体系

就旅游信息服务来说,机场、商业区、度假区等公共区域为游客提供了各种版本的旅游手册,包括英文、日文、中文、韩语等,手册内容每周更新一次,手册不仅包括综合性的旅游手册,还包括购物、餐饮、旅游活动、公共交通等专项手册,内容翔实,信息量大,种类繁多,为各国游客提供了极大的便利。

就人性化服务来说,海滩周边恰到好处地为游客配备了卫生间、冲洗设备、换衣间等基础设施,同时配有救生人员;度假区、露营地、社区公园处处都有免费饮水处和洗手间;为了方便自驾游客进行环岛旅游,即使很偏僻的乡村也通水电气,道路、洗手间等基础设施十分完备。

就解说系统来说,高速公路和其他道路标识牌清晰,道路里程和前方景点指示明晰,公路两侧的观景点、观景台众多,并配备齐全的停车场,但却没有影响视觉感官的商业广告牌和宣传标语。解说系统有助于游客管理、避免发生意外事故,作为景区与旅游者之间的媒介,解说系统被认为是将游客的旅游经历提升至体验层次的必备手段。完善的解说系统提升了城市的品质,做大了檀香山旅游城市的品牌价值。

就服务行业从业者来说,每个从业者都是游客了解城市的窗口,从业人员良好的服务意识,会自觉提高自身服务技能和业务水平,更代表着整个城市的形象。在檀香山,不要说在顶级的旅游购物中心,就是在普通百货公司、快餐店,店员的服务态度也同样表现出热情、友善与诚挚,让游客感觉到了旅游胜地的人文之风。

(三) 发扬地域文化,捕捉旅游发展的闪光点

旅游业体系中的各个要素都渗透着浓郁的地域文化元素。在旅游形象传播上,将夏威夷文化中的符号、色彩、造型、轮廓等融入服饰、餐饮、礼仪、舞蹈、雕塑等各个方面。"阿罗哈"手势:双手伸出,伸出大指和小指(其余三指屈

着),意为"欢迎、您好、再会",表示友好和祝福,不管在海边、野外、酒店、商铺,还是漫步在大街小巷,到处可见微笑的"阿罗哈"手势及悠长的"阿罗哈"声音,这种真挚而亲切的声音和手势温馨着、滋润着、激荡着每一个游客。"阿罗哈"精神及其语言 LOGO 符号的创意与传播,更是成为全世界旅游地学习的典范。

在旅游活动开发上,旅游景点、商业区、酒店、游船等各个空间一年四季演艺活动不断,每天都有原住民动态化的草裙舞表演,沿海旅游大道经常有大型旅游演出和节日游行活动。这些旅游活动保持其原生的文化生存语境,在一切细节上突出该民族的特点,体现民俗旅游真正的民族味、朴实感、亲切感,造成文化、经济以及社会诸方面的相对神秘性,从而推动了旅游动机,带来更多的客源。

在酒店建筑的个性化上,夏威夷属于火山地貌,众多酒店、度假村、景区建筑大多以火山石作为外立面材料,现代气息的度假旅游地个性突出、雕塑感强,处处透露出地域自然元素的剪影。

在购物品开发上,不仅利用农业优势开发了咖啡、菠萝、巧克力等多种类型多个系列的旅游购物品,而且将地域文化符号创意为旅游纪念品,如阿罗哈衫已经成为热带地区旅游者的标准装束,彩虹州汽车牌也开发成为游客采购的纪念品等。

(四)重视环境保护,增添旅游生态内涵

"关心和爱护海洋"是这里的人很早就有并且不断延续的一种主流价值观。人们认为,所有生命都在海洋中诞生,人类和所有的生命相连,特别是海洋生物。古人的海洋知识就已相当丰富,他们对海洋中的居民充满无限虔诚的爱。独一无二的生态系统已经独立存在了很多年,需要持续的保护来使其延续。

为了让檀香山城市优美的环境得以持续,政府非常关注环境保护,强调生态理念,注重旅游产业的可持续发展。比如,政府非常重视对于岛上各种自然资源和环境的保护;并且对岛上建筑物的高度和密度做了严格的规定,以便可以为草地、森林、公园等尽可能地留下空间。另外,在海岛的经济建设中,重视金融服务产业,发展海洋科学,鼓励水产养殖,促进热带农业发展等。

为了防止环境污染,檀香山杜绝一切现代工业,并借助自然优势成为美国空气质量最好的州;檀香山海域面积巨大,但 200 海里范围内禁止商业捕鱼,并放弃了近海养殖业;檀香山港口不准停靠大型运输船,瓦胡岛和主要岛屿之间不通行大型游船,一定程度上避免了海水污染。

对沙滩采取全民开放的政策,严禁私有,保护了一线海景资源;旅游活动中渗透着环境保护意识,如恐龙湾第一个旅游项目是观看一段环境保护的影片,让游客了解景区生物品种的稀缺性与珍贵性。正因为对自然环境采取非功利性的保护意识,所以溪流中鱼翔浅底,近海乘船可观看游弋的鲸鱼,使得环境成为旅游吸引力的一部分,为度假旅游增添了丰富的生态内涵。

(五)重视交通运输,解决旅游发展的后顾之忧

檀香山地处太平洋中心,是太平洋海、空交通的枢纽和重要港口,被喻为"太平洋的十字路口"。此处是从美国西岸去澳大利亚与从巴拿马运河到远东的船舶航线及航空线的必经之地。

政府特别注重交通运输对旅游业的支撑作用。檀香山机场是美国最繁忙的商业的机场之一,是夏威夷主要的空中交通门户。此外,也有许多飞往亚洲的日本、韩国、中国台湾、南太平洋的塞班岛、美国本土和夏威夷州内各城市的航班。特殊的地理位置,使得游客不管是往返美国还是亚洲都十分方便。在亚洲经济活力快速复生、各国企业加速全球化发展的情况下,商务旅行使檀香山有着不可取代的优势。

交通运输对旅游的作用表现在从外部进入夏威夷和夏威夷主要岛屿之间的完备航空运输网络和旅游地内部发达而缜密的环岛公路运输网络上。将交通运输与旅游发展紧密融合在一起,交通运输工具成为特色鲜明的旅游项目和重要旅游吸引物,如游艇游船、旅游潜水艇、观光巴士、观光直升机、滑翔伞等。其中,依托观光巴士的城市观光旅游、依托游艇和游船的观鲸旅游、依托观光直升机的夏威夷活火山观赏、依托旅游潜水艇的水下观鱼等成为夏威夷最具吸引力的特色旅游项目之一。

第四节 悉尼城市品牌化发展的成功经验

一、悉尼的基本情况

澳大利亚的第一大城市、世界著名的国际大都市——悉尼,作为澳大利亚的经济、金融、航运及旅游中心,被比喻为南半球的闪烁之星,多次被游客评选为"全世界最佳都市"。

悉尼地处南半球,南纬 33°55′,东经 150°53′,位于澳大利亚的东南岸,是澳大利亚新南威尔士的首府。悉尼位于东面的太平洋与西面的蓝山之间的沿

岸盆地,拥有全球最大的天然海港——杰克森港,以及超过 70 个海港和海滩,包括著名的邦迪海滩、曼利海滩、库吉沙滩、棕榈海滩、屈臣氏湾、塔玛拉玛沙滩、勃朗特海滩。从背靠丛林和国家公园的隐蔽海湾,到闻名于世的沙滩地带,每一处都拥有独特的风景与活力。

悉尼的最大资产是它的气候及自然环境,北有碧水及豪克斯贝利河,环绕着南部城市的有植物港及其他海口。而黄金海岸及未受破坏的灌木林更增添了它的美丽。毫无疑问,这是一个充满活力的城市,它的魅力闪闪发光,令人很容易地就了解、喜欢甚至爱上它。这里完全融合了种族及国籍的界限,在悉尼到处可见亚洲面孔,而你也很可能不经意地就听到人们用希腊语、日语或匈牙利语来交谈。

这里阳光普照又充满魅力,以举世驰名的悉尼歌剧院为标记,芭蕾舞、歌剧、舞台剧,音乐文化气息浓厚。悉尼港景致醉人,亦可选乘豪华邮轮畅游港湾,欣赏如画风光;或是攀爬上悉尼大桥,在这个世界闻名的大桥顶上像小鸟一样地俯瞰整个悉尼市远景。另外,还有雄伟壮观的蓝山景致,满溢葡萄酒香的猎人谷,憨态可掬的考拉、袋鼠……游玩乐趣数不胜数。悉尼海鲜的烹调,融汇了地中海及亚洲色彩,可谓形形色色,各展诱惑。无拘无束、别具风格的路边咖啡店,亦是游客不可错过的饮食佳所。在海港河畔的太阳伞下,一边享用美食、一边欣赏海港风光,又是一番情趣。

作为国际知名的旅游胜地,悉尼以歌剧院、海滩、情人港、港湾大桥、环形码头、博物馆、美术馆以及大大小小的国家公园等闻名遐迩。同时悉尼奥运会、世界杯橄榄球赛等多项重要国际体育赛事的举办,让人们对悉尼的了解和喜欢更加深入。清新的海风、宽阔的海洋、柔软的沙滩和温和的气候十分适宜开展各项滨海休闲娱乐活动,多不胜数的滑浪、游泳、风帆、网球、体操、足球、板球等,让悉尼成为"体育运动之都"。2000 年悉尼奥运会后,村上春树著有《悉尼》一书,不仅是村上久久地记住了悉尼当地空气的味道、光线的状况和人们的呼喊,悉尼更吸引着无数体育爱好者和喜欢拼搏的人们去感悟力量,重拾奋争。

在悉尼,有享受不尽的阳光、沙滩和海浪。悉尼是座完美的城市,澳洲人很幸运,是命运把他们冲刷上这个勇敢而美好的海滩。

二、悉尼城市品牌化发展的成功经验

(一) 注重旅游立法、严格执法

澳大利亚的整个生态系统都很特别,大部分动植物都是在与其他大陆隔绝的情况下单独进化的,所以有80%的动植物为澳大利亚所独有。这无疑吸引了大量的游客,而这种独特的生态环境一旦被破坏,则会加速崩溃,动植物也会快速灭绝。所以,相关政府高度重视生态环境的保护,坚持只有在严格保护自然资源、不破坏生态环境的前提下,持续合理地开展分区旅游活动。

1994年,澳大利亚推行国家生态旅游战略,是世界上最早制定和实施该战略的国家,提出重视旅游区建设与经营过程中的生态环境保护,注重保护旅游地居民的利益以及发挥非政府、非营利性组织的作用。

政府在景区开发和管理中扮演很重要的角色,政府对自然资源、国家公园和世界遗产都进行了立法保护。各个州针对各自景区的不同生态环境有更为具体的立法和管理,而且这些立法和制度都会得到严格执行。

政府还专门为环保志愿者和背包旅行者设立了一个大型非营利性组织,通过志愿者每年参与的项目来实现其环境保护的目标。这些项目包括种植树木、控制土地侵蚀和盐化、采集当地植物的种子、建造和维修灌木丛中的小路、恢复历史建筑、考察濒危动植物、保存栖息地及去除杂草。志愿者、环保组织的行动对社区居民和游客发挥了良好的带动作用。

另一方面,景区执法也是十分严格,体现了法律法规的严肃性,违者将被处以高额罚款。民众也有很强的保护意识,看到违规现象会制止。

(二)传承传统文化,培育城市文化,保护居民的精神绿洲

在悉尼这座现代化的城市中,随处可见的维多利亚式建筑物让这座城市时尚与典雅并存。但是在国内,许多城市为了文化建设,很多的古建筑和人文景观被无情地拆除,古老的城市里充斥着的都是浮躁的商业气息,缺乏温文尔雅、醇厚古朴的文化的滋养,公众缺乏温暖的公共情怀和心灵的栖息地,公众精神容易变得自私、偏执和自以为是,缺少踏实感和幸福感。文化是人类栖息的灵魂,应以古建筑和人文景观为载体,借助旅游业发展带来的人口流动为渠道,传播城市文化和发展理念。

悉尼作为移民城市,居住人员比较复杂,以海纳百川的胸怀、相互包容的文化以及取长补短的公共政策,形成多元和谐的城市文化。悉尼的相关政策,充分地体现了宽容和包容,这种充满人文色彩的城市文化让居民得到了尊重和自信,人与人之间的关系相对融洽,给城市的外来者一种亲切感。

(三)打造海洋体育产品,完善海洋旅游产品体系

海洋体育运动在悉尼有良好的民众基础,之所以能够吸引人们挑战大海,创造出一系列的海洋体育运动,是与其民族性格中崇尚力量的品格、崇尚自由的个性、强烈的个体自觉意识分不开的。加之当地政府大力支持,体育市场的成功营销和大众的积极参与,逐渐形成了一个良性互动的合作系统,海洋体育运动演变成人们的一种生活方式。

1. 海上体育旅游产品

海上体育旅游产品是指人类在海面上和海水里进行的体育旅游项目,这是完整意义上的海洋体育旅游产品,是海洋旅游城市旅游产品开发的重点。它主要包括以下几种项目:游泳、戏水、潜水、泅渡、弄潮;帆船、游艇、帆板、赛艇、龙舟、水上摩托艇、冲浪、划水;船拳、攀桅杆、打缆绳等。

2. 海岸体育旅游产品

海岸体育旅游产品是指在海岸上开展的体育旅游项目,这类体育运动内涵极其丰富,参与性与趣味性更强。当前,国际上比较流行的项目有:沙滩排球、沙滩赛车、沙滩足球、沙滩游艺场、沙滩骑马、沙滩跑步、沙滩拔河和滑沙;航海模型、野炊、篝火;钓鱼、捕鱼、捉蟹、捞虾、拣拾贝壳;攀岩、悬崖跳水;泥地蹬独木舟、泥地爬行和滑泥等。

3. 海空体育旅游产品

海空体育旅游产品是指既有海上又结合空中的体育旅游项目。现在比较流行、比较成型的项目是海空滑翔机、滑翔伞、滑水和冲浪等。目前这些领域还没有很好地开拓,它将是海洋体育旅游下一步要努力发展的一个方向。

悉尼运动休闲资源丰富,有非常丰富的运动休闲资源,蓝天、碧水、沙滩、海滨,加之当地丰富的文化和历史传统,吸引着成千上万的人趋之若鹜,流连忘返。

(四) 借助重大事件的前后效应,提升城市品牌知名度

每个市民都是城市的鲜活形象,与城市的发展息息相关。大型赛事的举办,会让市民因为共同的目标而拧成一股绳,以极大的热情和高度的社会责任感来办好大型活动,把自己和城市最好的一面展现给四方宾朋。另外,大型体育赛事的举办需要有现代化高水准的保障设施,如旅游宾馆、交通通讯、体育场馆等,城市会加大基础设施建设投入,使城市的面貌焕然一新。[①] 各种大型赛事需要赛前的广泛宣传和众多新闻媒体大规模报道,这无疑会极大提升举办地的知名度,提升城市在人们心中的形象,促进了城市品牌的传播。

---

① 关正春,刘晓盼. 承办大型体育赛事对城市发展的影响[J]. 理论界,2007(10):122-123.

悉尼歌剧院有五个剧场，有能力主办任一系列的表演模式。悉尼歌剧院是全球第三大剧团——澳大利亚歌剧团的所在地。其他场地包括悉尼市政厅、城市演奏厅、新南威尔士州剧院及码头剧院。悉尼拥有本地的音乐与剧场团体，包括悉尼交响乐团、悉尼戏剧团及悉尼舞蹈团。一年一度的文化盛事，包括新南威尔士州艺术馆举办的比赛——阿切博尔德奖（Archibald Prize），以及在1月举办的音乐、剧场与视觉艺术庆典——悉尼节。

千禧年的悉尼奥运会使得澳大利亚的品牌效应提前了10年，极大地吸引了游客，并对其产生更加强烈的热情和期望，对旅游市场带来了极大的影响。为了加强与客源地区的往来，政府也推出了许多特色旅游项目，如"民俗风情游""饮食文化游""乡村生态游"等，邀请国外文化团体共同参与，既加强了悉尼对外文化交流，也推广了悉尼城市品牌，促进了旅游业的发展。

第五节 库塔城市品牌化发展的成功经验

一、库塔的基本情况

库塔位于巴厘岛南端，是巴厘岛最热闹的沙滩和著名旅游胜地。巴厘岛人生性爱花，处处用花来装饰，巴厘岛有"花之岛"之称，并享有"南海乐园""神仙岛"的美誉。库塔地处热带，且受海洋的影响，气候温和多雨，土壤十分肥沃，四季绿水青山，万花烂漫，林木参天。

巴厘岛的机场也位于库塔。库塔海滩（Kuta Beach）距离国际机场约15分钟车程，是离巴厘岛机场最近的一个海滩，同时也是巴厘岛游客集聚最多的热闹地区。库塔过去只是巴塘至布吉伯宁苏拉之间的一个小村子，现在已经成为繁华的旅游胜地。海滩上有许多小贩，沿街兜售各式各样的商品、T恤以及海滩服饰品等等。还有数家度假旅馆，不过大多是二、三星级的旅馆。库塔海滩纵跨了库塔区、雷吉安（Legian）区，向北延伸到水明漾（Seminyak）区，全长大约7千米，其常见的景观如下：一大排的洋伞和海滩椅，一堆享受着日光浴的半裸外国人，前仆后继的冲浪客，海滩排球捉对厮杀，接受编辫、修指甲或按摩服务的观光客，顶着饮料水果满场游走的小贩偶尔对你露齿一笑，身材健美的男男女女。库塔海滩是巴厘岛上最著名的戏水场所，这里的海滩平坦、沙粒洁白、细腻，但海滩风急浪高，不适合泛舟、游泳，但却是冲浪的好地方，深得寻求刺激的年轻一族的青睐。

每日夕阳西下的美景也令无数游客陶醉。到了晚上，库塔的海边餐厅热闹非凡,海风、繁星相伴,烛光、美酒助兴,品尝着美味的海鲜,不失为人间天堂。用完晚餐,可以欣赏为游客精心准备的歌舞表演,也可以购买当地的传统手工艺品和海滩服饰品等。

这个美丽的岛屿因其如画的风景、淳朴的民风而成为世界级的旅游度假区。漫步于美丽的沙滩,沐浴着温暖的印度洋海水,满眼绿色的热带雨林和遍地的树丛野花,会让人感到身心无比的放松和惬意。

二、库塔旅游品牌化发展的经验总结

(一)按照国际标准,高标准规划旅游产业,提升服务能力

在规划中注重旅游业的可持续发展,充分考虑旅游基础设施的空间比例和完善程度、旅游者接触大自然和亲海行为的方便性与安全性、当地旅游的接待能力和承受力、如何保护资源等因素。尤其突出的是,在各类规划中,都会把当地居民及其生活纳入规划的内容,而不是简单的迁移,因为他们有一种以人为本的基本规划理念,那就是"当地居民的生活质量比旅游者的需求更重要"。

在旅游产品设计方面,整个巴厘岛突出旅游度假"天堂岛"和"宗教艺术之岛"的形象,精心保留历史文化遗迹,保存传统的生活习俗,大力发展木雕、石雕、绘画、哑剧、歌剧、民乐演奏等传统艺术。在旅游酒店管理方面,巴厘岛大量引进国际酒店集团管理本岛旅游业。通过引进大量高层次的酒店经营管理人才,既引进了成熟的国际旅游业管理经验,又快捷地得到了国际旅游市场信息。

(二)打造浪漫气息,注重营销策略,多元化开发旅游市场

库塔是名副其实的蜜月胜地。每年几十万对度蜜月的新人在这个充满浪漫色彩的海岛上举行婚礼。库塔不仅注重挖掘自然环境的浪漫元素,把海岛旅游的阳光、沙滩、海水等发挥到极致,还把婚礼的仪式、婚纱、宴席等人文元素考虑周到,让岛上可以奏出愉快的乐章,营造出海岛旅游的浪漫气息。

无论是库塔还是巴厘岛的每一个城市,特色是借助多种手段加大旅游营销。旅游者一到库塔就会被大量的旅游信息包围,从建筑式样、装饰壁画到精美的旅游宣传册和热情洋溢的旅游咨询人员,都让人体会到浓郁的文化气息。

政府每年都会拨出巨额资金进行旅游推广,通过电视、广告和网络对当地的人文和自然风光进行宣传,提升城市影响力和知名度。官方旅游网站则为旅游者提供了全面丰富的旅游信息,游客还可进行旅游产品的预定和购买。

而国际会议的召开、电视剧的拍摄等公关手段,也对当地形象宣传起到了很好的作用。

巴厘岛旅游推广的一个最大特点就是注重多元营销,通过采取多种营销策略优化组合的市场营销策略,开展有计划、有重点、有主题的整体宣传促销,实施以政府引导、企业主导的营销策略。

(三)依托特有自然资源,开发和保护并重,改善海边生态环境

海岸侵蚀是一种自然现象,但是滨海旅游的发展往往会加剧海岸的侵蚀作用。[①] 为了实现滨海旅游的可持续发展,库塔实施了一系列旨在保护和改善海岸环境的措施,例如,建专门的污水处理厂,对污水进行严格处理,以减轻海水污染,既保护海滨的生态环境,又可为游客提供一个蔚蓝的旅游环境;对珊瑚礁进行保护,修复受损的海滩,制定严格而周全的滨海地区规划和保护措施,改善海边的生态环境。

库塔在发展旅游业时,以旅游资源为基础,以生态市场为导向,以保护生态环境为中心,兼顾旅游的可持续发展潜力。一方面,注意原有生态环境的保护。在建设过程中不轻易破坏原有地形、地貌与植被,注重因地制宜。尽可能保留岛上的自然风格,注重建筑风格与周围环境相协调,创造和谐海岛生态旅游环境。另一方面,在开发过程中把好审批关,防止旅游过度开发现象的发生。正是这一系列的保护措施,才确保了生态环境不会因为旅游开发而受到破坏,为游客带来舒适放松的享受。

(四)深入发掘传统文化,融合现代旅游产业,发展特色文化旅游

库塔居民大多信仰阿加玛印度教,几乎家家户户都有一个神龛。在规划旅游产业发展的阶段,人们就意识到能使库塔区别于其他海洋旅游城市的是本地流传数世纪的宗教文化以及由此衍生出的艺术和生活方式。在分析了大部分游客心理之后,人们把旅游产业发展的重点放在了发展文化旅游上。一是把旅游开发区同当地居民传统生活区隔离,以降低现代旅游业对传统文化的销蚀,尽量多地保留当地原有的文化风貌。二是对传统文化特别是宗教文化进行了分类,严格规定哪类文化是可以用于商业化的(如打广告、商业演出、销售等),以保留当地传统文化的纯正性。三是推行村落旅游发展计划,即对分布在旅游线路上的村落进行强制性规划和重建,使它们看起来都符合传统

---

① 黄爱莲. 东南亚滨海旅游发展的经验与启示[J]. 东南亚纵横,2010(3):89-92.

建筑的风格,令游客赏心悦目。这一切措施突出了本地的宗教文化特色,形成了全岛整体性旅游产品的鲜明个性,而每个旅游景区(点)、旅游酒店、旅游娱乐区在保留该岛整体文化特色的同时,又精心策划突出了各产品的自由风格和特点,使库塔的旅游业显得既格调鲜明又丰富多彩。

(五) 制定合理的发展规划,打造高端旅游城市

海岛往往因其奇特的地质构造、优美独特的环境和神奇的海中生物资源等而备受游客喜欢,特别适合发展海岛观光度假游。库塔是休闲、度假的理想去处,但是海岛旅游的功能定位不仅仅局限于此。在海边观光游发展达到常态化之后,需要适度开发新型的旅游资源和旅游项目来满足游客的需求。

库塔的旅游开发、策划从多角度着手,使得旅游产品十分丰富多彩,用各种旅游项目增强了库塔休闲旅游品质的同时,也用休闲度假的主体功能带动了其他旅游产品的发展,游客在库塔既游又玩,既休闲又娱乐。

库塔利用良好的环境资源,从海面、海岛、天空等多方面进行多种类型的开发。比如,自然风光、文物古迹、民族风情、人造景观等观光型旅游产品;"3S"享受、美食旅游、豪华游船等度假型旅游产品;自然旅游、观鸟旅游、海洋公园等绿色生态型旅游产品;水上运动、温泉康复、高尔夫等健身康复型旅游产品;探险游、海底游、极限运动等猎奇刺激型旅游产品。[①] 用这些丰富多彩的旅游产品,让海岛旅游具有自己的独特魅力,拥有持久的生命力,以吸引大量的海内外游客,让游客乐在其中。

而随着人们生活水平的提高,旅游已经成为休闲度假的重要方式,越来越多的人拥有了"精品旅游"的意志,更加注重旅游体验,追求高水平的旅游品质。库塔积极开发旅游景点,精心设计旅游产品,发掘景区文化内涵,实施精品战略,突出重点,提高服务水平,加强国际合作,打造高端的旅游市场。

第六节 开普敦城市品牌化发展的成功经验

一、开普敦的基本概况

开普敦位于好望角北端狭长的开普半岛上,西濒大西洋特布尔湾,南临印度洋,是南非的立法首都,南非第二大文明发祥地,城市周围被山脉与海洋环

---

① 王兴斌. 旅游产业规划指南[M]. 北京:中国旅游出版社,2002:55-59.

第五章 国外海洋城市旅游品牌化发展的成功经验借鉴

抱,也被称为母亲城。这里虽然是立法首都,但没有其他国家都城的庄严,展现在人们面前的多是迷人的风光,因此被称为南非最美丽的海洋城市。

开普敦是南非最古老的城市,它的雏形是1652年欧洲殖民者建造的荷兰东印度公司的供给基地,也是西欧殖民者最早在南方建立的据点。开普敦建成300多年来几度易主,经历欧洲诸国的统治及殖民,形成了非洲与欧洲殖民地色彩并存的多元文化。开普敦市区有很多殖民时代的古老建筑,以爱德华式与维多利亚式的房屋居多。因此开普敦看起来就像是一座欧洲城市,有着整齐干净的街道、维多利亚风格的教堂、现代化的购物中心以及丰富多彩的夜生活,无论如何与印象中的野性非洲都相去甚远。

开普半岛的多山地理环境造就了开普敦美丽的白沙海滩,布鲁堡的海滩是滑浪以及风帆运动的热门地点,保达斯海滩则以非洲企鹅最为著名。在维多利亚艾尔法特海滨、豪特湾以及西蒙镇都有乘船游览的行程。另外,罗本岛亦是观光船必经的著名景点之一,还有一些游轮会带游客到海狗岛观看数以千计的南非海狗。开普半岛亦有很多远足和攀山路线、热门水上和户外活动等。观鲸是当地其中一项热门项目,每年8月至11月是观看南露脊鲸的好季节。8月至9月期间亦是到南非西海岸的纳马夸兰的好时候,因为在冬季雨水滋润后,该处的沙漠便会恢复生机并有很多野花盛放。

开普敦交通发达,南非的第一条铁路在这里建成,高速公路通向八方。特布尔湾为天然良港,它连接着五大洲四大洋,这里可同时停泊深水海轮30多艘。开普敦机场也是南非航班密集的国际机场。与此同时,开普敦夏无酷暑、冬无严寒、雨量丰沛、日照充沛,年平均温度在17℃左右,这里养育着9 000多种不同的花卉和草木,一年四季各种鲜花应时开放,吸引着来自世界各国的游客。

雄伟的高山,热情的海滩,充满历史的街道,优美的果园,绽放的花海,非洲独特的野生动物,刺激的户外活动,充满情调的开普爵士乐,不同肤色的人和文化,世界各地的美食,这里汇聚了众多风格迥异却和谐共生的元素,包容和多元化是这座海滨城市的文化名片。

二、开普敦旅游品牌化发展的经验总结

(一)注重特色,打造运动休闲旅游产品

开普敦的运动休闲开非洲之先河,有着良好的户外运动传统,开普半岛的多山地理环境造就了开普敦美丽细腻的白沙海滩,布鲁堡的海滩吸引着来自世界各国的滑浪以及风帆运动爱好者,每年9月至翌年2月期间都有络绎不绝的游客到此冲浪。开普半岛上有很多远足和登山路线,如位于市中心的桌

山、狮头峰和魔鬼峰等;热门水上和户外活动包括冲浪、潜水、滑浪风帆、垂钓、驾车游览、攀山、滑翔飞行、观鸟和观鲸等。

观鲸是当地的一项特色旅游热门项目,每年 8~11 月是观看南露脊鲸的好季节,至于布氏鲸则全年都可以看到。"在海玛留斯的沿岸以及科斯湾都可以看到鲸鱼,在开普敦的北海岸则可以看到希维斯特海豚以及暗色斑纹海豚。"

开普敦最主要的体育活动有橄榄球、曲棍球和足球,有能容纳 50 900 名观众的纽兰特橄榄球场以及 25 000 座位的纽兰特曲棍球场,山度士的主场艾法隆球场是 2010 年世界杯的训练场地。

(二)便利的交通系统,提升旅游可进入性

现代旅游产业项目,除了满足游客吃、住、行、玩等基本需求外,更重要的是给游客们带来方便的轻松感和愉悦的心情,基础设施建设环境和服务质量正逐渐成为衡量一个地区旅游业竞争力的重要因素,这就需要除了加大旅游业本身的开发研究,更要注重配套基础设施的建设。开普敦由于其特殊的地理位置,交通设施的发达与否对旅游业的发展有着至关重要的影响。

开普敦对外有通往北美洲、欧洲、亚洲等 19 个国家 23 个城市的国际航班。道路交通设施比较完备,有高速公路和铁路与南非各大城市相连,交通网络的发展,减小了游客的时间成本,方便了游客到此旅游。

在城市内部,"BRT"作为"快速公交系统"的简写被世人熟知的时候,开普敦推出了另一种更为高效的快速交通系统"IRT",全称为"Integrated Rapid Transit System",即"整合快速交通系统"。BRT 只是作为其中的一部分进行。整个 IRT 包括一系列措施,如优化铁路计划,BRT 建设,改善传统的巴士及专线小巴经营,转变自行车道和自行车停放方式,升级行人和城市空间,整合计程车服务,建设专用的泊车转乘设施。其目标是使城市的各种交通模式天衣无缝地结合起来。由于利用专门车道,大大减少了城市的塞车情况。巴士和小巴专道的使用,使得即使是在上下班时间段的车流高峰期,到市中心也可以节省 20 分钟。智能卡和登车平台的使用还将减少游客候车和上车的时间,同时实现了交通提示。

(三)注重环境保护,实现旅游可持续发展

随着全球可持续发展观念的出现,可持续旅游应运而生,在为旅游者提供高质量的旅游环境的同时,改善当地居民生活水平,保持生态环境的良性循环,增强经济和社会的未来发展能力,这是可持续旅游的核心目标。可持续旅游强调在发展过程中建立和发展与自然及社会环境的正相关关系,减少或消

除负相关关系。生态旅游、伦理旅游、自然旅游、绿色观光游、责任旅游、和谐旅游、环保旅游等都是以实现旅游可持续发展为目标的旅游实现方式。[①] 可持续旅游发展的举措包括由政府树立可持续旅游发展理念,国家生态旅游战略的制定与实施,自然与生态旅游认定计划的实施,旅游区的建设与经营注重环境保护,重视保护旅游地居民的利益,发挥非政府、非营利性环保组织的作用等。实现旅游业的可持续发展需要在经济可持续性、社会文化持续性和生态多样性等方面做出努力。[②] 在旅游资源开发中,规划部门要进行定量环保研究,分析未来旅游活动可能对环境造成的影响和需要采取的对策。在旅游资源开发和利用过程中,采取多种形式进行环境保护和治理,强化全社会参与环境保护的意识。

生活在开普敦的人都会拥有一本智能生活手册,小册子里提供了许多重要的环境资源公司的信息以及如何应对开普敦和全世界面临的环境问题。手册分别印制了英文版和南非荷兰语版,内容包括废物、能源、水、生物多样性等。

(四)发展文化产业,带动旅游发展

开普敦的文化产业也十分发达,每年的爵士音乐节吸引着全球各地的音乐爱好者,这有助于增强文化多样性。每年除了演出之外,还伴随有一项综合性的爵士音乐节培训与发展项目。一系列的演出和活动让成百上千的年轻人得以接触到各种各样的音乐技巧和形式,这些都是经过精心设计的,旨在激发他们对南非文化遗产的兴趣和激情,并激励他们产生对艺术的终生热爱,确保南非的故事继续发展,并通过各种各样的媒介将开普敦推向世界。开普敦国际爵士音乐节不仅仅是一场音乐盛典,更已成为南非主要的时尚生活体验和盛会。开普敦更是被评为 2014 世界设计之都,而开普敦国际爵士音乐节对此起到了引领和模范作用。

南非电影主演集中在开普敦和约翰内斯堡两座城市。开普敦城市里也有近千名注册电影制片人,有很多电影工作室和大批电影从业人员。开普敦每年几乎和洛杉矶一样,要接待来自世界各地络绎不绝的电影摄制组。在过去的几年间已有百部具有国际影响的电影和电视在南非进行拍摄工作。整个文化产业的繁荣无疑带动着城市旅游业的发展。

---

① 李永乐,张雷,陈远生. 澳大利亚可持续旅游发展举措及其启示[J]. 改革与战略,2007(3):35-38.

② 张红颖. 旅游业在西班牙经济发展中的作用[D]. 对外经济贸易大学硕士学位论文,2006:14.

第六章 中国海洋城市旅游竞争力模型构建

20世纪80年代以来，伴随着我国城市化进程的不断推进，品牌城市也逐步成型。随着全球化的不断深入，现代性所构建起来的网络联系，不仅加速了城市间资源的多向流动，也促成了更为激烈的城市竞争。在环境与经济发展的关系失调的危机背景下，城市发展不仅仅要求发展得更快，更要求城市发展得更好，城市品牌的塑造与建设成为增强城市综合实力、推动城市进一步协调发展的新要求、新动力、新景象。海洋城市拥有着天然的自然景观资源，在海洋强国战略的大背景之下，塑造海洋城市品牌、提升自身品牌效应、实现跨越式发展将成为海洋城市的必然选择，这对于探索生态经济区的建设、实现城市经济绿色转型再发展、推进海洋强国战略，都具有重要意义。加强对我国海洋城市品牌发育水平的研究，并以此促进我国海洋城市旅游竞争力发展，将是每个城市决策者和相关领域的理论研究者愈来愈关注的问题。而在本书第三章科学地量化评估和比较城市品牌价值的基础上，本章将进一步研究城市品牌价值与竞争力两者之间的关系模式，不仅有助于推动我国海洋城市旅游品牌的塑造，而且有助于城市品牌竞争力的形成，以真正地发挥城市旅游品牌对于城市经济发展、文化进步所应该具有的促进作用。

第一节 城市品牌价值与竞争力

一、海洋城市旅游品牌价值

（一）旅游城市品牌价值

旅游城市本身就是将城市整体作为消费产品，供消费者进行价值转换。

其所依据的旅游资源便是城市的特色景观。凡是能够造就对旅游者具有吸引力环境的自然事物、文化事物、社会事物或其他任何客观事物,都可构成旅游资源。旅游资源的根本价值在于对市场的吸引力,在于对旅游者的吸引功能。旅游资源是旅游目的地品牌形成的关键因素,也是旅游目的地品牌的核心价值所在。品牌旅游资源包括国家物质遗产、精神遗产、国家地质公园、国家A级景区、世界自然风景名胜区、国家十大风景名胜等。这种旅游资源由于有较高的知名度,本身对旅游者或者潜在旅游者具有很强的吸引力,成为"旅游焦点",进而影响旅游者的决策。知名度小一些的旅游资源经过深度开发与特色挖掘,也可以支撑旅游目的地品牌。没有旅游资源,旅游目的地也就缺少了开发的动力,旅游业的发展缺乏强大后劲,开发该旅游目的地无异于空中楼阁,更何况旅游目的地品牌的打造。所以说,旅游资源是旅游目的地品牌形成的基础,也是决定旅游目的地品牌价值高低的关键因素。[1]

旅游资源具有地域局限性,旅游产品成为品牌建设的强心剂。旅游目的地品牌的建设不仅要有景观类的稳定旅游资源,更要有把隐性旅游资源展现给游客的旅游产品。旅游产品就是经过旅游业者的开发设计将旅游资源转化成具有吸引力的产品或服务的组合。旅游说到底就是旅游者对旅游产品的整体感知过程,透过这些旅游产品,游客可以体验到旅游目的地品牌的核心价值,单一旅游产品会减退旅游者对旅游目的地的兴趣,进而削弱旅游目的地的吸引力。多种类的旅游产品能够满足各种旅游者的多样需求以及同一旅游者的不同需求,功能齐全的旅游产品必然会提高旅游目的地的竞争力。因此,品牌旅游产品的数量和质量是旅游目的地品牌形成的支撑条件。旅游资源和旅游产品是旅游目的地品牌形成的核心因素,品牌旅游资源和优质的旅游产品带动旅游目的地品牌的形成,构成旅游目的地品牌形成的拉力。

城市旅游品牌早期研究领域主要集中于旅游产品(线路)品牌、企业品牌等较小范围,随后才深入到不同界域的空间旅游品牌研究。旅游品牌研究具有消费者感知价值和生产者供给价值两个维度,已有研究成果大多基于对顾客价值的考量,以满足旅游者出行动机为着眼点的目的地旅游品牌研究较为多见。将目的地空间品牌解构为景区景点、线路网络、城市区域乃至于国家旅游品牌则是研究视角从消费者转向生产者的深化。派克(Pike,2009)回顾了近10年国际学术领域里有关目的地旅游品牌研究的74篇重要学术论文,认为该领域的研究仍处于"幼年期(infancy)",在此背景下城市旅游品牌作为进

---

[1] 周艳丽. 旅游目的地品牌形成机理研[D]. 燕山大学,2013.

一步细化的研究对象尚处于萌芽阶段。国内关于城市旅游品牌的研究成果也是在最近几年才逐渐涌现的,如杨秀平和翁钢民(2007)初步提出了旅游城市品牌的评价指标体系,尤晨等(2007)探讨了营销理念与城市旅游品牌建设的关系,范恒君等(2008)则关注旅游城市品牌创新并提出对策,曲颖等(2008)举例评价了旅游城市品牌定位的主题口号,马聪玲等(2008)论证了竞争力框架下城市旅游品牌的概念界定和评价体系。"品牌化"作为旅游目的地营销过程中从"定位"到"形象"之间逻辑链条的中间环节(高静,2009),处于因果关联的"黑箱"地带,是理论研究的薄弱地带,相对于定位和形象研究领域丰富的文献而言还有进一步深入的广阔空间。

(二)城市旅游品牌的构成要素

作为旅游目的地的城市,是能够使旅游者产生旅游动机并追求动机实现的各类空间要素的总和。城市是吸引物、住宿、交通以及其他服务与设施形成的综合体。有学者将城市旅游品牌要素从横、纵两方面来概括,横的方面可以简单概括为基础设施、人文环境、自然环境和社会环境,纵的方面将城市旅游品牌要素划分为功能性感知和情感性体验两个方面。前者是针对城市旅游基础设施、自然环境、人文环境、社会环境的客观理性考量,相当于一个群体标准;而后者是对城市基础设施、自然环境、人文环境、社会环境的主观情感表达,相当于个人偏好。本书认为,城市旅游品牌要素包括:① 旅游设施,表现为公众对于城市交通、食宿条件、通信条件、娱乐设施、购物设施、游览安全设施、公共卫生条件、公共管理、社会福利等基础设施的感知状况。② 自然环境,是指公众对于一个城市的地貌、气候、水质、城市绿化覆盖率、污染等自然要素形成的感知。③ 人文环境,是指公众对城市旅游人文景观美感度、奇特性、多样性、历史文化价值、艺术价值、科学考察价值、资源组合条件等要素形成的感知。其中,旅游景观美感度和奇特度是城市吸引力系统的主要构成部分,是吸引旅游者前往的最核心要素,是形成城市旅游品牌的基础。④ 社会环境,是指公众对于旅游目的地城市文化氛围、旅游产业政策、治安状况、城市整体风貌、居民好客度、价格合理度、导游素质、服务态度与管理、旅游容量等方面的感知。⑤ 旅游信息环境,主要是指旅游城市的旅游识别系统、旅游信息网络建设程度、宣传促销力度、城市形象与定位质量等各方面的关注度。①

---

① 万红燕. 城市旅游品牌问题研究——以提升南昌旅游业竞争力为例[J]. 企业经济,2008(9):127-129.

(三) 城市旅游品牌的支撑要素

旅游城市品牌的塑造与维护,要求旅游资源开发与旅游产品具有高质量、好形象以及精管理的特征,以此能够维持品牌价值的边际效益最大化。

1. 质量因素

质量因素主要是指产品和吸引物的质量。前面我们已经提到过质量对于旅游地品牌资产价值的影响的重要性,这里再加以强调是因为旅游产品的特殊属性,对于旅游产品来讲,产品的品质更是具有极其重要的作用。对于旅游产品的质量,要强调如产品功能的合理性和适用性、产品使用成本、产品使用时的便利性和安全性、产品的可靠性、产品寿命、质量、包装、外观以及产品规格的齐全性等。旅游产品的六要素为吃、住、行、游、娱、购,在每一个环节,都应该注意对消费者需求的满足,所提供的产品要符合行业的标准。尤其是旅游产品中具有争议的环节——游、娱、购,旅游企业在提供服务的时候,要自觉遵守行业准则,为旅游者提供服务,不能做为了增加收益而损害消费者权益的事情。旅游产品的主要部分是服务,为了保证提供产品的质量要注重对服务质量的控制。服务是指产品的售前售后服务,已经成为影响顾客满意的一个主要环节,是商品超值的重要组成部分,主要包括服务项目的齐全性、服务的快捷性、服务价格的合理性、服务咨询的满意度、培训内容和时间、服务观念、服务态度等。在旅游产品中,主要是以服务为主,所以服务质量的好坏直接影响到旅游产品质量的好坏,也就影响到消费者对于旅游产品的满意度。因此要给消费者留下好的印象,获得好的口碑评价,每个旅游地、旅游企业都要注意旅游服务质量的提高。旅游企业提高服务质量的方法可以通过提高旅游服务基础设施的建设、提高从业人员的素质等方面来进行。随着旅游业的发展,消费者对于旅游产品质量的要求不断提高,要想满足消费者的需求,旅游企业要加大培训的力度。

2. 形象因素

形象因素是指在旅游地品牌塑造过程中,为旅游地宣传所打出的产品品牌形象,产品的广告诉求点,如商标的易辨认性、美誉度、包装的美观、色彩、保护性、便捷性、环保性,产品的保健功能、环保功能等。在目前对旅游地形象宣传方面,还非常注意旅游地品牌形象识别系统的塑造,良好而富有个性的旅游地形象能够使该地更容易被消费者认出、牢记并不断强化,进而促进该地旅游品牌形象的建立。鲜明的旅游地品牌形象是旅游地宣传所追求的目标,有利于旅游地品牌资产的增值。对于旅游地的宣传要应用传媒和公关的因素,应用的时候要注重对如产品价格、信誉、服务、各项担保、信贷、购物时的便利程度、宣传产品时的全面性、及时性、真实性、商家让利幅度和时机、销售条件的完善程度等的宣传。旅游地在建立品牌形象的时候要充分认识到这些公关因素的重要作用,但是在应用这些因素的时候要注意投入费用和投入时机。在进行品牌塑造的传播和公关的过程中的投入费用要做到适量,不能花过多的费用在宣传上而忽视了自身产品质量的提高。在投入的时机上要恰到好处,要等到旅游地的品牌形象已经初步开始确立、已经有了一定的群众基础时投入,这样,品牌推广才能发挥最大的效力。

3. 管理因素

管理因素即企业内部管理效果对品牌价值会产生深刻的影响,如企业的战略制定、战术执行、组织运作、内部资源使用控制、人力资源利用能力等,会对企业的经营状况和市场控制能力产生影响。另一方面,企业外部的社会、经济、政治、科技文化环境的变化,会对企业的生存和发展产生影响,进而影响企业的决策方式和适应能力,从而影响企业对品牌的市场运作方式,对品牌价值产生一定的影响。同时,在经济发展的今天,每个旅游地想要更好地取得市场份额,想获得持续的发展,要注意树立起整体和协调发展的观念。在相近或相邻的旅游地之间要注意相互间的合作,建立其协调发展的大环境,每个旅游地作为单独的个体在这个大环境中获得更好的发展。这样的例子在我国有很多,如我国长三角和珠三角的相互合作、协调发展,使得这两个区域的旅游业一直得到了持续、健康、稳定的发展。

通过城市品牌建设可以提升市民的自豪感、认同感,吸引投资、人才、旅游者以及城市的国际关注,对城市的旅游发展及经济结构调整、城市地位的提升具有显著作用。青岛素来有"红瓦绿树、碧海蓝天"的自然风光,而海尔、海信、青岛啤酒等一批企业品牌的涌现构成了城市新的内涵,城市品牌内容更加充实。同时,品牌价值在无形中能够引起人们的意识、观念和思维方式发生根本变化,从而成为城市的潜在受众并为城市带来信誉和声望。而且这种价值具有巨大潜能和新价值的持续创新性,消费者使用某种品牌,除可获得功能享用外,还可获得精神上的延伸性享受,这种享受通常被称为附加价值,主要通过两种途径产生:个人的亲身体验以及包装和展示。[①]

---

① 左辅强. 城市经营的品牌战略研究[J]. 重庆大学学报(社会科学版),2004(4):15-17.

二、城市品牌竞争力

在全球经济危机和互联网新商业模式的双重打击下,市场约束变得越来越突出,继续使用已有商业模式所能带来的利润增值空间已很小,这不仅仅是对企业而言,对于庞杂的城市而言更是个严重的危机信号。城市品牌竞争力是一项复杂的系统工程,对城市品牌竞争力进行理论剖析,在可持续发展观的视野下探讨城市品牌竞争力的实现途径,力求通过对这些途径能够合理地组织城市内部各种资源,以形成别的城市不易模仿的独特、持续的竞争优势。实现城市资源配置的最优化和效益的最大化,是实现城市可持续发展的重要组成部分。城市品牌竞争力的本质是面向未来,目的是为了加快城市经济和社会的发展。城市品牌竞争力是城市经济发展的原动力,有利于推动城市建设的良性循环和城市资源的可持续发展,并实现城市化发展的经济效益、社会效益和环境生态效益。

(一)品牌竞争力

充分竞争市场让传统企业理论的片面性逐渐显露出来,品牌作为独特及无法复制与模仿的稀缺资源开始进入企业战略管理视野,品牌竞争力概念被提出并从不同视角展开研究。学术界对品牌竞争力的研究可追溯到 20 世纪 50 年代。Gardner 和 Levy(1955)在《哈佛商业评论》上发表了《产品与品牌》(*The Product and The Brand*)一文,指出:品牌能为其所有者带来市场竞争收益,从此学术界开始了对品牌竞争力理论的研究。阿尔里斯在谈到中国经济的发展时指出:"中国经济的增长备受瞩目,但是假如战略方面没有从商品调整到品牌,这一显著的经济增长也很难维持,未来属于品牌,尤其是属于全球性的品牌。世界上最富有的国家经济是建立在品牌之上的,而非建立在单纯的商品之上。"

从现有文献来看,研究者对品牌竞争力内涵的认识可以归纳为两类观点:表现力观和能力观。Keller 将基于顾客的品牌权益界定为由于顾客头脑中已有品牌知识而导致的顾客对品牌营销反应的差别化效应。包括:① 品牌权益来自于顾客的差别化反应,如果不存在顾客反应方面的差异,品牌产品就与无品牌产品没有什么区别;② 顾客反应方面的差别是顾客已有的品牌知识发挥作用的结果,品牌的作用根本上取决于顾客头脑中已经存在的品牌知识;③ 顾客的反应体现在与品牌营销有关的感知、偏好和行为等方面。从基于顾客的品牌权益内涵出发,品牌的顾客价值优势导致的品牌忠诚是品牌权益的最直接的表现,是品牌竞争力的基础,是为企业带来超额收益和为企业创造财务价值的前提条件。它是一个连接过去和未来的概念,既反映企业过去营销努力的积淀,同时又预示着品牌的未来收益能力,品牌竞争力的评估不应该脱离这个基础。品牌的顾客价值优势、顾客的品牌忠诚与品牌竞争力应该形成一个相互支持的闭合回路。我国较早提出"品牌竞争力"概念的学者张世贤持表现力观的认识。他认为,品牌竞争力是企业综合竞争力的表现形式,一个品牌有无竞争力要看它有没有相对优势的市场份额,有没有一定的溢价能力。

　　学者许基南将品牌竞争力表述为"企业通过对资源的有效配置和使用,使其品牌比竞争对手的品牌更好地满足消费者的需求,从而在扩大市场份额,获取高额利润方面与竞争品牌在市场竞争中产生的比较能力"。上述表述的共识是,品牌竞争力是一个市场概念和比较概念,是企业竞争能力的市场表现形式。能力观的代表如美国著名品牌研究学者戴维·阿克(David Aaker,2002)。他认为,品牌竞争力是在一定的市场环境中,企业拥有的塑造强势品牌并支持强势品牌持久发展的能力,该能力是企业在长期的品牌管理实践中逐渐积累,并整合企业品牌管理中的各项技能而形成的。可从以下几个方面来理解品牌竞争力的概念:① 品牌竞争力属于品牌管理的范畴。品牌竞争力的理念是在品牌管理实践和理论长期发展的基础上,整合了核心竞争力的先进理论而产生的,其理论体系及研究方法均属于品牌管理的范畴。② 品牌竞争力是一种长期积累而成的整合能力,在当前乃至将来竞争激烈的市场中,企业要想塑造并发展一项强势品牌,单靠历史的遗留、独特的资产、一两次的机遇或简单的技巧是不可能办到的。企业只有从品牌管理的深层次入手,逐渐培育起关键的品牌管理能力,并将这些能力系统整合,才能形成强大的品牌竞争力。③ 品牌竞争力的最终目的是要为企业塑造强势品牌,并维持强势品牌的持续发展。④ 品牌竞争力具有一些鲜明的特点。品牌竞争力具有价值性、不可模仿性、延伸性、独特性等特点。同时,正是由于其具有以上这些特点,才使它成为企业塑造、发展强势品牌的强大武器。国内学者汪波和邴红艳持类似观点。汪波认为,品牌竞争力不是一个单一的能力,而是产品、企业以及外部环境等创造出的不同能力的集成组合。根据企业对品牌竞争力各组成力的影响程度,将受产品和企业自身所影响的力归纳为品牌竞争力的竞争内力,而受到外部环境如市场、消费者、行业政策等影响的力归纳为品牌竞争力的竞争外力。邴红艳则认为,品牌竞争力是指品牌在竞争的环境中,为谋求企业长远发展,通过对自身可控资源的有效配置和使用,使其产品和服务比竞争对手更好、更快地满足消费者的需要,在满足消费者需求中企业不断扩大市场份额获取高额利润。它是企业经过整合的一个总体能力,可从品牌市场能力、品牌管理能力、品牌关系能力和品牌基础能力四个方面对其进行理解和把握。能力观表述的共识是,品牌竞争力是支持品牌发展的企业各种能力的集合。从品牌价值延伸角度看,主流管理学家们主要强调品牌张力,即品牌可以增强企业市场竞争力,并集中体现在品牌市场占有率和溢价能力上。品牌价值会影响消费者的品牌偏好并通过品牌偏好影响消费者的忠诚。消费者偏好由多种要素构成,因此企业品牌竞争力就是企业各种能力的整合包括企业各种资源整合的能力。

综上所述,虽然表现力观和能力观对品牌竞争力内涵的认识各有侧重,但两种观点都认同品牌竞争力具有以下特征:第一,品牌竞争力具有比较性。品牌竞争力是企业之间相互竞争、较量时,由品牌所表现出来的一种市场力量,这种力量使企业的品牌区别或领先于其他竞争对手并支持自身持久发展。第二,品牌竞争力具有动态性。品牌竞争力会随着市场结构和竞争行为的变化而变化,其强弱不是绝对的、持久的。第三,品牌竞争力具有资源整合性。品牌竞争力是企业资源配置的产物,同时,其自身也构成企业发展的一项重要资源。竞争力强大的品牌有吸纳社会资源的号召力。

(二) 城市品牌竞争力

1. 城市竞争力的概念

城市竞争力源于生产要素在城市之间的流动,而在产权明晰的条件下,生产要素的流动事实上是生产要素的所有者在追求收益最大化的过程中对其要素的空间使用和支配。如果我们把投资者视为生产要素的调集者,则可以近似地把投资者的投资行为看作生产要素的空间流动。同样,城市产出的价值实现实际上也是对人的吸引,即对游客和消费者的吸引,其中游客只不过是一类特殊的消费者,他们直接对城市进行选择。目前国内对于城市竞争力的研究才刚刚起步,对城市竞争力内涵的界定并不统一。一部分学者用瑞士洛桑国际管理发展学院(IMD)的国家竞争力概念来阐释城市竞争力,认为城市竞争力就是城市比竞争对手创造更多财富的能力。城市竞争力是一个城市在其发展目标的统领下,从其所属的区域中进行资源优化配置的能力,表现为与区域内其他城市相比,有更强的吸引人才、物资和资金的能力以及更大的产业聚集能力和市场辐射能力。这种竞争能力的生成和显现是经济、社会、文化、政策等多种因素综合作用的产物,而其一旦形成并得以保持,就会对城市自身的经济发展产生强大的推动力,并有力地带动本地区及周边地区经济的高速发展。① 也有学者认为城市竞争力是指城市通过提供经济的、文化的、自然的和制度的环境,吸收、聚集和利用各种促进城市经济和社会发展的资源的能力,最终体现为城市具有更强、更为持续的发展能力和发展趋势;能够提供具有优势的自然和非自然的环境是城市竞争力的条件。②

连玉明(2004)认为,城市竞争力是指一个城市在经济全球化和区域一体化背景下,与其他城市比较,在资源要素流动过程中,所具有的抗衡甚至超越现实的和潜在的竞争对手,以获取持久的竞争优势,最终实现城市价值的系统合力。还有学者认为城市竞争力是在社会、经济结构、价值观念、文化、制度政策等多个因素综合作用下创造和维持的,是城市为其自身发展在区域内进行资源优化配置的能力;同时也表现为与区域内其他城市相比能吸引更多的人流、物流和辐射更大的市场空间等能力,在促进自身经济的持续高速增长的基础上推动地区、国家或世界创造更多的社会财富。Douglaswebster(2000)认为,城市竞争力是指一个城市和其他城市相比,生产并销售一系列更有价值的产品和服务的能力。国内学者倪鹏飞(2003)、郝寿义等认为城市竞争力是个相对概念,城市竞争力是一个城市与其他城市相比所具有的创造财富或推动地区多快好省地创造财富和价值收益的现实的和潜在的能力,它综合反映了一个城市的生产能力、生活质量、社会全面进步及对外影响力。可见,城市竞争力作为一个综合性的社会经济概念,反映了一个城市在竞争中的优势以及本身可持续发展的综合水平。城市竞争力的提升能促进地区产业高度集聚和结构优化,有利于各种资源的整合,可为经济社会发展提供持久动力。③

2. 城市品牌竞争力

对于一个城市而言,城市品牌竞争力才是最能体现城市特色的东西,是城市核心竞争力中最核心的部分,占主导地位,城市品牌竞争力是城市核心竞争力的外在表现形式,城市品牌竞争力是整合内、外部资源的有力武器,品牌竞争力就是核心竞争力。④ 它充分反映了城市的生产力发展水平、生产要素集聚和辐射的能力、社会全面进步的动力和可持续发展的能力,直接影响着城市竞争力,它是城市竞争优势的源泉和制胜关键。

---

① 闫金秋. 品牌与竞争力:城市发展的动力之源[J]. 税务与经济,2015(1):59-62.
② 徐康宁. 论城市竞争与城市竞争力[J]. 南京社会科学,2002(5):68-69.
③ 徐俊昌. 城市品牌与城市竞争力的相互作用[J]. 税务与经济,2012(6):48-50.
④ 许峰,秦晓楠,张明伟,漆睿,李静. 生态位理论视角下区域城市旅游品牌系统构建研究——以山东省会都市圈为例[J]. 旅游学刊,2013(9):43-52.

城市品牌竞争力的定义：在不断变化的城市环境中，城市通过创新性的合理整合，组织城市的各种知识、资源包括自然资源和社会资源，并结合城市发展特色以形成其独占的、有效的获取、协调和配置各种资源的优势能力。[①] 城市资源如城市信息流、人力流、资金流、物流等的有机整合能力是城市品牌竞争力的关键，其真正的优势是城市将各种资源整合统一到竞争能力之中，交融形成特有的竞争优势主体。城市品牌竞争力具有异质性、文化积淀性、延展性、可持续性等特征。这些特征是其发展的根本所在，也是进行城市品牌塑造的重要方向，从而形成品牌优势，获取更大的边际效益。只有形成自我的品牌优势，发挥品牌价值，才能真正提升城市品质、产业品质和市民生活品质，进而提升城市的品牌价值，吸引更多人才、资本、技术、产业的集聚，推动城市竞争力的提升和城市生产力发展的良性循环。一个城市要构筑核心竞争力，需要强化其特色品牌的优势、冲击力和占有率，因此，发展独具特色的、在某一领域内取得领先地位的、能够将独特资源向具有竞争优势进行有机转化能力的城市品牌竞争力，是现阶段城市发展中需要格外注意的关键性领域。

3. 城市品牌竞争力主要构成要素

城市品牌竞争力主体，主要指城市政府。城市政府既是城市经营活动的组织者、指挥者，又是城市生产、生活、工作环境和条件的提供者，即兼有营销者身份的城市营销者，还包括城市居住的公民、企业和单位事业组织。这里，政府、企业和居民都会自觉或不自觉地参与到城市品牌建设中，只不过，三者各自的定位和职责不同。在这三个主体中，政府最具有城市品牌建设的自觉意识，但其主要作用在于为城市品牌建设提供良好的平台，提供城市品牌的公共部分；企业在市场竞争中会自发地展开品牌竞争，其在市场竞争中积累的品牌资产形成城市品牌的硬核；居民会无意识地参与城市品牌建设，但其影响不可忽视，因此，政府应做好对居民行为的引导和规范。

城市品牌竞争力影响因素，即城市营销者吸引既有的和潜在的城市消费者进驻城市，活跃城市经济发展的因素，也就是通常所说的城市环境。它主要包括公共设施等城市硬环境和政治、经济、法律、社会风气等城市软环境。

（1）强化城市营销品牌竞争意识，树立正确的品牌营销观。观念是行动的先导。

（2）调整发展思路，科学准确地进行品牌定位。

（3）突出城市特色，塑造城市个性品牌。提升城市竞争力，要根据城市的

---

① 吴智容. 基于可持续发展观的城市品牌竞争力研究[D]. 成都：成都理工大学，2007.

基础条件和特点,实施差异化战略,培育出与众不同的城市特色品牌。

(4)减少行政干预,强化市场竞争机制。

(5)发展完善主导产业,培育知名产品,丰富城市品牌内涵。树立城市品牌要依托特色产品和特色产业,否则城市品牌将缺乏血肉,势必空洞化。

(6)注重营销创新,培育和发掘城市的"卖点"。城市营销是一项社会化、科学化和艺术化的系统工程,因此要有效开展城市营销活动,必须制定相应的战略,如通过开展一些适合自己特点、有重大影响力的"活动",如瑞士达沃斯经济论坛、博鳌亚洲论坛、潍坊风筝节、昆明世博会等,打造独具特色的城市品牌,形成独具优势的品牌竞争力,从而提高城市知名度和美誉度。

城市品牌竞争力客体,即城市消费者。城市消费者包括一座城市的企业、金融机构、商店、研究机构、高等院校、医院等各类社会组织和定居人口、暂住人口、投资者、旅游者、会议参加者等。

从竞争主体来看,它强调城市的实力基础,即城市在现有的自然、经济、社会、制度等方面的综合比较优势的基础上参与竞争;从竞争对象来看,它强调影响到城市发展的具有流动特点的稀缺资源要素;从竞争过程来看,它强调更强的集聚、吸引和利用竞争对象过程中的城市能力;从竞争结果来看,它强调城市的持续发展能力和市民福利水平的提高程度。城市作为人口的集聚中心,提高居民的福利水平是城市竞争力的最终目标指向,这也是贯穿城市发展过程的一条主线。

第二节 城市品牌与竞争力的耦合关系模型

一、城市品牌与竞争力耦合的内涵

(一)耦合在旅游领域中的研究回顾

耦合在我国旅游研究中的应用主要集中于对旅游产业及旅游经济的研究中。国内最早将耦合的概念引入旅游领域的是马晓龙、杨新军(2003)。他们通过对我国4A级旅游区(点)的空间分析,发现其与区域经济水平和城市发展水平有明显的空间耦合关系。[①] 吴殿延(2005)从供给和需求两方面论证了

---

① 马晓龙,杨新军.中国 4A 级旅游区(点):空间特征与产业配置研究[J].经济地理,2003,23(5):713-716,720.

时间规律和空间规律的耦合特性,即越是高层次的区域,越强调旅游开发的高级形态和综合效益①,正式在旅游研究中建立耦合模型。在随后的发展过程中,旅游产业与其他因子之间的耦合研究越来越多。韩新明(2009)综述了国内外关于旅游循环经济与旅游产业网络的研究概况,介绍了旅游产业网络的概念及特征,分析了基于循环经济的旅游产业网络耦合机制。②张柳等(2011)为研究各省区市的旅游目的地网络营销系统与旅游产业发展水平的耦合关系,采用 SPSS 17.0 统计软件,利用多指标综合评价的主成分分析法(PCA),对我国大陆 31 个省区市的旅游产业发展水平进行综合定量评价。③高乐华、张广海(2011)根据构建出的城市化与旅游产业集群耦合评价模型,对山东省城市化与旅游产业集群系统的耦合态势进行了分析,并进一步探讨了山东省城市化与旅游产业集群耦合发展机制。④李淑娟(2016)以我国 14 个重点海洋旅游城市为例,在构建旅游经济系统与生态环境系统评价体系的基础上,对我国海洋城市旅游经济与生态环境的耦合协调度进行了定量分析。⑤耦合理论的应用近几年则开始应用在旅游品牌及品牌竞争力研究等方面,但仍然占少数。孙文萍(2012)在集群品牌和产业集群相关理论的基础上,进一步分析集群品牌与产业集群竞争力之间的耦合机理,建立集群品牌与产业集群竞争力综合评价指标体系,利用耦合模型、耦合度模型工具,对辽宁省实证进行研究,特别针对辽宁省提出集群品牌建设提升产业集群竞争力的耦合战略。⑥常颖(2013)通过建立耦合判断模型,得出了旅游品牌创新能力与旅游产业综合实力之间的互动机制,以此为依据为区域品牌创新提供了科学建议。⑦

---

① 吴殿廷,王欣.旅游开发与管理的时空耦合规律初探[J].人文地理,2005,20(1):42-44,112.
② 韩新明.基于循环经济的旅游产业网络耦合机制研究[J].安徽农业科学,2009,35(19):9186-9188.
③ 张柳,李君轶,马耀峰等.旅游目的地网络营销系统与旅游产业发展耦合分析[J].经济地理,2011,31(2):339-345.
④ 高乐华,张广海.城市化与旅游产业集群耦合发展机制研究——以山东省为例[J].旅游研究,2011,3(4):59-66.
⑤ 李淑娟,李满霞.我国海洋城市旅游经济与生态环境耦合关系研究[J].商业研究,2016(2):185-192.
⑥ 孙文萍.集群品牌建设与产业集群竞争力提升的耦合战略研究——以辽宁省为例[D].沈阳:沈阳师范大学,2012.
⑦ 常颖.旅游品牌创新能力和产业综合实力的耦合分析——以浙江省为例[J].南京师范大学,2013(5):16-52.

（二）耦合的理论基础

耦合是目前学术界较为流行的一种比较研究对象之间互动机制的方法，但不同领域对该概念的界定也有一定的区别。耦合最初来源于物理学中，是指两个或两个以上的电路元件、电网络相互作用，使能量从输出一方传递到输入一方，从而实现电路的正常运作。[①] 同理，若是将这样一种概念推及社会科学领域中，使两种社会现象能够有机结合起来，并且通过相互作用机制来发挥效用以实现各自的发展运动，我们即可以称之为耦合。因此，物理学中的耦合概念指的是两个或多个系统的相互作用和相互影响以及相互关联的现象，各个系统之间通过良性互动，相互依赖协调，达到相辅相成的动态关系。随后耦合的物理意义渐渐运用于生物学、生态学、经济学等学科，社会学中，为两个或两个以上的系统通过紧密配合使得系统之间相互依赖，并达到交互影响的现象。如今，耦合也渗透到了旅游等交叉学科的研究中，在这一理论背景的支持下，本章将城市旅游品牌价值与旅游品牌竞争力视为两个系统，将两系统彼此之间产生相互作用进而影响的现象定义为城市旅游品牌价值与品牌竞争力的耦合。

协同学中指出，系统在相变点处的内部变量可分为快、慢弛豫变量两类。慢弛豫变量也叫系统的序参量，是决定系统相变进程的根本变量。使系统从无序走向有序的关键在于系统内部序参量之间的协同作用，它决定着系统相变的特征以及规律，耦合度正是反映这种协同作用的变量。[②] 由此，本书将城市旅游品牌价值与旅游品牌竞争力两个系统之间相互作用的程度定义为城市旅游品牌价值—品牌竞争力耦合度，它的大小反映了两系统的作用强度和贡献程度。本章在之后的研究中通过建立耦合度模型对城市旅游品牌价值与旅游品牌竞争力交互作用进行评价。下面通过两系统之间的相互作用来分析城市旅游品牌价值同旅游品牌竞争力的耦合关系。

（三）城市品牌与竞争力的耦合机理

耦合的基本前提是耦合各方必须存在某种关联，耦合的结果是耦合各方的属性会发生变化（即原有的属性会被缩小和放大）。城市旅游品牌价值与旅游品牌竞争力作为城市旅游竞争力系统的两个子系统，彼此之间通过相互作

[①] 周宏. 现代汉语辞海[K]. 北京：光明日报出版社，2003：820-821.
[②] 谭玉成. 环渤海经济圈金融产业集聚与区域经济耦合关系研究[D]. 青岛：中国海洋大学，2009.

用、相互带动,能够产生协同放大的效应。城市旅游品牌价值和品牌竞争力耦合关系是指为实现增强城市旅游经济发展、提升旅游综合竞争力中的软实力和增强企业竞争优势,在综合分析城市旅游品牌价值体系、城市旅游品牌竞争力指标体系的基础上,两者通过某种关系,相互作用、相互影响、相互制约,形成一个相互关联的系统,从而实现互动、协同发展的状态。

城市旅游品牌价值与品牌竞争力耦合关系研究不仅是旅游品牌理论和竞争理论的应用与延伸,同时也是城市旅游品牌发展和城市旅游竞争力的内在融合。城市旅游品牌价值和品牌竞争力之间基本存在正相关关系。旅游品牌价值首先是一个城市旅游品牌竞争力的体现,当一个城市拥有的旅游品牌数量达到一定程度时,就会在人们的头脑中形成有关这个城市旅游的印象,隐性的城市旅游品牌价值得以实现时,品牌就成为城市的代言人,数量众多的优秀旅游品牌反过来吸引旅游者购买该城市的旅游产品,吸引投资者到该城市进行旅游投资,带来各种生产要素的集聚。从这个角度看,品牌价值的实现成为城市品牌竞争力的重要因子。例如,海洋旅游城市可以把具有海洋特色的强势品牌作为一个增长极,并做好配套工作,力争使该品牌价值发挥集聚作用和辐射作用,提升其旅游品牌竞争力。

在本章中城市旅游品牌价值和品牌竞争力之间耦合关系更多的是在产业层面提出一种定位和观念,为后续具体实施层面中的具体性策略提供基础性研究结论,因此在本章中重点从耦合理论方面对城市旅游品牌价值和品牌竞争力之间耦合关系进行阐述。

二、城市品牌与竞争力耦合模型设计

(一) 耦合模型选取

耦合是指两种运动方式或系统之间相互作用而产生彼此影响的现象,研究两个系统中各要素通过彼此联系,发生动态关联,达到相互协调和促进。在旅游学领域,我们将耦合作为研究某两个旅游系统相互依赖于对方的一个量度。耦合度是两种要素或系统之间的紧密程度,协调度则反映了两者之间的协同效应。本章基于物理学原理,采用耦合度和协调度来耦合城市旅游品牌价值和城市品牌竞争力之间的相互关系及影响程度。

1. 耦合度和协调度的模型选取

耦合度和协调度的定量计算模型较多,各类型模型特点也不一而足。有根据运筹学原理发展的多目标规划法(MOP),又称为"连续多准则决策",可解决有多个矛盾的、不可公度的目标函数需要实现优化的问题;[①]有基于灰色关联度分析提出的耦合度模型,该模型可以测度不同时刻两个系统耦合程度的强弱,具有反映系统间时序性和空间性的特征;[②]还有根据数理模型,表达两个系统之间的协调程度的定量判断模型等。

城市旅游品牌价值—城市旅游品牌竞争力耦合度是城市旅游品牌价值与城市旅游品牌竞争力两个子系统通过各自的耦合元素彼此产生影响的程度。根据协同原理,借助系统多目标优化思想,本章利用模型序参量之间协同作用的强弱程度提出的协调度模型。耦合度就是描述系统内或系统要素间相互作用和影响的程度。从协同学的角度分析,耦合作用和耦合程度决定了系统在达到临界区域时走向何种序与结构,或称决定了系统由无序走向有序的趋势。耦合度是反映这种协同作用的度量。由协同学理论可知,系统由无序走向有序的关键是系统内部序参量之间的协同作用。耦合度的大小反映了两者对城市旅游品牌价值—竞争力总系统的贡献程度。耦合度模型由功效函数、耦合度函数、耦合度指标体系和耦合协调度函数构成,其中功效函数中序参量的上下限和耦合度指标体系建立起着关键性的作用。

2. 耦合度模型

(1) 功效函数

设变量 $u(i=1,2,\cdots,m)$ 是城市旅游品牌价值—竞争力总系统的序参量,u_{ij} 是第 i 个序参量的第 j 个指标,其值为 $X_{ij}(j=1,2,\cdots,n)$。a_{ij}、b_{ij} 是该系统稳定临界点上的序参量的上下限值,因而城市旅游品牌价值和旅游品牌竞争力对总系统有序的功效系数可表示为:

$$u_{ij} \begin{cases} (X_{ij}-b_{ij})/(a_{ij}-b_{ij})u_{ij} & \text{具有正功效} \\ (a_{ij}-X_{ij})/(a_{ij}-b_{ij})u_{ij} & \text{具有负功效} \end{cases} \quad (6\text{-}1)$$

其中,u_{ij} 为变量,X_{ij} 品牌价值—竞争力总系统的功效贡献大小,u_{ij} 反映了每个指标达到目标值的满意程度。由式 6-1,$0 \leqslant u_{ij} \leqslant 1:u_{ij}=0$ 时为最不满意,$u_{ij}=1$ 为最满意。由于城市旅游品牌价值和旅游品牌竞争力是出于品牌价值—竞争力整体系统的两个不同而又相互作用的子系统,对子系统的各个序参量的有序程度的"总贡献"可通过集成方法论来实现,一般采取几何平均法和线性加权和法。

---

① 郭怀成. 环境规划方法与应用[M]. 北京:化学工业出版社,2006. 34-50.
② 刘耀彬,李仁东,宋学锋. 中国区域城市化与生态环境耦合的关联分析[J]. 地理学报,2005,60(2):237-247.

$$u_i = \sum_{i=1}^{m} \lambda_{ij} u_{ij} \quad \sum_{i=1}^{n} \lambda_{ij} = 1 \tag{6-2}$$

式中,u_i是子系统对总系统有序度的贡献,λ_{ij}为各个指标的权重,在本章当中具体通过层次分析法给予确定。

(2) 耦合度函数

耦合度的计算是借鉴物理学中的容量耦合概念及容量耦合系数模型,推广到多个系统相互作用的耦合度模型:

$$C_m = \left\{ (u_1 \cdot u_2 \cdot \cdots \cdot u_m) / \left[\prod u_i = u_j \right] \right\}^{\frac{1}{m}} \tag{6-3}$$

根据式 6-3 可以直接得到城市品牌价值—竞争力和旅游品牌竞争力的耦合度函数:

$$C = \left\{ (u_1 \cdot u_2) / \left[(u_1 + u_2) \cdot (u_1 + u_2) \right] \right\}^{\frac{1}{2}} \tag{6-4}$$

对式 6-4 而言,u_1为城市旅游品牌价值对耦合系统的功效贡献大小,u_2为品牌竞争力对耦合系统的功效贡献大小,C为城市旅游品牌价值与品牌竞争力之间的耦合度。耦合度值$C \in [0,1]$。依据物理学中的耦合阶段的划分,一般将耦合的过程划分为低水平耦合阶段、拮抗耦合阶段、磨合阶段和高水平耦合四个阶段。[①] 本书将集群品牌和产业集群竞争力的耦合状况分为:

1) $C=0$,城市旅游品牌价值和品牌竞争力的耦合度最小,说明两个子系统之间处于无关状态,品牌价值—竞争力系统向无序发展。

2) $C \in (0, 0.3]$,城市旅游品牌价值和品牌竞争力处于较低水平的耦合阶段,此阶段城市旅游品牌竞争力发展强,品牌价值发挥的作用小。在这一阶段,没有充分运用城市旅游品牌价值的提升实现品牌竞争力最大化。

3) $C \in (0.3, 0.5]$,城市旅游品牌价值和品牌竞争力处于拮抗阶段,城市旅游品牌价值超越了它的发展拐点(品牌价值水平达到 30%),城市旅游品牌价值处于快速发展过程中,需要不断投入人力、资本、资源等等,旅游品牌竞争力的提升落后于旅游品牌价值发展所需,两者的发展出现拮抗。

4) $C \in (0.5, 0.8]$,城市旅游品牌价值和品牌竞争力处于磨合阶段,这时城市旅游品牌价值又达到了另外一个拐点(品牌价值水平达到 50%),城市旅游品牌价值由于受到前期品牌竞争力制约,更多的资源、资金等注入城市旅游品牌价值的发展中,两者开始走向良性耦合。

5) $C \in (0.8, 1]$,城市旅游品牌价值和品牌竞争力处于高度耦合阶段,城市旅游品牌价值不仅仅体现在品牌量的程度得到很大发展(品牌价值水平大

---

① 郝生宾,于渤,吴伟伟. 企业网络能力和技术能力的耦合度评价研究[J]. 科学学研究,2009(2).

于70%),在质的程度上也显著提高,城市旅游品牌价值实现和品牌竞争力提升相得益彰,互相促进,共同进入高水平阶段。

6) $C=1$,城市旅游品牌价值和品牌竞争力耦合度达到最大值,系统之间以及系统各要素之间经过了适应、磨合、调整、融合最后达到最佳理想状态,也就是良性共振阶段,系统趋于新的有序结构。

(二) 耦合协调度

从耦合度的级别来说,只能从数值上了解到两者之间的耦合程度如何,而很难较为清晰地判断两者之间相互作用的协同关系。如城市旅游品牌价值的分值和城市旅游品牌竞争力的分值均低,也能得到较高的耦合度,因此,并不能简单地从数值上得知相互之间的耦合协调机制,为此,需要构建耦合协调模型来进一步阐释城市旅游品牌价值和城市旅游品牌竞争力之间的协调程度,表达式为:

$$D=[C*Y]^{\gamma} \tag{6-5}$$

其中,D为耦合协调度,C为称合度,T为城市旅游品牌价值和城市旅游品牌竞争力的调和指数,反映的是城市旅游品牌价值和城市旅游品牌竞争力的协同效应,$T=\alpha f(x)+\beta g(x)$,且$\alpha+\beta=1$,α、β为城市旅游品牌价值和城市旅游品牌竞争力的贡献系数,即权重,假设两者的重要性相同,则取$\alpha=\beta=0.5$,γ是调节系数,一般取0.5。

耦合协调度是描述城市旅游品牌价值和城市旅游品牌竞争力之间的相对水平的,与耦合度模型相比,更具有实用性和稳定性,适用于各城市在不同时期就城市旅游品牌价值和城市旅游品牌竞争力进行比较,从以上公式可以看出,耦合协调度的分值越高,代表两者之间的协同发展效应越好,反之,协调发展效应越差。

表 6-1 耦合协调度评价标准

序 号	耦合协调度 D	协调等级
1	[0,0.3]	严重失调
2	(0.3,0.4]	中度失调
3	(0.4,0.5]	轻度失调
4	(0.5,0.6]	勉强协调
5	(0.6,0.7]	勉强协调
6	(0.7,0.8]	良好协调
7	(0.8,1]	优质协调

(三）耦合协调作用

针对本章所写的旅游品牌价值与旅游品牌竞争力来讲，两者之间存在着极高的耦合关联性。一方面，旅游品牌价值作为具有较强带动性的综合新兴产业，对旅游品牌竞争力水平的提升具有较强推动作用：首先，旅游品牌价值关联度大，发展旅游品牌价值不仅可以加速城市经济实力提高，还可以带动城市内一系列相关产业，如邮电业、通讯业、轻工业等等，增强经济旅游品牌竞争力水平。其次，旅游业作为第三产业的重要组成部分，其发展有利于吸收农村剩余劳动力，从而增加城市人口，推进人口旅游品牌竞争力。再者，由于旅游业是一个开放的产业，其必然要接待来自城市以外的游客，因此发展旅游业可以使城市的经济辐射带动能力增强，而为了完善城市功能，城市也会完善其基础设施建设为旅游业与城市自身发展奠定基础。

另一方面，旅游品牌竞争力的发展也为旅游活动的开展提供了基础和保障：第一，旅游品牌竞争力为旅游业的开展提供了充足的保障。这是因为旅游品牌价值是一项投资量大、回报周期长的产业。而旅游业发展中，政府投资是旅游品牌竞争力建设的重要资金来源之一，政府主导建设的景区、交通设施、市政设施为旅游品牌价值的发展提供了保障。另外，旅游品牌竞争力水平的提高还表现为餐饮、住宿、游览和娱乐等服务设施体系的完善和全面升级，这在一定程度上拓宽了旅游的服务能力和空间范围。第二，旅游品牌竞争力的发展为旅游品牌价值储备了大量高层次、高素质的后备人才队伍，这就使旅游者在旅游活动中可以通过旅游从业人员感受城市的良好形象，对城市形象提升具有重要意义，进而增加城市的旅游到访人数和旅游收入两者互为背景、相互作用、彼此影响。

因此，我们可从一般认识上定性地总结：旅游品牌价值为旅游品牌竞争力发展提供了动力，而旅游品牌竞争力发展也为旅游品牌价值的发展奠定了基础，两者在同一时间和空间序列中相互协调发展，这为我们的旅游旅游品牌竞争力或者说建设旅游城市提供可能，而我们的定量分析也应该是遵循这个结果，以此来决定我们是推进旅游旅游品牌竞争力还是建设旅游城市。

（四）耦合模型关系分析

为深入分析城市旅游品牌价值和旅游品牌竞争力之间的系统耦合关系，借鉴相关文献与资料，先行定性地构造了城市旅游品牌价值和旅游品牌竞争力两个子系统之间的耦合关系模型。

由于旅游品牌价值系统与旅游品牌竞争力系统是两个不同而又相互影响

的子系统,可通过集成方法来实现子系统中各指标对总系统的贡献程度,一般采用几何平均法和线性方差贡献率法。由于旅游品牌价值与旅游品牌竞争力两个子系统各自发展水平存在差异,会出现两个子系统发展水平都较低,而耦合度却较高情境下的结果,这与两个子系统发展水平都较高的耦合度较高的内涵是不一样的。为了避免这种假象,引入旅游品牌价值与旅游品牌竞争力耦合协调度模型,其目的是能够客观反映城市旅游品牌价值系统与旅游品牌竞争力系统协调发展水平,即:

$$D = (C \cdot T)^{\frac{1}{2}} \cdot (T = aU_1 + bU_2) \tag{6-6}$$

式中,D 为耦合协调度,T 为旅游品牌价值与旅游品牌竞争力综合评价指数,a、b 为待定系数。由于旅游品牌价值与旅游品牌竞争力的协调发展过程中,旅游品牌价值与旅游品牌竞争力之间的相互促进程度是有差异的,旅游品牌价值的发展能够加快旅游品牌竞争力进程,旅游品牌竞争力发展是多种要素综合作用的结果。为了更直观地反映旅游品牌价值与旅游品牌竞争力耦合协调发展状况,可采用均匀分段函数法来划分耦合协调度的区间和等级。

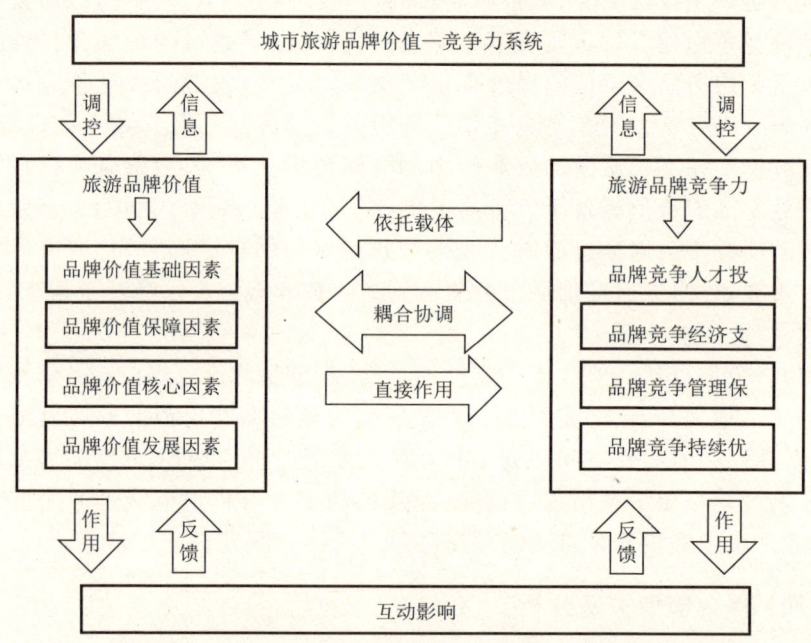

图 6-1　城市旅游品牌价值与旅游品牌竞争力的耦合关联

1. 评价指标体系建构

根据旅游品牌价值与旅游品牌竞争力系统耦合模型的内涵及协调度特

征,遵循指标选取的科学性、可操作性、完备性、主成分性和独立性原则,分别采用频度统计法、理论分析法对指标进行设置和筛选。首先进行频度统计,利用 CNKI 数据库对 2010~2015 年涉及旅游品牌价值指标和旅游品牌竞争力水平测度的文献进行频度统计,从中选取近年来使用频度较高的指标;其次进行理论分析,分别对旅游品牌价值与旅游品牌竞争力概念进行界定和外拓,建构了旅游品牌价值系统与旅游品牌竞争力系统的评价指标体系(见表 6-2)。

表 6-2 旅游品牌竞争力指标体系

目标层	一级指标层	二级指标层	三级指标层
旅游品牌竞争力	品牌竞争人才投入	智力投入	旅游院校数量
			高等学校在校学生人数
			旅游从业人员综合素质
		智力创新投入	研究三项费用支出
			R&D 占地区旅游生产总值比例
	品牌竞争经济支持	旅游资产收入	国内旅游收入
			旅游业利润率
			居民人均旅游消费程度
		旅游市场占比	品牌旅游产品的市场占有额
			旅游业所占比重
			品牌建设投入费用比例
	品牌竞争管理保障	社会保障	居民好客度
			旅游市场的规范性
		政府管理	政府对旅游业的定位
			旅游管理机构的办事效率
			旅游相关制度健全度
			旅游地创新激励机制的完善程度
	品牌竞争持续优势	资源丰富度	旅游资源的数量和等级
			旅游资源的开发力度
		品牌发展度	旅游品牌的知名度
			旅游品牌的美誉度
			品牌的忠诚度

在该体系中,旅游品牌价值子系统包括品牌价值基础因素、品牌价值保障因素、品牌价值核心因素和旅游品牌价值发展因素 4 项一级指标以及海水水质年优良率、旅游气候舒适月持续期、城市空气质量达标率等 23 项二级指标;旅游品牌竞争力子系统包括品牌竞争人才投入、品牌竞争经济支持、品牌竞争管理保障、品牌竞争持续优势 4 项一级指标以及旅游院校数量、高等学校在校学生人数、旅游从业人员综合素质等 22 项二级指标。

2. 评价指标的耦合分析

从发展程度上来看,低水平的地区虽然旅游品牌价值与旅游品牌竞争力获得提高,但是旅游品牌价值与旅游产业发展的耦合程度还是相对较低,或者说两个系统一直处于拮抗状态,旅游品牌价值与旅游品牌竞争力的协调作用不够强,还是处于两系统在不断磨合的阶段。主要原因是各行政区之间旅游业的联系较小,产业集群依然处于自然集群阶段,空间集聚水平不高,资本、人才投入相对较少,在很大程度上也影响了旅游品牌价值与旅游品牌竞争力之间的耦合联系。

从传统产业理论上讲,从时间上看,经过高速的旅游品牌价值进程推进之后,城市的经济往往就需要由第三产业带动,因而旅游品牌价值与旅游品牌竞争力的拮抗阶段也就结束,进入良性高水平耦合阶段。

从空间上看,旅游品牌价值进程较快区域与旅游产业集群所在地基本上是一致的。在耦合过程中,旅游品牌价值不断发展,伴随着旅游品牌竞争力的不断完善,时空上一致,耦合有阶段,同时具有自发耦合的特点,两个系统相互依赖、同生共进、相辅相成。而"一体化"正是这种耦合协调机制的外在表现,其实现有两个途径。

第一,在旅游品牌价值背景下,新的市场需求促进传统旅游业的不断创新和延伸,从而催生出许多新的形态与产品,而且会要求传统旅游产业进行分工,使得各旅游企业产生相互合作形成产业集群,而集群的完备可以促进城市更好地发展;第二,在旅游业集群不断完备、分工不断细致的情况下,企业规模不断壮大,其必然要求在更大的范围内利用生产要素、宣传和销售旅游产品,从而推动旅游品牌竞争力进程。因此,旅游品牌竞争力的推进与旅游品牌价值的增强是两者耦合的根本原因。

第三节 我国海洋旅游城市竞争力模型构建

一、旅游竞争力与城市旅游竞争力研究回顾

（一）旅游竞争力研究回顾

国外学者对旅游竞争力的研究始于20世纪80年代末，着重从不同的角度对旅游竞争力进行界定。Ritchie J R B 与 Grouch G I(1999)从所获效益的角度认为旅游竞争力是指同时满足游客需求的社会效益、城市居民自身需求的经济效益及城市未来发展的生态效益的能力。Hauteserre(2000)从保持市场竞争力的角度认为旅游竞争力在某种意义上指一个目的地延长生命的周期和推迟走向衰弱的能力。Hassan(2000)则从其他角度认为旅游竞争力还应指当地通过创造并整合增值产品，以维持旅游目的地资源可持续发展的能力。Buhalis(2000)也认为旅游竞争力是指保证目的地获得长期发展优势并使各利益相关者均衡地获得报酬的能力。

国内对旅游竞争力的研究起步较晚，始于20世纪90年代。由杨森林、郭鲁芳1996年编著的《中国旅游业国际竞争策略》拉开了研究国内旅游竞争力的序幕。随后越来越多的国内学者开始了旅游竞争力的研究，使其在影响因素、模型构建及提升策略等方面不断完善。如王忠丽(2004)认为旅游竞争力是指在现代市场竞争下旅游业通过销售各项旅游产品而表现出来的竞争能力。张广海、李雪(2006)则研究认为旅游竞争力是指在旅游经济活动中，各竞争主体当前拥有的资源以及通过多种策略行为将这些资源转化为利益，以提高整体实力，实现当前发展目标的能力。

（二）城市旅游竞争力研究回顾

早在20世纪90年代国外学者Begg(1996)就认为竞争力在本质上是指保持市场占有份额。Lever 和 Turok(1999)则认为城市竞争力是一种促进城市可持续发展的综合能力，具体表现为提供市场需求的产品和服务的能力、增加市民收入的能力以及提高市民生活质量的能力。

在国内，城市旅游竞争力成为不同学者研究的热点，对城市旅游竞争力的概念表述不一，但基本核心思想相似。王莉红、马耀峰(2009)基于资源与环境的视角认为城市旅游竞争力是指在旅游业发展中城市利用资源禀赋和环境优势，组织旅游部门和旅游企业销售旅游产品所表现出来的旅游竞争力和未来可持续发展的能力。王俊、王琪延(2010)也认为城市旅游竞争力是指一个城

市利用自身的资源和环境优势开拓国内外旅游市场的竞争能力。曹宁、郭舒（2004）基于地域空间的视角认为城市旅游竞争力是一个旅游接待地相对于另外一个旅游接待地，在吸引游客、为游客提供产品和服务方面获取回报、提高当地居民生活质量且持续发展的能力。范红艳、李燕（2009）从其他视角出发认为城市旅游竞争力是指在城市旅游产业自身素质和城市旅游环境综合作用下，利用资源优势和各种机遇，在整合资源、争夺市场和创造价值等方面所反映出来的持续发展能力。

从上述研究中可以看出，旅游竞争力不等同于旅游目的地各竞争要素的简单叠加，而是在旅游过程中表现出超越其他旅游目的地的综合素质、能力及水平。城市旅游竞争力则具体表现为资源与环境之间的竞争、区域空间之间的竞争、旅游经济效益之间的竞争，同时也是旅游产品和旅游品牌之间的竞争。

二、海洋城市旅游竞争力指标体系与模型的构建

海洋城市是发展滨海旅游业的主要载体，自20世纪80年代后期滨海旅游业在我国崛起之后，沿海各城市抓住机遇，加大投资，积极开发滨海旅游资源，使滨海旅游业在我国得到长足发展，海洋城市旅游竞争力的研究也被提上日程，成为新的研究方向。研究海洋城市旅游竞争力有利于科学评价我国海洋城市旅游业发展的现状、潜力及发展趋势，及时了解各沿海城市旅游业发展的不足之处，制定正确的发展规划及战略，进而提高我国沿海城市旅游业的整体发展水平。

国内外学者对海洋城市旅游竞争力的研究，主要是集中在构建海洋城市旅游竞争力的评价体系与模型构建、实证分析及对策提升等方面，而在海洋城市旅游竞争力概念界定上研究的相对较少。本书结合国内外学者对旅游竞争力、城市旅游竞争力及海洋城市旅游竞争力的相关研究成果，将海洋城市旅游竞争力界定为：作为旅游目的地的滨海区、海岸带及其附近海岛区域的城市以海岸、海洋、沙滩等旅游资源和经济、文化等环境优势作为吸引物，与其他城市形成差别优势，在保障旅游业可持续发展的前提下提高城市综合优势的能力。

（一）指标选取

本书借鉴以上众多学者的研究观点，在数据搜集与专家访问的基础上，依次选取不同海域、不同特点可比性较强的大连、营口、葫芦岛、秦皇岛、天津、烟台、青岛、日照、连云港、上海、舟山、厦门、广州、北海、三亚15个海洋城市作为研究对象，将综合指标体系细分为旅游核心竞争力、旅游产业竞争力、旅游潜

在竞争力、旅游生态竞争力四项领域层指标。其中,核心竞争力是城市旅游发展的长期竞争优势,主要指旅游资源和旅游产品;产业竞争力主要是指各项旅游产业及其收益水平;潜在竞争力指支撑海洋城市旅游业未来发展的潜在能力;生态竞争力是支撑旅游业发展的生态背景等(具体评价指标体系见表 6-3)。

表 6-3 海洋城市旅游竞争力评价综合指标体系

目标层	领域层	因素层	指标释义
海洋城市旅游竞争力综合指标	旅游核心竞争力 A_1	旅游资源富裕度 B_1	国家 A 级景区的数量
		旅游资源品味度 B_2	国家 4A 级及以上景区的数量
		主要海水浴场游泳健康指数 $B_3$①	反映海水浴场环境对人体健康产生的危害性
		海滨观光指数 B_4	反映主要海滨度假区观光适宜度
		沙滩娱乐指数 B_5	反映主要海滨度假区娱乐适宜度
		平均休闲活动指数 $B_6$②	反映主要海滨度假区总体的休闲适宜度
	旅游产业竞争力 A_2	旅游总收入 B_7	反映城市旅游创利水平
		旅游总人数 B_8	反映城市旅游者的规模
		城市旅行社数量 B_9	国内、国外旅行社的总和
		旅游星级宾馆数量 B_{10}	城市星级饭店的总数
	旅游潜在竞争力 A_3	第三产业从业人员的比重 B_{11}	反映城市第三产业人力支撑能力
		人均 GDP B_{12}	反映城市经济总量水平
		第三产业所占 GDP 的比重 B_{13}	反映第三产业对经济增长的贡献率
		普通高等院校的数量 B_{14}	反映城市教育支撑能力
		普通高等院校在校人数 B_{15}	反映城市旅游人才的培养状况
		旅游专利数 B_{16}	反映城市在旅游方面创新能力
	旅游生态竞争力 A_3	城市空气质量优良率 B_{17}	反映海洋城市空气质量状况对旅游的影响
		建成区绿化覆盖率 B_{18}	反映城市生态环境背景
		人均公园绿地面积 B_{19}	反映城市整体绿化水平
		城市道路网密度 B_{20}	反映市内的通达性

① 天津市、营口、上海的海域浴场相关指标经网站资料搜索及历年的气候状况、适宜游泳天数、空气质量等推算得出。

② 葫芦岛、日照度假区相关指标获取同上。

(二) 数据来源

为确保数据的准确性与真实性,15 个城市的指标数据主要从 2009~2013 年各市《国民经济和社会发展统计公报》《旅游统计年鉴》《环境质量统计公报》及 2009~2013 年《中国海洋环境质量公报》《城市统计年鉴》中获取。其中,旅游专利发明数量(B_{16})是通过在国家知识产权局官网的中国专利公布公告中输入申请日、地址及摘要,将发明公布、发明授权、实用新型和外观设计四项搜索结果相加所得;城市道路网密度(B_{20})等于城市道路总长度/城市总面积×100。

(三) 研究方法与模型构建

借鉴国内外学者的研究方法与成果,利用分析软件 SPSS19.0 的因子分析法量化测评 15 个海洋城市 2009~2013 年的旅游竞争力结果及其变化过程。主要步骤:第一,对全局指标数据进行标准化与球形检验;第二,确定全局的公因子数量,提取全局公因子;第三,进行因子旋转,确定因子得分函数;第四,利用式 6-5 计算全局公因子的得分;第五,最后利用模型式 6-6 计算得出 15 个海洋城市 2009~2013 年旅游竞争力的总和得分及排名。其模型为:

$$F_j = \sum_{n=1}^{n} (\lambda_j B_i) \quad (i = 1, 2, \cdots n) \tag{6-7}$$

$$F = \sum_{j=1}^{m} (k_j F_j) \quad (j = 1, 2, \cdots m) \tag{6-8}$$

其中,F 表示海洋城市旅游竞争力的综合得分;F_j 为第 j 个公因子的得分;B_i 为第 i 个指标标准化的值;λ_j 表示第 j 个公因子所对应的各指标得成分得分;K_j 表示第 j 个公因子旋转贡献率与累计总贡献率的比值。

1. 因子分析法

因子分析法是把研究对象内部一定数量具有不确定关系的变量进行归并,从而减少为少数几个公共因子的多元统计分析方法。其基本原理是对全部指标数据标准化后进行因子分析并提取公因子,以它们的方差贡献率为权重进行加权计算,得出旅游综合竞争力得分。其基本模型为:

$$\begin{cases} x_1 = b_{11}F_1 + b_{12}F_2 + \cdots + b_{1m}F_m + a_1\varepsilon_1 \\ x_2 = b_{21}F_1 + b_{22}F_2 + \cdots + b_{2m}F_m + a_2\varepsilon_2 \\ \vdots \\ x_n = a_{n1}F_1 + a_{n2}F_2 + \cdots + b_{nm}F_m + a_n\varepsilon_n \end{cases} \tag{6-9}$$

其中,F_1 为 m 个因子;X_1 为 n 个原始变量,m 小于 n;ε 为特殊因子,即原始变量不能被因子所解释的部分,相当于多元回归分析中的残差部分[45],表示为矩阵的形式为：$X = BF + a\varepsilon$，其中 B 为因子载荷矩阵，F 为因子变量或公因子。

2. 指标数据标准化

研究指标的选取涉及资源、经济、环境、城市形象等多方面，各指标的单位不同对旅游竞争力的影响程度或方向也有所不同，因此，在对海洋城市竞争力进行分析之前应对各指标数据进行标准化处理。其公式为：

$$B_{nm} = \frac{B_{nm} - \min(B_{nm})}{\max(B_{nm}) - \min(B_{nm})} \tag{6-10}$$

其中，B_{nm} 是标准化后的指标数据，表示为第 n 类指标中第 m 个指标的数据。

三、海洋城市旅游竞争力综合测评

（一）指标数据的标准化及球形度检验

利用公式 6-7 对 15 个海洋城市 2009～2013 年的所有指标数据进行标准化。将标准化的指标数据通过 SPSS19.0 进行 KMO 和 Bartlett 检验，结果 KMO 检验为 0.811>0.6，相应的显著性概率 Sig. 统计值为 0.000<0.1（见表 6-4），可见各指标数据之间相关性较高，适合做因子分析。

表 6-4　球形检验结果

取样足够度的 Kaiser-Meyer-Olkin 度量		0.811
Bartlett 的球形度检验	近似卡方	3 097.408
	df	190
	Sig.	0.000

（二）提取全局公因子

提取公因子一般遵循两点原则，即特征值大于 1 与累计贡献率最低大于 80%。由表 6-5 可看出，相关系数矩阵 R 有 6 个初始特征值（8.054、3.016、1.662、1.377、1.151、1.044）的累积贡献率达到 81.521，解释了全部旅游竞争力变量的绝大部分信息，并且不包含重叠信息。因此，提取这 6 个全局公因子 F_1、F_2、F_3、F_4、F_5、F_6。

依据旋转后因子载荷矩阵，第一公因子的特征值为 6.953，贡献率为 34.767%，在旅游资源富裕度、旅游资源品味度、旅游总收入、旅游总人数、旅行社数量、星级宾馆数量、普通高等院校数量及旅游专利上数载荷较大，反映了城市旅游发展水平，称为城市旅游发展因子。第二个公因子的特征值为 2.753，贡献率为 13.767%，在旅游观光指数、沙滩娱乐指数、平均休闲活动指

表 6-5 提取公因子分析表

成份	初始特征值			提取平方和载入			旋转平方和载入		
	合计	方差的/%	累积/%	合计	方差的/%	累积/%	合计	方差的/%	累积/%
1	8.054	40.269	40.269	8.054	40.269	40.269	6.953	34.767	34.767
2	3.016	15.082	55.351	3.016	15.082	55.351	2.753	13.767	48.534
3	1.662	8.310	63.661	1.662	8.310	63.661	2.472	12.360	60.894
4	1.377	6.887	70.548	1.377	6.887	70.548	1.659	8.297	69.191
5	1.151	5.755	76.302	1.151	5.755	76.302	1.337	6.685	75.877
6	1.044	5.219	81.521	1.044	5.219	81.521	1.129	5.645	81.521
7	0.750	3.748	85.269						
8	0.639	3.197	88.466						
9	0.581	2.904	91.370						
10	0.372	1.858	93.228						
11	0.297	1.486	94.714						
12	0.236	1.180	95.894						
13	0.204	1.022	96.916						
14	0.198	0.988	97.904						
15	0.146	0.732	98.636						
16	0.128	0.641	99.276						
17	0.068	0.341	99.618						
18	0.040	0.198	99.816						
19	0.023	0.117	99.933						
20	0.013	0.067	100.000						

数上载荷较大,反映了沙滩和度假区旅游产品开发能力,称为旅游产品开发因子。第三个公因子的特征值为2.472,贡献率为12.360%,在人均GDP、第三产业占GDP的比重上载荷较大,反映了城市的经济发展水平,被称为城市经济发展因子。第四个公因子的特征值为1.659,贡献率为8.297%,在建成区绿化覆盖率、人均公园绿地面积载荷较大,反映了城市政府的生态化背景,称为城市生态背景因子。第五个公因子的特征值为1.337,贡献率为6.685%,在主要海水浴场游泳健康指数、市区空气质量优良率上载荷较大,反映了城市

海水与空气质量状况,称为城市环境质量因子。第六个公因子的特征值为1.129,贡献率为5.645%,在第三产业从业人员比重上载荷较大,反映城市人力资源状况,称为城市人力供给因子。具体如表6-6所示。

表6-6 公因子特征值及累计贡献率

主成分	特征值	方差贡献率/%	累计贡献率/%	公因子名称
第一个公因子	6.953	34.767	34.767	城市旅游发展因子
第二个公因子	2.753	13.767	48.534	旅游产品开发因子
第三个公因子	2.472	12.360	60.894	城市经济发展因子
第四个公因子	1.659	8.297	69.191	城市生态背景因子
第五个公因子	1.337	6.685	75.877	城市环境质量因子
第六个公因子	1.129	5.645	81.521	城市人力供给因子

(三) 确定公因子得分函数

通过旋转的载荷矩阵变换得出6个公因子的得分系数,将每个公因子的得分系数与各指标数据相乘可得出6个公因子的得分函数。

$F_1 = 0.171 \times B_1 + 0.179 \times B_2 + 0.069 \times B_3 + 0.085 \times B_4 + \cdots + 0.045 \times B_{18} + 0.023 \times B_{19} + 0.110 \times B_{20}$

$F_2 = 0.025 \times B_1 + 0.081 \times B_2 - 0.065 \times B_3 + 0.404 \times B_4 + \cdots + 0.023 \times B_{18} - 0.056 \times B_{19} + 0.035 \times B_{20}$

$F_3 = -0.149 \times B_1 - 0.069 \times B_2 - 0.039 \times B_3 - 0.057 \times B_4 + \cdots - 0.012 \times B_{18} + 0.058 \times B_{19} - 0.408 \times B_{20}$

$F_4 = 0.129 \times B_1 + 0.110 \times B_2 + 0.082 \times B_3 - 0.020 \times B_4 + \cdots + 0.474 \times B_{18} + 0.551 \times B_{19} - 0.408 \times B_{20}$

$F_5 = 0.060 \times B_1 - 0.030 \times B_2 + 0.754 \times B_3 - 0.095 \times B_4 + \cdots - 0.033 \times B_{18} + 0.071 \times B_{19} + 0.044 \times B_{20}$

$F_6 = -0.180 \times B_1 + 0.013 \times B_2 - 0.011 \times B_3 - 0.030 \times B_4 + \cdots + 0.061 \times B_{18} - 0.032 \times B_{19} + 0.028 \times B_{20}$

(四) 综合竞争力得分与排名

将相关变量代入模型式6-8,可得出旅游竞争力综合评价函数:

$F = 0.34767/0.81521 \times F_1 + 0.13767/0.81521 \times F_2 + 0.12360/0.81521 \times F_3 + 0.08297/0.81521 \times F_4 \; 0.06685/0.81521 \times F_5 + 0.05645/0.81521 \times F_6$

最后将 F_1、F_2、F_3、F_4、F_5、F_6 6个公因子的得分代入上述函数计算得出 15 个海洋城市 2009～2013 年旅游竞争力的综合得分及排名。具体如表 6-7。

表 6-7 2009～2013 年 15 个海洋城市旅游竞争力的综合得分与排名

城市	2009 年		2010 年		2011 年		2012 年		2013 年	
	得分	排名	得分	排名	得分	排名	得分	排名	得分	排名
大连	0.419	7	0.350	9	0.401	8	0.336	12	0.389	10
营口	0.359	13	0.309	13	0.315	14	0.304	13	0.354	13
葫芦岛	0.363	12	0.309	13	0.321	13	0.296	14	0.331	14
秦皇岛	0.443	4	0.412	5	0.442	4	0.415	8	0.439	5
天津	0.474	2	0.477	3	0.513	2	0.558	2	0.548	3
烟台	0.343	14	0.386	7	0.328	12	0.438	6	0.367	12
青岛	0.438	5	0.331	12	0.427	6	0.471	5	0.430	6
日照	0.433	6	0.349	11	0.414	7	0.425	7	0.383	11
连云港	0.270	15	0.241	15	0.224	15	0.227	15	0.235	15
上海	0.662	1	0.708	1	0.760	1	0.800	1	0.750	1
舟山	0.406	8	0.381	8	0.356	11	0.384	11	0.399	8
厦门	0.376	11	0.347	11	0.375	10	0.395	10	0.421	7
广州	0.404	9	0.473	4	0.441	5	0.515	4	0.594	2
北海	0.383	10	0.387	6	0.399	9	0.413	9	0.397	9
三亚	0.460	3	0.495	2	0.507	3	0.521	3	0.508	4

结果显示,2009～2013 年 15 个海洋城市的旅游竞争力呈现出显著的时间与空间差异,这些城市之间的综合得分和排名也呈现出较大的变化。将 15 个海洋城市的旅游竞争力情况分为中央直辖市、副省级城市、一般地级城市三个层次进行分析。中央直辖市:天津和上海,这两个城市作为经济较发达的海洋城市和东部主要的港口城市,具有极强的旅游竞争力,综合排名一直处于前列,而上海的旅游竞争力略高于天津,并在近五年中始终处于第一位。副省级城市:大连、青岛、厦门和广州,这些城市具有一定的经济基础和资源优势,能持续保持旅游竞争优势,总体来看广州略强于青岛、厦门和大连。一般地级市:营口、葫芦岛、秦皇岛、烟台、日照、连云港、舟山、北海和三亚,这些城市在资源、产品、经济、教育、区位和环境等方面具有不同的竞争优势,并反映出不同的旅游竞争能力,比如三亚的旅游竞争力远高于其他地级市,其次是秦皇

岛,综合得分最低的地级市始终是连云港。

为全面了解海洋城市旅游竞争力的变化,将结合15个城市旅游竞争力的综合得分与排名进行如下分析。

1. 呈现出较强的两极分化趋势

天津、上海、三亚和营口、葫芦岛、连云港呈现出较强的分级化趋势,前三个城市综合得分一直处于前三位,具有极强的旅游竞争力,后三个城市旅游竞争力较弱,综合得分始终处于相对落后的地位,旅游竞争力的增长速度也较缓慢。天津作为最早的沿海港口开放城市,具有一定的区位条件和资源优势,近几年通过加强多渠道融资,多区域合作,积极发展邮轮旅游、低空飞行等高端旅游产业,吸引了众多旅游者,树立了良好的城市形象,旅游竞争力综合得分由 0.474 逐渐增加到 0.548。上海具有较强的经济发展能力,在"十一五"期间,又依托城市发展,积极整合旅游资源,打造城市旅游品牌,通过展现城市的文化内涵,不断构建特色旅游项目,如奉贤海湾旅游度假区等,使旅游规模与旅游产业发展空间不断扩大,旅游竞争力综合得分高达 0.800,奠定了海洋城市旅游竞争力的龙头地位。三亚则是利用优秀的旅游资源,抓住建设海南省国旅游岛等机遇,深入挖掘文化特色,开发特色产品,完善旅游服务体系,使旅游竞争力综合得分保持 0.500 左右,与天津不相上下。营口、葫芦岛和连云港在城市经济发展水平、城市形象传播等方面表现出明显的负面作用,拉低了三个城市的整体旅游竞争力,因此这三个城市应积极发展城市经济,在雄厚的经济基础上为旅游资源开发、产品设计及品牌定位方面提供资金保障,提升旅游综合竞争力。

2. 呈现出较强的波浪式变化趋势

秦皇岛、大连、烟台、日照、青岛这些城市虽然具备发展旅游业的资源条件、地理优势、政策机遇等,但旅游综合竞争能力仍呈现出较强的波动性。秦皇岛虽然利用"避暑胜地"这一独特形象,提升了国内外知名度,但是这种单一的形象定位,使各年之间旅游竞争力水平变化较大。因此,秦皇岛应充分利用优越的地理位置、有效的资源组合为该市的旅游发展提供物质基础和发展空间,使旅游竞争能力保持平稳发展状态。大连旅游在时间上具有不平衡性,季节性差异大,同时,还具有空间的不平衡性,未能实现全方位的旅游发展格局;烟台除了具有空间的不平衡外,在旅游产品各要素之间发展不协调,产品整合能力差;日照主要是因为投资系统、交通系统、产品整合系统不完善等。这三个城市应加强对滨海旅游的重视,采取措施减少旅游竞争力的波动程度,使旅游竞争力上升到新的水平。青岛最重要的是深化"红瓦、绿树、碧海、蓝天"的旅游城市形象，开发蓝色、高端、新兴的旅游项目，吸引国内外旅游者，实现城市旅游竞争力稳步提高。

3. 呈现出快速增加趋势

2008年以来厦门借鉴优秀旅游城市建设经验，不断优化旅游发展环境，提升品牌创新和服务创新能力，积极发展邮轮旅游、海峡旅游，着力实施"全程5A，跨岛发展"战略，使旅游竞争力不断提高，旅游竞争力综合得分由2009年的0.378增加到2013年的0.421，并成功进入前七位。广州是一个极具旅游魅力的海洋城市，拥有丰富的旅游资源，完善的交通网络，通过不断深化珠江文化、沙面文化等文化内涵，开发以水文化为主的休闲旅游品牌产品，使旅游综合竞争力进一步提高，并在2013年排列第二位。

4. 呈现出平稳变化状态

北海作为首批沿海开放城市，同样拥有丰富的资源优势与区位条件，但是不健全的管理体系、松散的监管机构及基础设施的不完善，导致北海旅游竞争力一直在中等水平，北海市应突出海洋文化，塑造旅游形象，发挥政府主导作用，以提高旅游竞争力水平。舟山是休闲渔业发展较好的海洋城市，应借助这一优势，不断开发海洋旅游新产品，促进海洋生态文化旅游，着力打造"舟山群岛"品牌，形成知名的群岛型旅游胜地，提高旅游竞争力。

第七章　中国海洋城市旅游竞争力提升路径研究

目前,海洋经济已经上升至国家发展战略层面,中国海洋城市得天独厚的地理优势使其滨海旅游业得以成为主要海洋产业之一。根据《2015年中国海洋经济统计公报》数据,滨海旅游业2015年全年实现生产总值10 874亿元,比上年增长11.4%,可见其对该海洋城市经济的整体发展起到了不可或缺的作用。同时,随着各城市旅游业生产总值对国民生产总值贡献率不断上升的整体趋势,也加深了旅游业在中国海洋城市发展中的重要意义。然而,由于中国旅游业发展起步较晚、理论基础薄弱、管理经验匮乏,使得具备充沛海洋资源的海洋城市在国际旅游业中整体竞争力较弱,这为中国海洋城市旅游竞争力的提升提供了广阔的空间与机遇。在此前提下,我们必须紧跟海洋旅游强国步伐,采取针对性的措施与对策,实施相应的战略调整,以增强中国海洋城市旅游产业的国际竞争力,带动中国旅游产业整体发展。

旅游业可持续发展的核心在于以旅游资源环境可持续发展为前提,以旅游经济持续增长为手段,以旅游地社会持续进步为目的,使旅游地社会、旅游经济与旅游资源环境系统协调发展。① 因此,提高中国海洋城市旅游竞争力,需要从夯实旅游"硬环境"、完善旅游"软环境"、优化产业结构、注重区域协调和分级规划、提高旅游人才水平、重视资源与环境可持续发展六大方面形成一个良性的旅游竞争力路径体系。

---

① 王昆欣.致力于国际化的旅游教育[M].北京:旅游教育出版社,2006:13.

第一节 加强基础设施建设,夯实"硬环境"

一、中国海洋城市夯实"硬环境"的必要性

(一)"硬环境"

"硬环境"又称物质环境,一般是指生活、工作等环境中的基本设施[①],包括现代化的基础设施、便利的交通和通信设备以及配套的生产生活服务设施等。

旅游是一项以景观为基础依托的综合性消费活动,本书认为,为了满足游客"食、厕、住、行、游、购、娱"的基本需求,中国海洋城市的旅游"硬环境"应该包括自然环境与旅游人工"硬环境"两个方面(见图7-1)。其中,自然环境包括该海洋城市范围内的山、水、空气、土地、动植物等要素;旅游人工硬环境则应包括涉及旅游交通、旅游住宿、旅游餐饮、旅游娱乐等在内的所有现代化基础设施和配套服务设施。

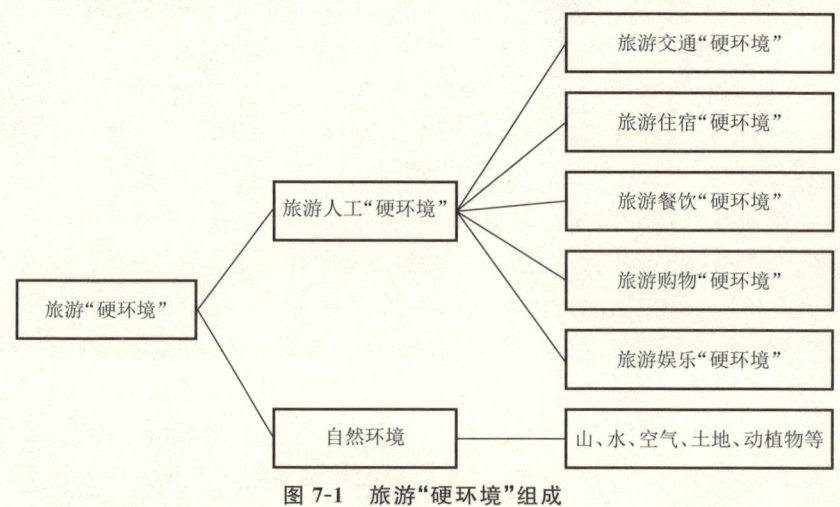

图 7-1 旅游"硬环境"组成

(二)中国海洋城市夯实"硬环境"的必要性

环境是生产力,也是竞争力,"绿水青山就是金山银山";夯实"硬环境"是基础,也是保障。旅游产业发展的基础是其所配套的基础设施建设,特别是对

---

① 于根元.现代汉语新词语词典[M].北京:中国青年出版社,1994:1091.

海洋旅游城市来说,特殊的区位条件以及原有基础设施的不足,更需要配套齐全的旅游基础设施。住宿、娱乐、餐饮、购物等旅游基础设施和通讯、邮电、交通等市政基础设施是衡量城市旅游接待能力的重要指标;同时也是提高旅游目的地城市综合竞争力,发展旅游产业的必要条件。对于中国海洋旅游城市来说,加强基础设施建设、夯实"硬环境"既是现实需要,亦是发展要求。从受益对象来看,中国海洋城市夯实"硬环境"是旅游消费者多元化的要求,也是城市经济发展的要求。

1. 旅游消费者多元化体验的硬件要求

现代旅游业发展的核心在于是否能准确把控旅游消费者多元化的需求。首先,作为旅游吸引物的海洋旅游资源,其开发需要对水质、空气质量、绿化程度有较高的标准,这需要配套的监测设施设备来进行控制。其次,作为最基础的旅游要求,交通、食宿更是旅游硬环境的重中之重,交通方便与否、食宿安全与否对城市道路、建筑都有着严格的要求。此外,智慧时代的旅游消费者对网络、通讯、邮电设施的要求不同以往,这要求城市光纤电缆、通讯基站等基础设施也应达到一定的标准,从而满足消费者的各方面需求,提高消费者满意度,提升该海洋城市旅游竞争力。

2. 城市经济与民生发展的要求

特殊的区位条件使得中国海洋城市的滨海旅游业将成为经济发展的重要指标之一,同时旅游业作为一项融合性极强的产业,旅游过程中涉及的交通、食宿等各个行业对该海洋城市的产业结构的优化和升级起到了不可忽视的作用,因此海洋城市夯实"硬环境"是城市经济发展的要求。

海洋城市旅游环境作为该城市居民生活环境的重要一部分,其吸引的不仅是外地旅游消费者,本地居民也是重要的消费者来源,因此海洋城市旅游"硬环境"的水平高低也时刻影响着当地居民的生活质量和生活水平,夯实"硬环境"亦是城市民生发展的要求。

二、中国海洋城市应如何夯实"硬环境"

(一)夯实"自然环境"

旅游业发展的动力首先是源于自身的内在爆发力[①],对于海洋旅游城市

---

① 朱桃杏等.基于脉冲响应函数的我国铁路交通与旅游经济增长的关系研究[J].铁道运输与经济,2015(7):54.

而言,其旅游业的最核心竞争力来源于其海洋等旅游资源,海水浴场及滨海旅游度假区的质量就是滨海旅游业发展的一切基础。因此海水的水质状况、健康风险、游泳适宜度数据可以通过增加设立监测站、加强监测设备投放以及提高相关测量仪器的精准度来实现。此外,海洋旅游城市虽以"海"为特色,作为辅助海洋城市旅游资源的其他自然环境也需要得到重视,例如受化工业污染等影响的空气质量,受植物种植的数量、种类等影响的城市绿化、美化。只有在充分夯实和不断巩固自然环境的基础上,海洋城市的旅游竞争力才有发展空间。

(二)夯实"旅游人工硬环境"

1. 夯实"旅游交通硬环境"

早在20世纪80年代末,交通便成为制约我国旅游事业发展的一个最为突出的问题,旅游交通作为旅游消费者出行的基本必备条件之一,往往分为国际交通、国内交通、省际交通、市际交通以及市内交通。四通八达的交通网络不仅方便了旅游消费者的出行需求,也将多个旅游目的地联结起来从而形成区域旅游网络。因此,夯实"旅游交通硬环境"应根据海洋城市实际情况做到以下几点:

首先,旅游交通配套设施必须要按照"全域旅游"的要求进行规划布局,以增加旅游目的地的内外交通便捷度,加大海洋城市游客周转量,增强城市旅游竞争力。

其次,增加陆地和航空交通运输线路。汽车、火车、飞机作为现今旅游消费者最常使用的交通工具,适当增加城市的长途汽车线路、高铁列次以及国际国内航线,将有利于增加旅游城市国内外客源地的数量,增强城市旅游吸引力。

第三,加快海上交通建设,规划邮轮航线。陆地和航空交通运输工具耗时较短,深受广大旅游消费者喜爱,但随着旅游消费者体验需求的增加,海上邮轮业作为中国新兴海洋旅游产业具有强大的发展潜力,邮轮(母)港、邮轮补给设备等一系列配套设施亟待中国海洋城市加大建设投入力度,使其在区位优势下通过海上旅游增强海洋旅游竞争力。此外,码头建设亦是刻不容缓,消费水平的提高除了带动了房地产经济外,对游艇行业也产生了一定的积极影响,而游艇行业的发展则对码头以及泊位的要求颇高,将来个人可以通过租赁或买卖游艇实现"游艇自驾游",该旅游市场容量不可小觑。

2. 夯实"旅游住宿硬环境"

随着学生、家庭等各类旅游消费群体购买力的增强,旅游消费者已然展现出其多元化的特点。住宿作为旅游消费者在旅游目的地行程中不可或缺的一部分,城市旅游住宿业是否能够满足各类旅游消费群体的不同需求,将会在很大程度上影响消费者在旅游目的地的停留情况,这对该城市旅游竞争力影响的重要性可见一斑。而对于海洋城市"旅游住宿"而言,其发展应需要满足档次多样化、酒店智能化、文化多元化的要求,给予旅游消费者更多选择的权力。

(1)"旅游住宿"档次多样化

在旅游住宿业的评级中一般常见的酒店包括星级酒店、准星级酒店、快捷连锁酒店等,不同级别的酒店对酒店内部设施的要求也不尽相同,因此"旅游住宿"档次多元化可以满足不同消费群体在价格、酒店设施等软硬件服务上的需求。

(2)"旅游住宿"酒店智能化

酒店智能化的要求是随着互联网、电子商务的发展而产生的,在大数据时代,人们对手机移动端的使用已成为一种生活习惯。这就需要旅游住宿业能够在产品等硬件上融合人们对网络的需求,例如现如今已经普遍覆盖的 WIFI 技术、正在普及中的 NFC 技术。酒店接待智能化、内部管理智能化和业务经营智能化需要硬件设施的配合,这也将对酒店收益及酒店形象的提升起到一定的积极影响。①

(3)"旅游住宿"文化多元化

时代的发展要求酒店不能单靠以往传统性质的"住宿服务"来作为顾客吸引力,而是转向用文化包装酒店,其中主题酒店作为一种独特概念酒店,需要配合建筑风格和装饰艺术来展现某一特定主题的酒店文化氛围,提供突出主题的服务,让顾客获得富有个性化的体验。② 海洋城市所独有的海洋文化也应适当地融于酒店文化中,通过这种个性化体验的多元组合丰富城市旅游住宿业的文化内涵,以寻求文化认同的方式让海洋城市的旅游竞争力得以提升。

3. 夯实"旅游餐饮硬环境"

根据《中国统计年鉴》统计数据显示,我国 2014 年恩格尔系数平均为 39.9%,其中城市为 38.6%,农村 43.3%,说明食品餐饮类消费仍然是居民生活中的主要消费支出。与此同时,旅游资源多元化也使得人们对美食有了新的改观与认识,在保证食物安全的基础上,具有体验性与特色性的美食已经成为旅游目的地吸引众多旅游者的重要因素。

---

① 潘洪雷,等.智慧酒店建设与形象识别——以南京为例[J].北方经济,2014(11):74.
② 陈文婷.海南与美国拉斯维加斯主体酒店发展的比较研究[J].中国商论,2015(26):50.

(1) 挖掘本地"旅游餐饮"特色

习近平总书记提出"靠山吃山唱山歌,靠海吃海念海经"的发展思路,具备丰沛海洋资源的中国海洋城市,也应结合当地丰富的海产食物和本土菜系的做法,联合创造具有该城市特色或地域风情的"旅游餐饮"特色。

(2) 增强当地的"旅游餐饮"体验

越来越多的旅游消费者为了更好地体验当地人的生活而选择民宿、家庭旅馆等住宿场所,因此如何切身感受本地人的饮食文化、习惯也将成为旅游消费者寻求旅游目的地体验的一大环节。参与性是旅游发展的一大趋势,因此餐饮产品的设计中可以将参与性融入其中。① 餐饮产品由有形产品和无形服务两个主要内容构成,其体验式设计可以适当融入学习体验、文化体验、创新体验、环境氛围体验等,配合各式体验类型进行适当的餐饮硬件整改。

(3) 引进多元"旅游餐饮"菜系

无门槛的旅游活动带来了来自五湖四海的旅游消费者,但众口难调,因此为了更好地满足旅游消费者对餐饮的不同需求,需要中国海洋城市除了挖掘具有本地特色和当地体验的"旅游餐饮"外,还应在此基础上实现菜系种类多元化,既缓冲外地旅游消费者在外对家乡的想念,又可增强本地居民对外地菜系的体验,可谓是一举多得。

4. 夯实旅游购物"硬环境"

旅游购物的商品作为消费者在旅游目的地城市存留下的记忆载体,对旅游消费者在旅游目的地城市的印象和满意度有着重要的影响。商务部的统计信息显示,2015 年,中国游客的境外消费 1.5 万亿元人民币,购物消费近 8 000 亿元,居世界第一。经济发达的上海、广州、深圳、青岛、厦门等海洋旅游城市应在拉回国民境外购物消费与提升入境游客购物消费方面发挥关键作用。

然而,现阶段的旅游购物在旅游活动中有着双面性,一方面旅游消费者(尤其是女性)在旅游活动中有意愿发生购物行为;另一方面各个城市的购物环境存在着价位不实、商品种类过少等不讨消费者欢心的现象,降低了旅游消费者的购物热情与信心。这样的现实状况需要旅游目的地城市能够采取开发特色旅游纪念商品、提高购物中心质量以及加快建设免税店等手段完善城市旅游购物硬环境。

(1) 开发特色旅游纪念商品

"特色"是抓住人们眼球的关键点,这就需要在结合海洋旅游发展要求的

---

① 郑玉玲. 基于游客满意度的餐饮体验研究[D]. 南宁:广西大学,2012:53-55.

基础上，开发既具黄渤海、东海、南海等海洋特色，又蕴含城市地方特色的旅游纪念品、旅游商品等，避免雷同、山寨等现象。同时，为了配合旅游纪念商品的销售，在景区(点)、大型购物中心设立专门的海洋旅游纪念品销售商店、柜台，方便游客随时购买。

(2) 提高购物中心质量

购物中心作为集合购物、休闲、文化、娱乐、饮食、展示及提供资讯等功能的一体化建筑，它的质量高低与否严重影响着消费者的购物欲望。一个高质量的购物中心应该满足各阶层消费者在购物、休闲、娱乐、饮食等方面的不同需求；同时，一个城市购物中心的数量与质量也直观地显示着该城市的经济实力与发展水平，因此，提高购物中心质量是夯实"旅游购物硬环境"的必要手段之一。

(3) 加快建设免税店进程

海南的离岛免税已然掀起了一阵海南购物潮，与一般旅游购物相比，免税店的对象主要是离境游客，店内商品由于享有关税的优惠和豁免而具有价格优势。[①] 此外，免税店一般位于机场、港口海岸或国际交通工具上，海洋旅游城市因其处于口岸位置，特殊而又便利的区位条件使其接待的入境游客的方式更为灵活，外国游客接待量也呈现每年不断增加的趋势，因此海洋旅游城市在免税店经济发展上具有一定的优势，以免税旅游购物作为吸引点也有利于海洋旅游城市提升旅游竞争力。

5. 夯实"旅游娱乐硬环境"

作为体验性活动的一种，旅游活动需要通过娱乐性丰富内容、加深体验，一个城市娱乐设施的多少、旅游空间种类的多少将会直接影响整个旅游城市娱乐性的质量，因此旅游目的地城市旅游竞争力的提升对"旅游娱乐硬环境"也产生了一定的要求，要做到安全首要化、娱乐空间多样化、娱乐设施丰富化。

(1) 旅游娱乐安全首要化

安全永远是第一位的，保护游客人身财产安全是旅游目的地城市的首要责任。首先应从城市治安大环境入手，保障旅游消费者在市内活动的基本安全；其次，要在旅游娱乐场所中和在旅游娱乐设施上，配套相关的安全设施与装备外。这种全方位的安全保护机制出除了能够给予游客一个具备安全感的城市体验外，也会提升旅游目的地城市的口碑和品牌信誉度，从而提升该城市

---

① 潘明.我国免税业发展状况及相关政策分析——基于对海南国际旅游岛建设的思考[J].地方财政研究，2009(11):47-49.

的旅游竞争力。

(2) 旅游娱乐空间多样化

旅游娱乐的范畴很宽,包括公园、艺术表演、体育竞赛、社会娱乐场所、游乐园、主题公园、节庆活动、餐饮娱乐设施一体化的购物中心等[①],为了达到一定的水准,需要城市在场地的建设上下足功夫。除此之外,海洋城市可以利用自身海洋特色,将娱乐空间扩展到海上,形成更为多样的旅游娱乐空间。同时由于海洋资源观赏和体验时间有限,为了丰富海洋城市旅游资源内容,也需通过开发多样化的娱乐空间吸引游客来此消费并延长旅游消费者的停留时间。

(3) 旅游娱乐设施丰富化

旅游娱乐空间多样化必然要依托于丰富的旅游娱乐设施资源。由于旅游娱乐设施的受众对象不仅是外来游客,还包括本地居民,因此丰富的旅游娱乐设施不易让消费者形成倦怠感。从长远角度看,游客由于具有体验当地居民生活的意愿,因此本地市民对娱乐设施的使用度和满意度才是城市旅游娱乐长久发展下去的保障。除了常见的游乐场娱乐设施、KTV、购物中心的市内娱乐设施外,海上旅游娱乐设施应成为海洋城市打造其旅游娱乐的重头戏,例如海上降落伞、香蕉船、喷水飞行器、帆板瑜伽等多种娱乐活动。

第二节 强化政府主导力度,完善旅游"软环境"

一、强化政府主导力度,完善旅游"软环境"的必要性

(一) 旅游"软环境"的界定

"软环境"是相对于"硬环境"而言的,它是指在社会经济运行过程中发挥作用的、除有形的硬件设施之外的各种要素的总和。[②] 旅游业是一项对环境依赖程度相当高的产业,"硬环境"看改变,"软环境"促发展。旅游"软环境"的内涵极其广泛,主要包括影响旅游接待服务质量的行政效率、城市文明等各要素组成的文化环境、创新环境等"软环境"[③],它不仅影响着旅游城市的形象,也制约着旅游业的发展,其重要性日益凸显。

---

① 徐永清,孙权. 旅游学概论[M]. 郑州:河南科学技术出版社,2009:123-124.
② 冯云廷. 城市管理学[M]. 北京:清华大学出版社,2014:143.
③ 杨正福. 扬州与世界名城比较研究[M]. 南京:东南大学出版社,2014:256.

（二）强化政府主导力度完善旅游"软环境"的必要性

中国海洋城市旅游竞争力的提升必须以"硬环境"为基础，以"软环境"为手段；而当代海洋城市旅游业发展的现实需要、旅游"软环境"的复杂程度以及政府强有力的功能性角色扮演使得完善旅游"软环境"必须依赖于强化政府主导力度。

1. 海洋城市旅游业发展的现实需要

从我国目前主要海洋旅游城市发展情况来说，现在整体的旅游大环境缺乏的并不是海水浴场、旅游景区、景点这类旅游资源，国内城市旅游硬件设施的建设也拥有足够的资金支撑与保障，因此加大旅游"软环境"完善力度将对中国海洋城市旅游业竞争力的提升起着关键作用。城市整体综合旅游环境的建设，除了需要依托于城市旅游基础设施硬件支撑外，同时应该更加注重城市旅游"软环境"建设。在夯实"硬环境"的基础上，不断地优化旅游"软环境"，促进自然景观与人文环境的和谐相融。

2. 旅游"软环境"的复杂性

旅游"软环境"的广泛内涵包含文化环境、创新环境等多方面，使其具有一定的复杂性；各个环境是由"人"的思想、意识和行为决定的，使得旅游"软环境"在复杂的基础上又具备了强大的不可控性，直接导致了操作难度大。因此，需要一个权威的、可信度高的、功能性强的组织在整个城市的旅游"软环境"中完成调整旅游发展方向、监督并协调旅游"软环境"中的多方组织等具有主导性质的工作，从而完善城市旅游"软环境"。

3. 政府角色的功能性

政府可以被看成一种制定和实施公共决策、实现有序统治的机构，它作为国家公共行政权力的象征、承载体和实际行为体，其所发布的行政命令、行政决策、行政法规、行政司法、行政裁决、行政惩处、行政监察等必须符合宪法和有关法律的原则和精神，将以国家武装力量为后盾强制执行。综上所述，政府是国家权威性的表现形式，具备可信度高的特性，也因前两个特征而使其能够满足旅游"软环境"所需要的主导功能。

二、政府应如何发挥主导作用完善旅游"软环境"

城市旅游竞争力的提出前提是将城市视为一个整体性的旅游产品，政府作为城市的管理者，在旅游经济运行中扮演着主导作用，它所提供的信息对产业发展产生的导向性毋庸置疑。若想完善城市旅游"软环境",则必须利用好各项"软环境"资源,在此基础上强化自身主导力度,才能提高效率,达到更好的主导效果。

(一) 政府主导完善旅游行政环境

旅游"软环境"的建设离不开政府的主导作用,旅游行政环境表明了一个城市旅游政策、措施、产业结构等最为宏观的环境因素,因此旅游行政环境质量的好坏对旅游"软环境"的影响不言而喻,完善旅游行政环境主要包括完善旅游政法环境和提升旅游行政效率两方面。

1. 政府主导完善旅游政法环境

政法环境是由影响和制约企业营销活动的政治、法律因素组成[1],旅游政法环境是指与旅游有关的各种法规、法律、政府机构和社会团体的活动。旅游产业的相关决策在很大程度上受政治与法律环境变化的影响,因此旅游政法环境作为影响城市旅游经济增长最主要的因素之一,实现政策稳定、法规完整是完善旅游政法环境的根本内容。广义上的政府是国家立法机关、行政机关、司法机关的总和,它是唯一可以直接调控旅游政法环境的组织机构,以政府为主导完善旅游政法环境理所当然。

(1) 对旅游行业进行大量立法和政策的制定

经济立法与行业立法对旅游企业的影响一直在不断地加强,但由于绝大多数城市的市政府是没有立法权的,因此对旅游行业管理进行大量立法必须依托具备立法权的机构对旅游业整体的认知与重视,其立法目的无非出于保护旅游企业间的公平竞争、保护旅游消费者的利益不受损害以及保护社会的整体利益和长远利益不受旅游商业行为的危害。完整的法律将为旅游政法环境构建一个坚实的基础和强有力的后盾。在此基础上,各地方政府执行相关法律条例与精神,结合城市自身的旅游业发展优势与问题,制定对本地旅游业发展状况的针对性的相关政策与条例,保持"发现问题、解决问题"实时更新原则,才能真正做到对症下药、有的放矢,实现真正意义的法规完整。

目前我国已经出台《中华人民共和国旅游法》《旅行社条例》《导游人员管理条例》《导游人员管理实施办法》等具有指导性的法律法规。有关旅游行业的各项立法与适合海洋城市旅游业发展的政策法规将织成一张密实的大网,使海洋城市旅游业的企业行为和市场行为得以规范化、秩序化,为海洋城市旅

---

[1] 范明明.市场营销与策划[M].北京:化学工业出版社,2003:19.

游业的发展夯实一个良好有序的法制基础。

(2) 政府机构严格执行出台的法律法规

旅游经济的发展不仅需要建立在若干法律法规的基础之上,更要有严明的执法机构作为法律法规强有力的落实工具。政府是我国执法体系中最重要的执法机构,它的执法严格与否将直接决定完整的法规能否发挥作用。

长期以来,政府执法以强力的姿态出现,充分显示了执法权力的强制性和权威性,由于缺乏一定的说理性使得执法行为与方式不够人性化,例如城管暴力执法事件频频曝光。长此以往,民众会产生不配合甚至抵触情绪,从长远角度看,这些情绪显然是不利于城市发展的。说到底,法律执行的对象是人,民众的配合与支持将给予政府强劲的助推力,因此政府各工作部门和执法人员在严格执行法律法规的基础上应重视人权、尊重人权,做文明政府、受市民信任的政府,在具体落实执法工作时尊重他人、讲求方式方法,才能实现既严格执行法律法规又获得本地居民与旅游消费者尊重的"双赢"局面。

(3) 重视公众利益团体力量

公众利益团体是一种为了影响政策和舆论导向而组建的团体。[①] 作为一种非政府组织,它成立的主要目的之一就是保护消费者利益,这种组织能够监视企业的活动,给企业施加一定的压力。随着市场经济的发展,人们自我保护意识的增强,公众利益团体的增多、力量的增强,其背后所展现的潜力也逐渐为众人所重视。

政府部门除了发挥执法功能外,工作内容繁杂、人员数量有限给建设并完善旅游政法环境带来了一定难度。同时,旅游业作为一个行业融合性极强的产业,其中的执法流程与管理方式如一张巨网般错综交织,迫使工作难度升级,因此政府需要旅游相关行业的公众利益团体来协助政府完善旅游政法环境的建立。此外,公众利益团体出于为消费者利益考虑的角度,也会同政府及时沟通行业中存在的问题与弊端,形成了一个有效、快速的沟通反馈机制,从而使政府能够更好地关注到旅游消费者的需求并及时出台相关法规政策完善相关旅游政法环境。

2. 政府提升服务旅游产业的行政效率

对于什么是行政效率,国内外学者对此并无一个统一的解释,本书所认为的行政效率是指整体的、系统的效率,它是数量与质量的统一、功能与价值的

---

① 冯志强,李丽. 市场营销理论与实务[M]. 北京:中国轻工业出版社,2014:41.

统一,包含效益要素、经济要素、时间要素。①

若想在有效的时间内使城市旅游竞争力得到一定程度的提升,这意味着政府作为城市软硬设施与环境投入的主导者需要拥有更高的行政效率,它要求政府在对旅游"软环境"建设的方向性、关联性、价值性上做到准确把握。对于目前海洋城市旅游业中亟待解决的问题,政府可以从以下几点提高其行政效率:

第一,目前中国海洋城市亟须大力整顿和规范旅游市场的秩序。政府应加快进行旅游市场管理和监督检查的队伍建设,加强旅游市场管理力度,坚决打击强买强卖、欺客诈客等恶劣行为事件,为城市旅游形象的塑造把好重要的一关。旅游秩序饱受诟病的三亚市积极探索城市大旅游执法与管理新模式,于 2015 年 9 月在国内率先设立旅游警察和巡回旅游法庭,使行政执法和刑事执法无缝衔接,旅游市场秩序和旅游治安得到明显改善,三亚旅游新形象让人耳目一新。

第二,优化旅游公共服务,建设"智慧城市"和"智慧型海洋旅游城市"。通过搭建城市智慧服务平台,利用信息技术发布实时信息、减少处理投诉、咨询等工作的时间,从而提升政府旅游公共服务的整体质量与效率,提高游客满意度,塑造良好的旅游目的地形象。

(二)政府主导完善旅游文化环境

旅游文化环境作为一种深层次上的旅游软环境,是旅游经济发展的人文基础与动力来源,包括当地的商业传统、价值观念、风俗习惯、城市文明程度等。因此,政府在完善旅游文化环境时应注意从了解旅游活动中各群体的意识形态入手,主要从价值观念、社会文明、风俗习惯等方面进行一定的宣传和引导工作。

1. 培育市民的旅游意识

培育市民的旅游意识,一是注重培育市民保护和爱护旅游环境的基本意识,做到保护城市生态环境,实现人与自然和谐相处;二是培育市民善待他人的意识,由于旅游消费者来自五湖四海,往往出现各自的风俗习惯不同、宗教信仰不同、价值观念有差异的现象,这时便需要城市居民能够尊重他人、善待他人,从而避免旅游活动中产生各种不文明和不必要的冲突现象,实现人与人之间和谐相处。这不单单对本地旅游环境有很大的改善作用,通过人与人之

---

① 夏洪胜,张世贤. 行政管理学[M]. 北京:经济管理出版社,2014:227-231.

间的沟通交流也能够影响外来游客的旅游意识,将人作为文化的载体对旅游文化进行言传身教,从而形成一个良好的、积极向上的全域性旅游文化环境。

热情、好客、文明的城市居民本身就是一道最亮丽的风景画,在国家旅游局推进的"全域旅游"战略下,具有亲和力的本地居民是旅游目的地不可或缺的重要的旅游竞争力量。

2. 设计旅游宣传口号,加大宣传力度

(1) 旅游口号形象化、新鲜化

旅游宣传口号是创造独特形象以进入潜在游客脑海的一种形式。[①] 海洋城市在旅游宣传中应特别注意以言简意赅、生动形象的口号引起人们的注意,并根据城市旅游资源、旅游产业发展方向的变化等情况适时变换口号,保持宣传的新鲜感。此外,本地居民作为土生土长的当地人,其对城市的了解程度高于任何其他群体,为了使旅游口号达到更好的宣传效果,政府应主导群众参与口号的制定过程,广纳当地居民意见,才能挖掘与城市形象最为贴切限于生动的宣传口号。

(2) 宣传方式多样化、深入化

随着科技的发展与进步,城市旅游宣传方式已不仅仅是市内宣传横幅、电视媒体、报纸等传统宣传媒介,更应加大对网络宣传方式的应用,例如在省市政务网、智慧旅游服务平台、微信公众号中进行宣传与推广。

宣传方式多样与否和宣传效果好坏时常是不成正比的,宣传效果才是我们真正的宣传目标,因此在宣传方式多样化的基础上,政府更要注重深入研究旅游消费者的行为方式、投其所好并做到及时更新相关旅游信息从而达到宣传方式深入人心的效果。与此同时,也应认识到教育与宣传要从小抓起这一要点,因此也应将旅游意识的培育与旅游口号的宣传植入中小学生的校园文化中,为下一代人才素质培养和旅游文化环境的提升打下良好基础。

3. 培养群众集体荣誉感,争创荣誉称号

在打造城市旅游竞争力的道路上,城市是一个以政府为主导、广大人民群众支持的集体团队。荣誉是一个重要的道德范畴,它包括客观上对道德行为的肯定评价以及主观上对"自我"社会价值的意识。[②] 一个责任感与集体荣誉感缺失的团队注定不会有大作为[③],通过争创城市荣誉称号可以起到一定的

[①] 《旅游辞典》编写组. 旅游辞典[Z]. 西安:陕西旅游出版社,1992:640.
[②] 吕明增. 军人伦理学[M]. 沈阳:辽宁人民出版社,1987:123.
[③] 张新越. 团队情商[M]. 北京:国家行政学院出版社,2014:34-35.

激励作用,有利于城市公民形成团体意识、责任感与集体荣誉感。因此,政府应起到主导作用,带领广大市民努力争创"国家卫生城市""国家生态园林城市""国家文明城市""社会治安综合治理优秀城市""海绵城市"等荣誉称号,全面提升城市治理水准,树立旅游城市的良好形象。

(三)政府主导完善旅游创新环境

旅游创新环境是建立在旅游文化环境之上的一种软环境,它是在全球化背景下和网络社会中提高旅游竞争力的核心软环境,失去了创新,旅游业的发展便失去了前进的方向与动力。一个城市的旅游创新环境包含着技术、创新网络、研发力量、企业家精神、风险投资等要素。在政府的引导、监督和带动下,应重点做到以下几点。

1. 实行资金与政策鼓励,打造良好的创新基础环境

完善旅游创新环境必须依赖于政府的政策支持,政府应围绕旅游创新环境中技术、研发、投资等各要素提供相应的激励政策并给予资金支持,以打造一个良好的旅游创新基础环境,进而促进旅游创新进一步发展。

2. 建设旅游创新网络,提高旅游创新效率

旅游创新环境是要素的组合体,旅游创新网络是创新主体、行为、资源多重组合下形成的新系统。建设旅游创新网络将减少从开发创新到创新成果普及过程所耗费的时间,从而降低创新成本,提高旅游创新效率,增强旅游创新竞争力。此外,旅游创新网络也将为网络内部的各组成要素提供一种良好的创新文化氛围,为旅游创新环境增添新活力。因此,政府需要充分发挥其组织、协调、监督等职能,为海洋城市建设旅游创新网络,打造具备该海洋城市文化特色的旅游创新环境。

第三节 优化旅游产业结构

一、优化旅游产业结构的必要性

(一)旅游产业结构优化内涵

关于产业结构,有些学者将之解释为产业内部的企业间关系,也有学者认为产业结构是各个产业之间的关系。随着笠原三代(1957)和贝恩(1959)对产业结构的研究,此后对于产业结构的定义基本上是指产业之间的关系。按照

产业结构内涵和外延的不同,对产业结构的研究有广义和狭义之分。本书中所讨论的产业结构为狭义产业结构,即产业结构的内容主要包括:构成产业总体的产业类型、组合方式,各产业之间的本质联系,各产业的技术基础、发展程度及其在国民经济中的地位和作用。[①] 旅游产业结构是指旅游产业各分部区域、各行业部门、各产品类型、各目标市场、各经济成分以及旅游经济活动各环境的构成及其相互之间的比例关系。

旅游产业结构优化是指通过旅游产业结构调整,使旅游产业内部、旅游产业同相关产业协调发展,并满足社会不断增长的需求的动态过程。旅游产业结构优化的核心是产业结构的高度化和产业结构的合理化,从旅游产品的资源开发结构、产品结构、市场结构、行业结构、区域功能结构、组织结构六大方面进行旅游产业结构调整从而最终达到产业结构合理化的目的。

(二)旅游产业结构演变规律

旅游产业结构的演变同经济发展和经济增长的演变是相对应的,这种演变规律主要表现在以下四个方面。

第一,旅游产业结构横向的合理化演变。产业结构横向的合理化表现为旅游产业结构系统内部各产业之间的协调等方面的变化,从本质上反映了旅游产业结构系统的聚合质量。

第二,旅游产业结构从低级向高级的高度化演变。产业结构合理化是高度化的基础,合理化本身就是为了使产业结构从低级向高级演变,若要达到产业结构优化升级,则此过程不可逆。

第三,旅游市场机制必然影响着旅游产业结构的演变。在完善的市场机制下,价格体系趋于合理,竞争表现为某些产业迅速发展,某些产业发展迟缓甚至衰退,从而形成了优化的旅游产业结构体系。

第四,旅游产业结构演变进程受政府调控。政府对于产业结构的调整,主要是通过产业结构政策来实现的,通过对产业结构的调控来克服和弥补市场机制调整中的缺陷,促进产业结构优化。

(三)优化旅游产业结构的意义

旅游产业结构的优化是旅游产业前进发展的必然产物,旅游城市的竞争力欠缺,是由旅游产业结构不合理所导致的。只有优化旅游产业结构,才能适

---

① 沈家文. 生产性服务业与中国产业结构演变关系的量化研究[M]. 北京:经济管理出版社,2012:16-18.

应旅游业发展需求,才能实现社会化、市场化、现代化和国际化全面发展的旅游业格局,才能更好、更快地完成旅游产品整合和产业融合的转型升级。

1. 有利于增强旅游创新能力

旅游产业结构的优化升级,核心是社会技术更新所引发的旅游产业结构的改进,新技术的开发、引进、应用与普及将引起传统旅游产业的更替、改造。

2. 有利于增强产业结构转换能力

产业结构的协调使得技术条件不断更新,促进产业结构不断更新并形成新的组合,增强包括传统产业向现代产业转换在内的多种产业结构转换能力,从而实现产业结构优化升级。

3. 有利于提高旅游经济资源配置效率

优化产业结构的本质是调整资源的配置结构,通过结构调整和组织改造、产业结构优化升级,将带来高效率和高质量的旅游资源转换,使得其成为提高旅游经济资源配置效率的客观要求。

4. 有利于实现旅游经济增长

经济的增长取决于产业结构的聚合效益,即"1+1>2"理论。产业结构优化升级是增强产业聚合效应的重要手段[1],支撑着经济的全面发展;同时经济增长也为产业结构升级提供了相应的物质基础,使二者产生了一种良性循环。

二、中国海洋城市旅游产业结构优化的路径分析

(一)中国海洋城市旅游资源开发结构优化路径

旅游产业的资源开发结构是指旅游地在进行旅游资源开发时故意使其资源布局在一定地域内所呈现的结构形态。[2]

1. 中国海洋城市旅游产业资源开发结构的现状

旅游产业资源开发结构是否合理是直接关系旅游产品质量的重要因素之一,由于旅游产业起步晚、发展快使得旅游产业资源在开发过程中存在着许多亟待解决的问题。

(1)海洋旅游资源开发利用程度较低。根据马勇(2003)对旅游资源开发

---

[1] 支小军,刘永萍.新疆绿洲产业结构变迁与生态综合承载力系统的协调性研究[M].北京:中国农业出版社,2014:3-4.
[2] 马勇,周霄.WTO与中国旅游产业发展新论[M].北京:科学出版社,2003:118-136.

的理解与分析,一般来说,区域旅游资源开发大体上可以分为幼年期、青年期、成年期、衰老期。对于我国海洋城市的海洋旅游资源来说,其发展阶段尚处于青年时期。目前中国海洋城市的海洋旅游资源仍以海滨观光为主,附加提供海边露营、烧烤、香蕉船等基础娱乐设施;部分渔村、渔家乐也只提供海鲜餐饮、垂钓、住宿等基本服务;由于政策问题和经济发展等原因,我国旅游开发的岛屿数量较少,也有部分岛屿的开发以度假功能为导向,但在配套设施设备上远远没有达到过硬的标准,潜水等依托于海水资源质量的旅游体验活动更是局限于少数海洋资源较为理想的三亚、北海、深圳等城市,这在整体上降低了海洋城市的旅游资源开发利用水平。三沙市拥有我国最好的潜水旅游资源,期待三沙市在条件成熟的时候尽早对游客开放。

(2)海洋旅游资源与当地旅游资源组合效果不理想。随着人民生活水平的提高,物质财富的增加导致旅游目的地的距离已不是最大的问题,旅游消费者对旅游目的地的体验需求和满意度标准也越来越高。旅游资源具有整体性,海洋旅游资源除了需要通过先天优势吸引旅游消费者外,同本地旅游资源组合形成的整体旅游产品才是最受消费者关注的,然而目前二者组合的效果并不理想,导致海洋城市的旅游品牌形象除海洋相关名词外,难以具备第二属性。

(3)旅游资源开发的类型比例不够协调。我国许多海洋城市旅游资源丰富,种类较多,但在开发过程中经常出现与市场需求脱节的现象。例如,入境消费者经常以沿海口岸城市为入境中转点,那么该海洋城市的旅游卖点应落脚于民俗风情和文物古迹等具有中国特色的旅游资源上,因此应加强这类旅游资源的开发力度。

2.中国海洋城市旅游产业资源开发结构的优化路径

(1)提高旅游资源开发质量。中国海洋城市旅游产业需要在资源上通过开发精品景点(区)打造高质量旅游资源、通过组织设计精品旅游路线将旅游资源串联起来并产品化、以举办培育精品节庆活动作为一种特殊的辅助型旅游资源和促销手段来提高当地旅游资源开发的质量,形成具有当地特色和文化底蕴的旅游资源品牌。

(2)注重旅游资源的可持续开发。资源开发本质上是一种经济活动,需要以环境保护为开发的基本准则。处理好资源开发与环境之间的关系,不仅能够保护环境不被破坏,更能够保证旅游资源得以长久永续的利用,从长远角度保证了旅游资源的开发效率。因此,旅游资源的可持续开发应该要求以科学的考察和评价为基础,通过制定相应法规、完善监督体系规范旅游资源开发项目的评审和监督，同时辅以加强可持续发展教育和宣传，提高旅游相关利益者的环境保护意识。

（二）中国海洋城市旅游产业产品结构优化路径

旅游产业的产品结构是指为了满足消费者的多样化需求而提供到旅游市场上的各种旅游产品的构成状况及相互关系。

1. 中国海洋城市旅游产业产品结构的现状

随着人们消费水平和精神需求的提高，旅游产品更加强调参与性与体验性，我国目前在旅游产品开发上已呈现出多元化发展的态势，包括文化旅游、生态旅游、红色旅游、乡村旅游、购物旅游、医疗旅游等众多类型的旅游产品，更有邮轮旅游、海上休闲旅游、滨海度假旅游等多种海洋旅游产品。从整体上来说，我国海洋城市旅游产业的产品结构仍处于上升阶段，许多地方存在不足之处。

（1）旅游产品开发的深度不足。以海洋资源为主的旅游资源经初步开发转为初级产品后便基本维持现状，缺乏对其内涵的进一步发掘。虽然旅游需求在增加，旅游目的地的游客数量在增加，但中国海洋旅游城市却一直没有积淀出属于该地的旅游文化。

（2）旅游产品开发的层次不够。消费者类型的多样化和旅游需求的多样化决定了产品内容形式需要丰富化和层次化，可是现实情况往往是旅游产品层次单一，例如，青岛的石老人浴场在开发后除了能满足海水浴外，连露营所需的基本饮水等设备都不能满足，导致无法更好地发展海边露营产品，使得城市在海洋产品的开发层次上具有一定的局限性。此外，旅游产品整体开发的层次不够还体现在海洋城市的高端旅游产品，例如，高端滨海度假产品较少，无法满足高端游客对高端精品旅游的需求。

（3）旅游产品开发的自主性不强。各海洋城市往往不能将旅游产品和当地文化特点结合在一起，习惯照抄照搬，致使众多差异性不大的旅游产品之间无序竞争，导致旅游产品开发进入效益缩水、质量下降的恶性循环。

2. 中国海洋城市旅游产业产品结构的优化路径

（1）形成海洋旅游产品系列。在保证传统海洋观光旅游产品质量的基础上，努力开拓海上休闲旅游、渔村文化旅游、滨海度假旅游、海洋科技（普）旅游等新型的海洋旅游产品。结合宗教朝拜、文化修学、购物等多种旅游产品丰富城市产品的档次，形成类型齐全、具备闪光点的旅游产品体系。

（2）丰富旅游产品的文化内涵。旅游产品的文化应以中华文化为文化基础底蕴,结合城市文化,挖掘具有地域特色的旅游产品文化内涵。同时,在全面拓展海洋旅游产品范畴和产品结构的基础上,要注意突出宣传和引导消费者选择健康、环保的绿色生态旅游,培养其(海洋)环境保护意识。

(3)加强旅游产品的配套设施建设。想从根本上改变我国海洋旅游产品单调的不利局面,必须要配合同旅游产品开发相关的设施设备,如联合规划推动相近城市的海上旅游码头建设,便可以开发多种海上垂钓、海上运动、海上游艇、邮轮旅游等新型旅游产品。

(4)强化旅游产品"智慧化"属性。城市的"智慧"水平已经成为旅游消费者对城市满意度的重要影响因素之一,充分利用信息技术提高旅游产品在开发、宣传及环境保护中的应用,提高资源使用效率和游客满意度,可谓是一举多得。杭州在城市"智慧化"建设方面可以成为其他海洋旅游城市学习的范例。

(三)中国海洋城市旅游产业市场结构优化路径

旅游产业市场结构特指旅游客源市场的结构,它是指旅游客源群体在一个国家或地区的旅游经营和接待服务过程中所呈现的类型构成与属性特征。

1. 中国海洋城市旅游产业市场结构的现状

从旅游消费者客源地属性来看,中国海洋城市旅游产业市场中,入境市场游客数量仍持续增长,由于国内空气环境污染较为严重导致增长率呈现出下降的趋势,但总体规模仍持续增长;由于国内"小长假"和"十一黄金周"新假期制度出炉导致国内游客规模扩大,其中各海洋城市的国内游客客源主要来自于同省的内陆城市;海洋城市海外交通网络发达,消费者购买力的增强,再加上近几年日韩购物游热潮使得城市居民出境游规模也在逐年扩大。

从旅游消费者出行方式来看,大体上可以分为跟团游和散客游两类旅游客源群体。跟团游主要以除传统的全陪式跟团游外,地接社组织的市内跟团游规模也逐渐增大;散客游形式多样,包括自助游、自驾游等,形成了背包客、驴友自发组织的小团体等多种旅游消费群体。

从旅游消费者出行目的来看,海洋城市旅游产业市场可以分为寻求养老旅游、亲子旅游、修学旅游、会议旅游、滨海度假旅游、邮轮旅游、医疗旅游、美食旅游、购物旅游等的多种消费群体组合,其市场也呈现出细分化、特征化、组合化的特点。

2. 中国海洋城市旅游产业市场结构的优化路径

(1)全面拓展境外客源市场,大力发展国内市场。完善旅游基础设施设备,针对不同客源地市场进行有针对性的产品推广和形象宣传,在此基础上,加强组织和管理,适度发展出境游并积极拓展省际交叉的旅游市场。

(2) 提高旅游产业市场细分化和专业化水平。针对各海洋城市旅游产品体系做出专业化的分析和判断,从而利于旅行社、OTA 平台在经营内容和营销方式上实现旅游市场细分化和专业化,避免走弯路,完善旅游产业市场结构。

(四) 中国海洋城市旅游产业行业结构优化路径

旅游产业的行业结构(又称"部门结构")是指构成旅游产业实体的各个部门、行业之间的结构比例关系和互动作用关系,包括旅游住宿、旅游交通、旅游餐饮、旅游购物、旅游娱乐、旅行社、旅游教育、旅游科技、旅游媒体等一系列行业部门。

1. 中国海洋城市旅游产业行业结构现状

旅游产业行业结构是否合理是直接关系到旅游产业实体是否坚固可靠。伴随着旅游消费者需求的增加,旅游产业行业部门也随之增加,这就需要我们根据新增的消费者需求完善旅游产业行业结构,解决一些目前存在的问题。

(1) 旅游产业行业结构整体上较为完整,但细节问题较多。行业结构的完整性是其得以持续发展的重要基础。中国海洋城市由于处于经济发展较为发达的东部沿海地区,在食、住、行、游、购、娱、科技、教育、媒体等方面提供综合服务已不是难事,但在一些具体旅游景点(区),仍存在着许多服务内容受限的情况,致使海洋城市旅游产业结构在细节上仍不完整。

(2) 旅游产业行业结构趋于协调性,仍有发展空间。旅游活动的综合性使得旅游产业内部的各个行业之间是具有经济联系的,各行业能否配合协调是产业经济发展的问题所在。携程、去哪儿网等 OTA 平台的发展已将旅游交通、旅游住宿、旅游娱乐等行业聚合起来,行业结构已趋于协调,但离达到旅游产业一体化经营还有一定距离。

(3) 经济变革导致旅游产业行业结构不够稳定。旅游产业行业结构不稳定主要集中于旅游住宿业、餐饮业和旅行社三个行业中。近年来,"国八条""八项规定"使旅游住宿业和餐饮业受到了巨大的冲击,客源结构的巨大改变促使旅游住宿业、餐饮业正视市场经济下的旅游市场结构,行业洗牌已基本结束;《中华人民共和国旅游法》的实施规范正式开始了旅行社洗牌之路,旅行社数量与规模有所收敛,驴妈妈、途牛网等线上旅游线路销售平台的增加,也对旅行社产生了巨大的冲击力。此外，2015年中国WTO保护期已经结束，沿海城市保税区、自贸区的增加也将为其旅游产业各行业带来新的转机。

2. 中国海洋城市旅游产业行业结构的优化路径

说到底，海洋城市旅游产业行业结构的调整和优化需要从需求和供给两大方面进行调整。

（1）合理配置旅游众多要素，完善海洋城市旅游功能。中国海洋城市在整体上仍要以"食住行游购娱"旅游行业为主要旅游要素，重点配合海洋资源来减少旅游者进入时间、延长旅游者逗留时间；同时，加强对邮电、网络、科技、教育、媒体等辅助旅游要素的重视程度，合理安排相关旅游服务设施。

（2）优化旅游政策和旅游人才供给。中国海洋城市在政策制定上，应形成发展方向、具体措施等类型齐全并能够满足实际需要的旅游政策系统；在旅游产业上继续优化旅游人才供给，完善海洋城市旅游人才机构，从海洋城市旅游产业发展目标出发，针对各个旅游行业的实际情况，有目的地引进外来旅游相关专业人才或增加本地教育机构质量，培育具有本地文化底蕴的本土型旅游专业人才。

（五）中国海洋城市旅游产业区域功能结构优化路径

旅游产业的区域功能结构是指各行政区域或地理区域的旅游产业在当地旅游产业整体中的比例结构与相互关联，以及它们之间的功能属性与定位关系。

1. 中国海洋城市旅游产业区域功能结构现状

从旅游产业的地域发展结构来看，由于国内游客休假时间有限以及海洋城市旅游资源开发有限，中国海洋城市旅游产业主要集中于滨海一线和市内旅游景区（点）上，近郊旅游产品以本地居民消费为主。

从旅游产业的功能结构来看，随着第三产业在国民经济三大支柱产业中比例的提升以及旅游产业生产总值占据第三产业比重的提升，使得旅游产业的经济功能仍是各地政府大力推行旅游开发与发展的主要原因。各海洋城市在环境功能上主要以依托环境为主，但也加强了对改善环境和改造环境的重视。而根据旅游需求的多元化趋势，海洋城市旅游产业的社会功能，如民宿、养老、医疗等功能具有相当大的开发潜力。

2. 中国海洋城市旅游产业区域功能结构的优化路径

（1）旅游资源深度开发与规模开发齐头并进。部分旅游业基础不稳固的海洋城市应加快旅游产品的创新，大幅度提高旅游资源的利用效率和开发水平,形成规模经济;旅游业发展基础较为牢固的海洋城市应在原有旅游产业基础上,深度开发旅游产品,发挥其区位优势和人才储备优势,形成旅游精品品牌。

(2) 加强区域协作,完善功能分区。依托于海洋城市便捷的交通网络、多样化的产品系统以及互补的客源市场实现区域协作,同时完善海洋城市各项旅游功能分区的建设,避免各类旅游活动的功能相斥,保证各旅游功能分区与周围环境能够和谐共处。

(六) 中国海洋城市旅游产业组织结构优化路径

旅游产业的组织结构是指综合构成旅游产业发展体系的旅游行业组织、旅游管理机构、旅游经营企业等部门机构在设置上所体现出的数量、规模和关联关系。

1. 中国海洋城市旅游产业组织结构现状

常见的旅游产业组织包括旅游管理机构、旅游行业组织和旅游企业,其结构的合理性与否将直接影响到旅游企业在国际竞争中的地位。

旅游管理机构主要是指政府中处理旅游相关工作的各行政部门。目前中国海洋城市旅游行政部门的问题主要集中于责权不清上。旅游产业同其他产业的相关性极强,在涉及具体操作问题时很容易出现不同部门的职业重叠以及相抵触的情况,这种情况一是导致工作效率低下,二是影响了群众满意度。例如关于旅游景区内部餐饮物价问题的投诉,工商局和旅游局便都成为市民的投诉渠道。

行业组织作为旅游企业与旅游管理机构之间的桥梁,应担负起对企业负责并向上反馈问题的作用。近年来,旅游行业组织在旅游产业中的地位得到了认识与提升,旅游产业中各行各业已具备一定数量和规模的行业组织,但总体上仍存在效力低、机制不健全等问题,导致旅游产业组织结构出现不协调的局面。

市场经济条件下,旅游产业中旅游企业之间具有不可分割的经济关联,因此旅游企业间的联合程度的高低和质量的好坏在旅游产业组织结构中显得尤为重要。目前旅游企业之间的分工、业务水平总体偏低;联合体处于较为松散的状态,聚合水平低,综合实力不强。

2. 中国海洋城市旅游产业组织结构的优化路径

(1) 强化政府政策主导和监督功能。进一步完成由管理职能向宏观指导、调查监督功能转变,制定和实施更为灵活的产业政策,减少对旅游企业经营的直接干预;同时,健全旅游市场机制,完善旅游法规,规范旅游产业运作行为。

(2)优化旅游企业所有制结构,建立投资新体制。旅游产业中的国有成分已从竞争性部门推出,转向旅游基础设施的建设。因此,应放宽旅游投资融资范围,培育多元化的投资主体,多渠道筹集资金,如采取上市融资和众筹模式来实现多方相关利益者共赢局面。

第四节 区域协调,分级规划

伴随着经济一体化的上升和旅游业的迅速成长,旅游业的竞争也越来越激烈。我国的旅游业现已处于区域竞争阶段,是经历了景点竞争、线路竞争之后的新挑战。各地区通过积极使用区域旅游合作的方针以避免恶性竞争带来的不必要损失。区域旅游合作已成为世界旅游业发展的必然趋势,是实现旅游线路网络化、旅游资源重组和旅游产品多样化,增强区域旅游业综合竞争力的重要途径和手段,也是全面提升黄渤海、东海、南海三大海洋旅游城市群地竞争力的必然选择。

一、区域协调发展

(一)区域协调发展的内涵

区域协调发展是各区域之间经济联系日益紧密,区域分工更加合理,经济社会发展差距逐渐缩小并趋向收敛,整体经济效率持续增长的过程。[1] 在科学发展观的指导下,区域协调发展的内涵主要包括坚持以人为本,实现地区公平;全面协调发展,提高空间经济效率;实现可持续发展三方面内容。[2]

(二)区域相互依赖理论与区域经济协调发展

马克思主义经济学和西方经济学在关于世界经济的关系上都认为世界各国之间是相互依赖的,区域相互依赖理论主要包含以下四个方面内容:第一,区域之间的相互依赖是经济发展的客观规律,没有相互依赖经济和社会的发

---

[1] 覃成林,姜文仙.区域协调发展:内涵、动因与机制体系[J].开发研究,2011(1):14-15.
[2] 陈秀山,杨艳.区域协调发展:回顾与展望[J].西南民族大学学报(人文社科版),2010(1):72-73.

展就无法进行下去,国际之间、区域之间的依赖是绝对的,只是依赖的程度上存在差异;第二,区域之间的依赖如同作用力与反作用力一样是相互的,是双向传递的,不仅仅作用于一方;第三,区域之间相互依赖的内容和程度随着区域经济的发展是不断变化的;第四,区域相互依赖产生的影响包含积极和消极两个方面,积极的相互依赖有利于推动区域之间的经济交流、合作和一体化,反之则会引发区域之间的经济冲突和矛盾。[①]

(三)区域协调对旅游产业发展的必要性

区域协调理念打破了以往由行政区域分割的地区经济格局,促进了区域间的经济流动;旅游活动则是发生于人们前往和逗留在旅游地的活动,游客必然在旅游过程中发生地理位置上的移动并在移动过程中产生消费行为。因此,区域协调将会对旅游产业的发展产生积极的影响。

1. 转变旅游经济发展方式,优化旅游市场机制

区域协调将缩小区域旅游产业发展差距,转变为旅游经济联合发展方式,影响着旅游市场中的供求机制、价格机制、竞争机制、风险机制的变化,从而优化旅游市场机制。同时,区域协调也将强化地区旅游行业中的薄弱环节,创造更为多元的市场结构与产品结构,此外也将提高旅游业行政管理部门、行业组织同企业之间的协调度和配合度。

2. 合理配置旅游资源,提高旅游经济整体效益

区域内旅游区的相互组合发展,将有利于区域内部旅游资源的优势互补,在合理配置旅游资源后以便区域内开展多样化、特色突出的旅游活动,发挥区域的整体优势,从而提高旅游经济的整体效益。

二、中国海洋城市旅游产业发展规划

为了实现我国海洋城市旅游的整体开发,形成优势互补、相互协调的旅游格局,应形成四级旅游规划体系:全国层面的海洋城市旅游产业发展规划、三大区域(黄渤海、东海、南海)海洋城市旅游产业发展规划、省级海洋城市旅游产业发展规划及海洋城市旅游产业发展规划。

---

① 曹立.中国经济新常态[M].北京:新华出版社,2014:74-75.

（一）全国海洋城市旅游产业发展规划

1. 发展战略

（1）战略目标

1）总体战略目标。本着提高全国海洋城市旅游产业整体竞争力的目的，在全国层面上形成提升沿海城市旅游产业整体水平，打造部分国际知名的海洋旅游目的地的总体战略目标。

2）改革创新目标。从国家层面上，中国海洋城市作为全国经济基础最为牢固、旅游经济最为发达的城市带，应充分利用其旅游产业已有的基础，在我国海洋城市中建设多个旅游业改革创新实验区，形成旅游业改革创新网络，使我国海洋城市旅游产业在结构、体制、产品、模式等方面得以有突破性的发展。

3）生态保护目标。由于区位地理优势，海洋城市的自然资源较内陆城市相比更为丰富，尤其以海洋资源为主。作为全国独具海洋资源的城市，中国海洋城市旅游产业在发展的过程中必须强化生态保护意识，以国际相关标准为依据，以做到在整体海洋旅游资源开发和使用中以生态保护为第一位，打造生态文明、科学发展的"海洋旅游"。

4）经济目标。较为传统的观光游市场发展已趋于停滞，通过发展海洋旅游来挖掘旅游业潜力将是旅游经济发展的新增长点和关注点，要把提高海洋旅游收入对东部地区旅游业收入的增长贡献率作为全国海洋城市旅游业发展的经济目标。

5）社会目标。通过旅游产业发展，带动沿海地区就业增加、民生改善、城乡居民素质提高，从而促进沿海地区经济发展，实现一批国际现代化都市的建设。

6）品牌目标。倾力打造具有中国底蕴和风情的海洋城市特色，使中国海岸带能与"地中海地区""加勒比海地区"等达到一样的高度，树立享誉世界的知名海洋旅游品牌。

（2）发展战略

根据国内外海洋城市旅游发展形势，把握中国海洋城市旅游发展方向和目标，实施"国际化""品牌化""一体化""精品化"战略。

1）国际化战略。由于国内旅游业起步较晚，因此应通过引进国外先进的旅游产品开发理念和旅游目的地管理经验，实现发展理念国际化、旅游产品国际化、品牌形象国际化、市场营销国际化、服务国际化，使我国海洋城市成为具有国际竞争力的海洋旅游城市。

2）品牌化战略。站在国家战略的角度,建设并维护良好的中国海岸带旅游品牌形象,实现由海洋旅游资源大区向海洋旅游品牌大区的历史性跨越。

3）一体化战略。要想做到中国海洋城市旅游产业整体化的发展与前进,必须贯彻"全域旅游"理念,实现发展政策一体化、海上交通网络一体化、人才保障一体化、资源保护一体化等全域一体化机制,才能把中国海洋城市旅游发展推上新的台阶。

4）精品化战略。海洋城市整体水平的提高固然是总体战略目标,但精品化的旅游目的地将会作为海洋城市整体的特色展品为国际旅游市场所重视,从而增加中国海洋城市旅游形象的辨识度。全球知名海洋旅游城市众多,我国东部沿海城市缺少垄断性海洋旅游资源,在客源竞争中必须依靠拥有高标准服务、浓郁的地域特色文化和新颖创意的旅游精品。

2. 旅游形象规划

国家层面的海洋城市旅游形象规划要注意国内旅游消费者和国外旅游消费者两种不同的推广重点,针对国内旅游消费者,应将海洋城市旅游形象集中于特色资源上,即"海洋＋区域";而针对国外旅游消费者,海洋城市一般是其入境选择的首要目的地之一,因此在海洋城市旅游形象上除了贴上海洋的标签外,更具吸引力的是"客源国文化同中国文化的缓冲带"。

3. 旅游市场营销规划

在产品开放上,中国海洋城市旅游产品仍要以现有旅游产品为主,在此基础上强化海洋旅游产品的开发力度,挖掘现有旅游产品的文化价值,配套国际交通运输服务,以创造一个更为丰富与全面的海洋城市旅游产品体系。

在市场开发上,以国际市场为主,国内市场为辅。其中,国际市场中以日韩及东南亚市场为主,欧美及大洋洲为辅;国内市场中以内陆地区的游客为主,沿海城市居民为辅。

在宣传手段上,以不同客源市场制定相应的促销策略为前提,采取媒体宣传和同相关产业合作的方式,例如,将宣传片投放至国外电视媒体和网络媒体中,同国外信用卡公司联合推出指定旅游目的地的消费打折活动等。

4. 旅游总体布局

由于中国海洋各城市地理位置的不同,根据城市所毗邻的海的不同,将中国海洋城市分别划为黄渤海、东海、南海三大海洋城市区域。

5. 区域旅游协作

同国外区域旅游协作的主要领域集中于旅游产品的互补和国际旅游交通

网络的构建上。在交通方面,国际交通网络则是国际发生旅游活动的基础条件之一。在旅游产品方面,同日、韩等国家在旅游文化相近的情况下,由于其人口多、土地面积小使得其海洋旅游资源的开发数量较小,无法满足人们的旅游需求,因此作为相邻国家的中国成为资源互补的主力军;在同欧洲、美洲海洋旅游资源重复的情况下,中国作为文明古国与大国,其旅游文化的吸引成就了同欧美地区之间的旅游产品互补。

此外,"一带一路"平台的构建,中国将致力于加强同东盟国家的互联互通建设,愿同东盟国家发展好海洋合作伙伴关系,沿线的 65 个国家也将为我国海洋旅游的区域协作带来新的机遇。

(二)区域海洋城市旅游产业发展规划

1. 发展战略

(1)战略目标

1)总体战略目标。为了提高全国海洋城市旅游产业整体竞争力,在区域层面上需形成提升沿海城市旅游产业整体水平、打造国内知名的海洋旅游目的地的总体战略指标。

2)改革创新目标。根据各区域实际的社会发展状况、旅游环境状况、海洋环境状况,增强区域内部优势互补,争做旅游业改革创新实验区。

3)生态保护目标。区域海洋城市以城市相毗邻的海域为区域分界线,因此各区域海洋城市旅游产业生态保护目标,除了保护区域内部旅游环境外,还要强化各区域所毗邻的海域(黄渤海、东海、南海)的整体海洋环境,以达到生态保护的目的。

4)经济目标:通过区域内部协作,由海洋旅游经济发达区带动贫弱区,促使区域经济分布更合理、就业增加、民生改善、城乡居民素质提高,从而促进各沿海区域经济发展实现一批国内或国际发达海洋城市的假设。

5)社会发展目标。通过旅游产业发展,由沿海经济发达区带动沿海经济贫弱区,促使区域经济分布更合理、就业增加、民生改善、城乡居民素质提高,从而促进各沿海区域经济发展,实现一批国内或国际发达海洋城市的建设。

6)品牌建设目标。倾力打造具有各区域统一的文化特征的海洋城市特色,使各区域海岸带能够满足国内旅游消费者对海洋旅游城市的旅游需求,树立享誉中国的知名海洋旅游品牌。

(2)发展战略

根据国内海洋城市旅游发展整体形势,把握国内海洋城市旅游发展方向和目标,实施"品牌化""一体化""精品化"战略。

1）品牌化战略。建设并维护良好的区域海洋城市旅游品牌形象，不仅能够促进各区域范围内旅游产业的发展，亦能带动三大区域所辐射的内陆地区的旅游经济以及旅游相关产业的发展。

2）一体化战略。国内旅游业起步较晚，各城市之间由于经济建设水平参差不齐导致旅游产业发展水平良莠不齐。要想做到区域海洋城市旅游产业整体化的发展与前进，必须实现区域一体化，其中包括发展政策一体化、交通网络一体化、人才保障一体化、资源保护一体化等多个一体化机制。

3）精品化战略。精品化即为创造各区域的"闪光点"，包括精品化的旅游线路、旅游产品、旅游城市。精品化的区域海洋城市旅游产品将成为其特色展品为国内旅游市场所重视，从而增加区域海洋城市旅游形象辨识度。

2. 旅游形象规划

黄渤海、东海、南海区域旅游应根据自身现有资源，分别面向国际市场及国内长线旅游市场建设具有地域风情和文化底蕴的海域城市群品牌，打造丰富、生态、文明的海洋旅游城市群形象。

3. 旅游市场营销规划

在产品开发上，各海域城市旅游产品仍要以现有旅游产品为主，在此基础上强化海洋旅游产品开发力度，融合各海洋城市旅游产品文化价值，形成各海域独有的旅游价值，同时配套更为成熟的区域内部交通运输服务，将三大区域海洋城市群组建为一个高效密集的旅游网络。

在市场开发上，以国内市场为主，国际市场为辅。区域联合使得旅游线路往往被拉长，因此国内目标市场以长线旅游市场为主；国际市场中则以距离各海域相近的国家为主。

在销售渠道上，各区域海洋城市群根据不同的目标市场制定相应的销售策略，大数据时代下随着国内居民智能手机使用量的巨大提升，旅游消费者利用国内携程、途牛等旅游 OTA 平台进行旅游消费的份额也逐渐增大，在满足消费者需求上也占有更大优势，因此通过同旅游线上销售平台合作，设计并推广区域海洋城市旅游产品将会达到事半功倍的效果。

4. 旅游总体布局

作为二级旅游海洋城市体系，黄渤海地区应以大连、威海、青岛为区域中心旅游城市，东海地区以舟山、台州、厦门、宁德为区域中心旅游城市，南海地区以海口、三亚、深圳为区域中心旅游城市，其他城市为重要节点旅游城市，支撑各区域海洋城市群旅游综合服务体系，辐射带动周边内陆旅游产业的整体发展。

5. 区域旅游协作

黄渤海、东海、南海三大海洋城市群的地理位置并不是独立存在的，其连续性也使得旅游产业的发展离不开三大区域之间的相互扶持与帮助，尤其是以各区域分界线处的海洋城市合作为区域间旅游协作的突出点，以建立成熟的网状结构合作模式。

（三）省级海洋城市旅游产业规划

1. 发展战略

（1）战略目标

1) 总体战略目标。省级海洋城市旅游发展战略需要服务于国家旅游总体战略目标，因此省级海洋城市应以提升各省沿海城市旅游产业整体水平为主，强化省内海洋旅游目的地知名度，重点打造国内知名的海洋旅游目的地的总体战略指标。

2) 改革创新目标。根据各省级海洋城市群实际的社会发展状况、旅游环境状况、海洋环境状况，有选择有目标地建设旅游业改革创新实验点。

3) 生态保护目标。在保护省级海洋城市群内部旅游环境质量的基础上，重点保护海洋环境，采取加强省内海洋监测站、环境监测站数量等措施，以达到生态保护的目的。

4) 经济目标。大力发展省级海洋城市群旅游产业，根据各省级海洋城市的旅游经济发展整体情况，形成提升旅游产业总收入、增高海洋旅游产业收入增长率的经济目标。

5) 社会发展目标。通过旅游产业发展，由沿海经济发达区带动沿海经济贫弱区，促使各省级海洋城市就业机会增加、民生基础设施改善、城乡居民素质提高，形成各省全民认同的"海洋城市战线"，从而促进社会共同进步。

6) 品牌建设目标。挖掘各省海洋文化内涵，使各省海洋城市群能够满足旅游辐射地区消费者对海洋旅游城市的旅游需求，形成享誉省内外知名海洋旅游品牌。

（2）发展战略

根据国内、省内海洋城市的旅游发展整体形势，把握省内海洋城市旅游发展的方向和目标，实施"品牌化""一体化""精品化"战略。

1) 品牌化战略。省级海洋城市受数量局限，需要利用城市群和相似的文化背景优势，建设具有各省特色的海洋城市旅游品牌形象，从而放大品牌影响力，带动周边省市旅游经济以及旅游相关产业的发展。

2) 一体化战略。每个省份的海洋城市数量有限,能够达到国际化海洋旅游城市的数量更是少之又少,因此想要提高各省级海洋城市群的旅游竞争力,需要以政策、交通、人才、资源、信息等多种一体化方式,实行一体化战略。

3) 精品化战略。以知名海洋旅游城市塑造省级海洋旅游城市群的吸引力和竞争点,促进旅游融资,打造省级、国家级乃至世界级海洋旅游城市品牌名片。

2. 旅游形象规划

各省级海洋城市群分别面向省外市场及省内旅游市场创造具有地域风情和文化底蕴的海域城市群品牌,打造丰富、生态、文明的海洋旅游城市群形象。

3. 旅游市场营销规划

在产品开发上,各省级海洋城市群的旅游产品要以满足游客旅游需求为重点,尤其要大力发展海上旅游产品,配套相应基础设施,融合各海洋城市旅游产品文化价值,形成各省独有的旅游内涵的多种滨海旅游产品组合。

在市场开发上,以国内市场为主,国际市场为辅。由于各省的行政区域具有局限性,因此省级海洋城市旅游市场以省内游客为主,省外游客为辅。国际旅游市场的客源情况往往根据各省份交通网络的设置情况而定。各省应根据省内海洋城市的具体情况对旅游目标市场进行一定的策略调整。

在销售渠道上,省级海洋城市群旅游产品仍需要借助于旅行社等传统旅游产品销售平台,旅游OTA平台是热点,亦是重点。

4. 旅游总体布局

除港澳台地区外,中国拥有辽宁、河北、天津、山东、江苏、浙江、福建、广东、海南8个沿海省份及直辖市。各省将选取1~2个海洋城市作为中心旅游城市,其他城市为重要节点旅游城市,形成核状辐射结构,以中心城市带动重要节点城市旅游发展,形成各省海洋城市群旅游综合服务体系。

5. 区域旅游协作

沿海各省呈带状分布,因此各省级海洋城市群之间的旅游协作主要体现在沿海各省市同其相邻省市政府旅游主管部门的合作、旅游行业组织的协作以及旅游企业(尤其是旅游集团公司、连锁企业)三个层次的区域协作上,从而降低海洋旅游市场壁垒,扬长避短,共同发展。

(四)海洋城市旅游产业规划

海洋城市旅游产业发展规划作为四级海洋城市发展规划中最为详细具体

的一项规划,其战略制定的准确与否直接影响到所有规划的实施效果,因此城市旅游发展规划也尤为重要。

1. 发展战略

(1) 战略目标

1) 总体战略目标。以建设全国著名的海洋旅游城市为总体目标,把海洋旅游作为优先发展的旅游支柱产业,强化城市综合服务功能,搞好海洋等旅游资源的开发建设,把海洋城市建设成为具有丰富的海洋旅游内涵、满足旅游者海洋旅游需求、保护海洋环境的全国著名海洋旅游目的地和国际知名海洋旅游目的地。

2) 社会发展目标。发挥旅游产业的重要社会功能,创造更多的就业机会,提高本地居民生活质量和自身素质,促进社会文明与本地居民的好客度。

3) 经济目标。提高旅游业对海洋城市国民经济的贡献率,把海洋旅游业作为旅游支柱产业来培育,围绕海洋旅游业来构建海洋城市的旅游产业体系和旅游产业结构。

4) 环境目标。本着对旅游资源开发、利用、保护相结合的原则,重视旅游发展的生态学奥义,尤其注重改善海洋城市海域生态环境,促进自然资源的保护。

5) 改革创新目标。各海洋城市根据自身实际的社会发展状况、旅游环境状况、海洋环境状况,增强区域内部优势互补,争做旅游业改革创新实验点。

(2) 发展战略

1) 创新引领战略。通过定位创新、模式创新、业态创新、产品创新、体制创新等,全面构建更具有活力与潜力的海洋城市旅游产业发展平台,推进各海洋城市旅游产业结构升级。

2) 项目带动战略。项目的引进与开发将带动大规模的资本投入,全方位带动经济与社会发展。

3) 精品发展战略。加快重点旅游项目精品化历程,以大项目建设塑造旅游产品的吸引力和竞争力,引领品牌建设,带动项目建设及上下游产业的发展,形成全产业链与全域化并进的旅游发展模式。

4) 智慧化战略。智慧城市是城市现代化建设的重要组成部分,从战略组织、政府方面和旅游企业方面促进双方形成智慧旅游利益共同体,同旅游OTA平台进行智慧旅游战略合作,打造智慧旅游城市势在必行。

2. 旅游形象规划

各海洋城市应根据自身实力确定不同的目标市场,打造属于自己的城市单体旅游品牌。首先应建立开放、文明、生态为基本的旅游形象,在此基础上根据各自发展方向与目标增添各海洋城市所在地的地域文化与民宿风情,从而形成独一无二的旅游形象。

3. 旅游市场营销规划

在产品设计上,根据城市经济基础、自身旅游资源丰度和生态环境状况有目的、有针对性地进行开发,同时提高本地交通、住宿、娱乐、购物等配套设施质量,构成完整并成熟的旅游产品体系。

在市场开发上,由于小长假(3 天)制度的时间限制导致海洋城市客源市场主要以省内游客为主,省外长线旅游消费者和国外旅游消费者为辅。在东部旅游经济发展缓慢的大形势下,如何拓展入境旅游市场成为市场开发的关键点。

在宣传方式上,随着人们互联网习惯的改变,各海洋城市宣传方式应随着消费者浏览习惯改变而升级或创新宣传模式,不再局限于以往的旅游门户网站而是选择渗透力更强的社交软件公众平台或者同综艺节目团队合作,通过提供户外拍摄场地达到更为直观、更为细致的宣传效果。

4. 旅游空间布局与功能分区

在旅游空间布局发展中,各海洋城市应做到:提升主城,完善旅游服务配套设施建设,加强旅游社区建设,充实城市绿化环境,打造"亦旅亦居"的主城旅游空间;强化沿海,调整海岸线功能以及海岸景观设施,根据市场需求,兼顾大众性观光与个性化度假活动并增加相应的旅游设施,丰富沿海旅游产业业态;拓展海上,积极开发海洋旅游资源,打造海上运动、海上观光、海岛体验等新热点,组织近海岛屿的旅游航线与远海旅游航线,提升海洋旅游活力;辐射山乡,利用沿海重点旅游城市远郊和偏远渔村的海洋环境优势,开发生态观光及休闲渔业作为乡村旅游推动力,实现海洋城市旅游品种多元化、差异化,以旅游拉动区域经济发展,实现城乡统筹发展。

在旅游功能分区上,各海洋城市应根据自身实际旅游资源、旅游经济等现实基础,形成具备观滨海旅游发展带、城市旅游综合服务中心、休闲度假旅游区、海洋旅游区多元功能区的海洋旅游综合体。

5. 区域旅游协作

各海洋城市作为整体的旅游产品,可以选择同周边地区采取"点—轴结构"合作模式,即以具有强大吸引力的海洋城市旅游产品为主轴,以沿线海洋城市为据点的延伸状空间结构。通过主体特色鲜明的旅游产品带动周边重点地区的开发,随着周边地区旅游实力的增强,再向次一级的周边区域扩展,逐渐带动周线附近的所有区域,提高整体的旅游竞争力。①

第五节 优化中国海洋城市旅游人才整体水平

一、中国海洋城市旅游人才培养的必要性

(一)旅游管理的知识化

旅游过程不仅包含着大量的知识与信息,还对信息和信息技术具有很强的依赖性。知识经济时代的到来使得旅游产业知识化管理成为必然趋势,旅游产业的知识化管理主要表现为旅游的创新与发展的现代化。旅游业的知识化管理,包括观念创新、机制创新、管理创新,从不同的角度决定和影响着现代旅游业的发展。

旅游人才作为旅游知识的创造者、承担者、传播者、使用者,能否拥有大批高素质的优秀旅游人才,直接决定了一个地区在旅游市场竞争中是否具有主动权。因此,旅游业的知识管理主要取决于有知识的人才,只有大量高素质的优秀旅游人才和合理的旅游人才结构,才能充分利用现代知识和信息技术手段来推动旅游业的创新与发展。

(二)国家人才战略的提出

2007年,中共十七大将人才强国战略与科教兴国战略、可持续发展战略确立为经济社会发展的三大国家战略,并写进了党章。至此之后,加快建设人才强国上升为国家战略。此后,国家制定了千人计划、青年英才开发计划、企业经营管理人才素质提升工程、高素质教育人才培养工程、海外高层次人才引进计划等一系列重大人才工程,用以配合国家战略的实施。随着旅游产业的快速发展,人才紧缺的短板问题逐渐暴露出来,旅游人才的培养与发展也提上日程。

(三)海洋经济发展的需求

国务院于2011年后相继批复了《山东半岛蓝色经济区发展规划》《浙江海洋经济发展示范区规划》《广东海洋经济综合试验区发展规划》《福建海洋蓝色

---

① 杨尚英.旅游地理[M].西安:西安交通大学出版社,2013:153-154.

经济试验区发展规划》以及《天津海洋经济科学发展示范区规划》。海洋经济试点省市包括山东、广东、福建、江苏、浙江、天津；截至2015年年底，国家级海洋生态文明建设示范区也已有24个。

国家从经济社会发展的战略高度出发，提出了统筹海陆、推进海洋经济发展的战略。国家对海洋经济发展的重视需要提高海洋科教支撑能力，海洋旅游业作为海洋经济中的重要一部分，不仅需要在相关人才数量上有所保障，同时旅游海洋资源的开发等工作对旅游人才的专业性也提出了更高的要求。因此，提高中国海洋城市旅游人才的水平刻不容缓。

二、中国旅游人才现状分析

(一) 国内旅游人才现状

旅游人才包括现有旅游业在职人员和旅游业后备人员两大部分，前者指各级旅游管理部门、行业组织和旅游企事业单位中的在职员工，后者指中等、高等旅游院校的师生。[1]

1. 旅游从业人员素质参差不齐

许多旅游行业从业门槛低、需求量大，导致许多从业人员在从事旅游行业前并没有接受过相应的专业知识学习和服务意识的培养，专业知识和服务意识的匮乏导致从业人员的服务技能和服务质量低下，该现象尤其突出体现在基层从业人员当中。基层工作人员作为各旅游行业的门面担当，从业人员素质的低下直接会降低旅游消费者满意度，旅游目的地的吸引力和竞争力也会因此下滑，造成损失。

2. 旅游人才结构不理想

旅游人才结构不理想主要体现在从业人员的学历结构上，目前旅游人才学历结构上呈现出金字塔式的结构类型，中低端操作性旅游从业人员占据了较大比重，高端学术性研究人才和管理人才凤毛麟角。中、高职毕业生在旅游企业中主要完成中低端的操作性工作，在旅游市场中属于供需两旺的状态。接受本科旅游专业教育的学生大部分选择其他行业和继续攻读研究生学位，接受研究生教育的学生大部分进入旅游院校或事业单位成为公务人员，因此接受本科和研究生教育的从业人员目前缺口较大。

---

[1] 孙尚清.中国旅游经济研究[M].北京：人民出版社，1990：344.

3. 旅游人才流失严重

旅游人才流失现象一直存在，一是由收入低、劳动时间长、流动性强的工作性质所决定；二是由于企业缺乏科学的职业规划，对人才的重视程度不够；三是旅游产业仍需要在不断探索中前进，在这样的环境下，许多人才虽然具备一定的能力与素质，但"摸着石头过河"也让人容易对自身存在的意识产生偏差，这种不理性的就业意识必然导致人才的流失；四是国外旅游业起步较早，发展较为成熟，真正具备实力和素质的高端专业人才往往为了更好的个人发展前景而选择去国外旅游行业平台就职，导致了旅游人才外流。

4. 旅游后备人才培养供需错位

旅游教育中的问题主要集中在理论脱离实际、旅游人才供需错位问题上。目前，旅游专业学生普遍存在职业能力不够、缺乏职业意识与自我管理能力，尤其是在培养高端旅游人才（研究生）时，缺乏实践基础的旅游专业研究生，即使在接受教育后，依旧无法短时间内在工作中发挥其能力；在知识结构上以旅游管理、导游、酒店、会展、旅游外语等大的知识板块为主，具体学科和专业知识虽然广泛，但内容陈旧、理论脱离实际，缺少人本意识，普遍存在学而不精的现象。

（二）中国海洋城市对旅游人才的要求

为了满足旅游景区、酒店、餐饮、旅行社、会展等传统旅游业态和邮轮、游艇等海洋旅游新业态的人才需求，中国海洋城市对旅游行政管理人才、企业经营人才、专业技术人才、专业技能人才等都各类人才都产生了更高、更新的要求。

1. 专业型人才要求

为了城市整体旅游业的发展，优秀的旅游管理专业人才的配备是基础；海洋旅游业作为海洋同旅游产业的结合产业、海洋城市旅游产业下一步的发展重点，海洋专业人才供给是必不可少的；同时，作为口岸城市、入境的首选旅游目的地，为了达到更好的国外游客接待水平，各海洋城市对旅游外语专业人才的需求亦是有目共睹的。

2. 复合型人才要求

专业型人才必不可少，但复合型的人才更是千金难求。信息时代下，旅游人才应该在掌握自己所学专业知识的基础之上，具备互联网相关必备技术手段进行甄别及利用信息，成为拥有做到善于利用信息创造价值的战略眼光以及对本地文化熟知度非常深的复合型人才。这类具备高素质或较高综合素质和较强专业知识的旅游复合型人才往往能够跟上时代发展的步伐，更深入地了解海洋城市的内外在需求，做到统筹全局。

3. 创新型人才要求

对于具有丰富开发可能性的海洋旅游城市来说，创新就是其发展的动力，这就要求中国海洋城市旅游人才不断进行观念创新并形成一定的创新意识，结合自身知识不断开拓思维，进行知识创新、服务创新、经营创新、管理创新，强化自己的创新能力，从而形成分布在旅游产业各岗各位的旅游创新人才网络。

三、海洋城市旅游人才水平优化路径分析

实现旅游业快速发展的关键在于大力培养优秀的旅游创新人才，积极构筑旅游人才高地，建设专项人才储备库，营造优秀人才脱颖而出的氛围和机制，建立一支政治素质、业务技能、职业道德水平过硬的旅游职业队伍。根据人才的来源，优化海洋城市旅游人才水平需要遵循市场导向性原则，海洋城市旅游人才水平的优化可以从在校旅游人才培养、在职旅游人才培训以及专业人才引进三方面入手。

（一）在校旅游人才培养

在校旅游人才的培养应注重旅游开发、管理、服务等多层次人才的培养，充分利用旅游院校资源，培养足够数量的、具有高素质、高技能的旅游劳动者。

1. 明确培养目的

根据我国教育体制的规定，旅游院校分为中等旅游职业院校、高等旅游职业院校以及本科旅游院校。由于各级别院校的生源以及招生要求有所不同，因此其培养目的也有一定的层级差异。

中等旅游职业院校致力于培养在旅游服务一线工作的高素质劳动者和技能型人才。高等职业旅游院校则是在中等旅游职业院校教育水准上，使求学者获得旅游行业中某一职业或职业群所需的更高水平的实际能力（包括技能和知识等）。旅游专业本科教育则提供学生以高级基础教育，除了同高等职业院校学生所具备共同的职业技能外，在知识储备和研究能力上有了进一步的提升。旅游专业研究生则作为高级旅游人才来培养，属于旅游专业学术型人才，用于探索旅游产业前沿方向和指导旅游产业运作的理论研究。

2. 丰富教学内容

（1）加强职业道德素质的教育力度

职业道德是整个社会道德的主要内容，它涉及从业者如何对待职业、对待工作，也是一个从业人员的生活态度、价值观的表现。旅游职业道德同时也是一个职业集体甚至是一个旅游行业全体人员的行为表现。旅游人才的培养必须从加强职业道德素质开始，培养学生爱岗敬业的精神，培养其对旅游行业的忠诚度，为整个旅游产业人员素质的提高奠定基础保障。

（2）合理布局涉海旅游专业或课程群

中国海洋城市的各旅游院校应根据现代海洋旅游产业集群的产业链条分布、岗位需要，科学合理定位，集成优质资源，构建涉海旅游专业课程群，提高人才培养的适应性。① 在现有旅游专业基础上，发展相应的涉海专业，将单一的旅游专业延伸为涉海专业群，从而多层次、全方面地培养海洋旅游专业人才，建立一支适应海洋旅游发展需要的人才队伍。

（3）理论与实际相结合，创造多元化实践平台

除了本土化企业外，学校教育与国际化海洋旅游企业培养紧密结合，增加企业实习总课时，给予学生更为充实的实践平台与环境。

3. 强化师资队伍建设

在师资培养上，形成"高门槛、高标准、高薪酬"的师资建设体系，"高门槛"筛选教师资格，"高标准"要求入职后的教师培训与监督，"高薪酬"鼓励高职教师提升自身水平，形成良性的激励机制。

（1）"高门槛"进入

在筛选教师资格方面，通过严格的教师资格考试人才选拔以及信誉评估等工作形成高要求的入职门槛，为师资队伍建设把好"第一关"。

（2）"高标准"要求

在教师入职后，要"高标准"要求教师的培训与监督力度。在教师培训上，做好旅游职业技能培训与科研能力培训两方面；在教师教学监督上，可以通过权威教育认证机构等第三方评估以及学生评估的方式对教师教育理念、知识、方法等方面全面完成教师的认定工作。

（3）"高薪酬"激励

目前，教师教学任务繁忙、科研压力重，责任感和使命感成为教师提高教学质量的动力。但薪酬激励是有效调动员工积极性最基本的手段，"高薪酬"

---

① 张伟. 浙江海洋文化与经济[M]. 北京：海洋出版社，2013：273.

的激励体系不仅是对教师职业的肯定、对教师个人价值的肯定,也能够激发教师的工作热情,促使其提高工作效率和工作质量,从而为旅游人才培养质量的提高提供了重要保障。

(二) 在职旅游人才培训

旅游人才培养是旅游院校的责任,旅游从业人员由于流动性强,需要继续教育和企业培训的支持与补充,因此提高旅游从业人员的素质要通过旅游教育培训。在职旅游人才培训的模式常见于继续教育和企业培训。继续教育由各旅游人才已获得的学历水平决定,企业培训则主要包括岗前培训、在岗培训、外派培训和职业生涯规划培训四种类型。

1. 重视精神文明培训

培训的最终目的之一是加强旅游行业的精神文明建设,只有正确的职业价值观才能避免人才流失,它是工作动力的来源。因此,培训内容除职业技能培训、理论知识补充外,更要注重加强旅游从业人员的职业观念、态度、技能作风和纪律培训。

2. 完善在职旅游人才培训机制

完善在职与脱产相结合,实行学历教育和继续教育相结合,尤其是在在职继续教育上给予更多相关政策,鼓励员工在本职工作中继续深造。此外,开展国际合作办学,提供在职政府公务员、旅游企业人员国际化培训计划。

3. 壮大在职旅游人才培训师资力量

旅游教育培训网络实行长、中、短期相结合,整合高校、研究机构在内的各类教育资源,建立健全多种类型的旅游人才培育基地。

4. 适当安排职业竞技比赛

要通过定期或不定期举办职业竞技类比赛,用以鼓励和提升从业人员的业务技能和服务水平。

(三) 国际旅游专业人才引进

当今世界竞争的核心是人才的竞争。随着全球化的深入,国际人才竞争日益成为决定各国走向世界命运的重要因素。改革开放30多年以来,高端人才紧缺的中国成为世界上数量最大的人才流失国之一,未来随着改革开放的进一步深化以及面临建设创新型国家、和谐型社会、经济产业结构升级等核心战略目标,旅游产业对高层次人才的需求将达到空前迫切的阶段。积极采取措施吸引海外人才是在较短时间突破旅游产业发展瓶颈、提升科研水平的一条捷径。① 因此,出台与改革相关计划、政策、制度,推动人才回流,展开国际人才竞争,是优化海洋城市旅游人才水平的重要措施之一。

1. 完善国际旅游人才薪酬激励体系

薪酬激励是现代人力资源有效调动员工积极性的最基本手段,也是最为重要的人力资源管理工具。科学的薪酬激励体系既能够激发国际旅游人才的工作热情,也是对国际旅游人才工作价值的肯定、未来工作得到报酬的预期和人才个人发展前景,从而激励其来到国内从事旅游行业的工作。

2. 完善国际旅游人才引进体制

人才引进制度是出于对国际旅游人才在生活和工作中的保障目的而制定的,是在中国最为权威的保障体系,建立国际旅游人才引进制度需要政府大力的政策支持。

(1) 适当放宽对留学人才、海外人才进入体制内的限制

目前我国国际人才的引进只局限于在旅游院校和旅游企业中工作,若想提高国际高级旅游人才的引进质量则意味着国际旅游人才在国内的工作选择不能只局限于参与旅游市场运作和培养旅游人才,在旅游政策的制定等行政工作中也应有国际旅游人才的加入,由其带来新的思路与经验。

(2) 建立人才移民制度,改革国籍、绿卡、签证制度

国际人才的引进不仅要"引进来",还要"留得住"。移民制度的建立意味着给予移民人才中国籍公民同等待遇,成为中国籍公民后,使国际人才形成归属感。"双国籍"制度、绿卡制度将给予国际人才公民权利更大的灵活性,作为一种潜在福利待遇,会增加国际人才在国内工作的意愿。签证制度的改革主要体现在增加签证种类和签证有效期时长上,可以为国际旅游人才减少一些不必要的手续,减少生活与工作负担。

(3) 设立国家移民及留学人员事务局

国家移民或留学人员事务局的设立将是国际人才引进体制的一项重要举措,它是国家对国际人才引进的重视和国际人才引进规模化的重要体现。

3. 建立国际旅游人才数据库

国际旅游人才数据库的建立将方便我国海洋城市有目的地有针对性地挑选、引进符合本地区旅游产业发展状况的国际旅游人才,提高引进质量与效率。

---

① 潘晨光.中国人才发展报告 2014[M].北京:社会科学文献出版社,2014:182.

(1) 建立海外高端旅游人才数据库,完善国际人才服务平台

通过组建海外高端旅游人才库,可以方便各海洋城市寻找和吸引"高精尖缺"的旅游专业人才,能够根据使用者的不同需求,精准扫描定位相应旅游行业人才的情况,提高人才引进效率。

(2) 建立全球性的中国留学旅游人才及华裔旅游人才联络站

旅游产品是具有文化性质的经济产品,旅游产业的文化属性以及旅游管理的对象突显出中国文化内涵的旅游人才的重要性。国际人才的引进本质上是知识的引进、观念的引进,因此建立全球性的中国留学人才或华裔人才联络站,可以将既了解中国文化又接受国外旅游管理专业学习的人才联合起来,结合移民、薪酬等多项机制引进中国留学人才及华裔人才。

4. 建立国际化的旅游智库和旅游人才研究中心

旅游智库是指专门从事开发性研究的咨询研究机构。作为旅游产业的新型智慧生产机构,它将相关旅游学科的专家学者聚集起来,运用其智慧和才能,为旅游领域的发展提供满意方案或优化方案,它是一个产业思想创新的源泉。因此,旅游业迫切需要进一步加强智库建设,形成一批具有国际水平、中国特色的国际化旅游智库。①

旅游人才研究机构是拥有一批旅游相关学科的专家学者,凭借其雄厚的学术积累和研究基础成立的人才发展研究基地。常见的合作对象包括国内外高校、研究机构,同时与旅游企业建立紧密的咨询与服务关系,有针对性地对旅游人才的需求供给状况进行研究,为人才引进提供更优、更合理的选择。

5. 与国际旅游人才猎头机构合作

除了组建人才数据库、智库、人才研究中心等机构外,国际旅游人才猎头机构也可以根据客户需求提供人才评价、调查、协助沟通的顾问咨询服务,从而在达到人才引进的目的基础之上,减少国际人才引进成本。

第六节 实现旅游资源与环境的可持续发展

城市既是人类消耗自然资源和能源最多的区域,也是生态环境污染的重要来源。城市发展是一项系统的工程,涉及因素众多,究其根源,人口、资源、

---

① 厉新建,胡晓芬.旅游智库建设的二元融合之路[J].旅游学刊,2016(1):4-6.

环境始终是贯穿其中的核心要素。人类存在于资源与环境中,三者构成一个相互依存、相互制约的大系统。人口的增加会加大资源的需求,进而引起人类增加对资源的开发利用,而资源的过度开发又将会导致环境破坏。在三者失调的情况下,可能会出现自然性失衡、经济性失衡或社会性失衡。[①] 因此城市在经济发展的同时,应本着不超过其综合承载能力的原则,实现城市的可持续发展。

旅游产业的发展依托于对自然环境的开发基础,它对社会发展来说如同一把"双刃剑":一方面旅游业的发展可以促进经济的进步与民生质量的提高,另一方面它带动经济发展的同时也对原生环境造成了一定的影响。随着大批量游客进入旅游目的地,在旅游经济得以发展的同时,也因为人流的大量涌入对旅游目的地的资源和环境造成了严重的破坏,因此能否实现旅游产业中资源与环境的可持续发展不仅影响旅游业的可持续发展,还将影响整个城市及周边地区的城市发展。

一、海洋城市旅游资源与环境可持续发展的基本原则与目标

(一)可持续发展的基本原则

1. 公平性原则

旅游资源是全人类共有的宝贵财富,是人类文明进步的见证。公平性原则强调的是本代人及代际间的公平及公平分配有限的旅游资源,特别是不可替代旅游资源;既要满足城市社区的基本需要,又要满足旅游者对旅游质量的要求;同时也要注意市中心、近郊、远郊或沿海、内陆等不同区域旅游资源开发的公平性。

2. 持续性原则

海洋城市旅游资源与环境的持续性原则强调旅游资源的开发与旅游业的发展不应超越自然资源与生态环境的承载能力,保持生态支持系统和生物多样化,保证可更新资源的持续利用。海洋城市的许多旅游资源是不可复制的,要贯彻城市旅游资源与环境的持续性原则,强调科学有序地管理、规划与开发利用,针对资源的不同类别和属性采取不同对策,在保护好资源的前提下,最大限度地发掘其应有价值,适时对城市旅游的政策、策略作适当的调整,以保证海洋城市旅游资源与环境的可持续发展。

---

① 史宝娟.资源、环境、人口增长与城市综合承载力[M].北京:冶金工业出版社,2014:1.

3. 区域性原则

城市旅游资源与环境可持续发展的区域性原则和持续性原则犹如时间和空间,既不可分割又不可替代。① 既要维护本城市旅游资源与环境发展的持续性,又要同周边区域协调共处,实现旅游资源和环境的分管共享。

4. 共同性原则

各个城市的文化、历史和社会经济发展水平虽然存在差异,但需要城市旅游中面临的危机、迎接的挑战、维护的利益、资源与环境可持续发展的总体目标是一致的,因此旅游资源与环境的可持续发展需要各地区的配合行动,既尊重所有各方的特色与利益,又要共同承担起保护环境和开发旅游资源的责任。

5. 协调性原则

可持续发展是由人口、资源、环境、经济、社会等要素组成的协同系统,因此为了达到系统整体功能最优,需要协调经济社会发展与人口、资源、环境之间的关系;同时,旅游系统作为社会大系统中的一部分,它的可持续发展的实现也离不开旅游行业和其他行业乃至整个社会的协调及共同努力。

(二)可持续发展目标

海洋城市旅游资源与环境可持续发展的目标具有多维性,从海洋城市旅游资源与环境可持续发展所作用的对象来看,一般包括经济目标、人文目标和社会目标三个部分。

1. 保护未来旅游赖以生存的环境,实现旅游资源的永续利用

保护未来旅游赖以生存的环境,实现旅游资源的永续利用是保证旅游产业得以继续发展的基础条件,因此它是海洋城市旅游资源与环境可持续发展的经济目标。

2. 增进人们对旅游所产生的环境效应与经济效应的理解,强化其生态意识

增进人们对旅游所产生的环境效应与经济效应的理解,可以强化其生态意识,在以后的旅游活动和平时生活中注重环境保护,这是海洋城市旅游资源与环境可持续发展的人文目标。

3. 美化城市环境,促进自然生态的稳定和进化

作为人们赖以生存的家园,美化城市环境、促进自然生态的稳定和进化,

---

① 赵煌庚.城市旅游[M].北京:科学出版社,2010:74.

可以保证人们的生活环境与生活质量,这是海洋城市旅游资源与环境可持续发展的社会目标。

二、实现海洋城市旅游资源与环境可持续发展的对策建议

旅游资源保护是伴随着旅游资源的开发而产生的,它包括对旅游吸引物本身的保护,使之不至于因开发和使用不当而遭受破坏。旅游环境保护则是借用环境科学的理论和方法,运用行政、法律、经济、技术和教育等手段,在合理开发利用旅游资源的同时,深入认识并掌握污染和破坏旅游环境的根源与危害,通过全面规划,使旅游经济发展与环境相协调。[①] 若要使我国海洋旅游业能够继续保持较高的竞争力,必须是资源、环境的开发与保护并举,二者密切相关、不可分割。

(一)法律手段

法律作为一种规范、制度与标准,其客观性和强制性保证了法律手段成为旅游资源与环境可持续发展中最为重要的力量。

1. 完善涉及旅游资源与环境保护的法律法规内容

我国政府十分重视旅游资源保护,从《宪法》到综合性的资源保护基本法,再到各类单项法规、地方法规以及我国参加的国际公约,已经形成了内容丰富的旅游资源保护体系。[②] 然而,在旅游产业范围内,国家级法律及地方性法规关于旅游环境保护的内容较少,尤其是关于旅游者的活动行为规定方面[③],因此在旅游环境保护方面的规定仍不能满足旅游资源与环境可持续发展的实现,相关环保部门和旅游部门需要重新审视已出台的旅游环境保护的相关条款,并适当地增加新的法规政策,修改和调整法律法规内容,形成更为完整与成熟的旅游资源与环境保护法律法规体系,从而促进旅游资源与环境可持续发展。

2. 注重旅游资源与环境法律法规与时代接轨

旅游立法机构应根据旅游行业的动态性,适时出台新的有关旅游资源与环境保护的法律法规,尤其是海洋旅游业具有巨大的发展潜力与空间,例如海

[①] 杨尚英.旅游地理[M].西安:西安交通大学出版社,2013:117.
[②] 谢芳.旅游生态与环境管理[M].北京:清华大学出版社,2010:57.
[③] 任红阳.我国旅游环境保护法律法规存在的问题及对策研究[J].经济研究导刊,2015(25):191-192.

岛旅游、邮轮旅游、游艇旅游等多种旅游行业亟待相关法律法规的指导。因此旅游部门与环保部门应当对旅游资源与环境法律法规及时更新、调整以保证旅游资源与环境可持续发展。

3. 加强地方性法规与国家级法规的衔接

不同级别的旅游资源与环境法规之间需要良好的衔接才能得以发挥各级法规的真正作用,下级法规对于上级法规没有明确规定的,应根据相应的法律责任,对本地旅游资源与环境法规进行修订,使得各级法规在内容上有效对接,从而更好地将旅游资源与环境保护落实到旅游开发中,保障旅游资源与环境可持续发展。

(二) 行政手段

相比强制性的法律与法规手段,行政手段往往具有一定的灵活性和弹性。政府作为城市的管理者,在发展旅游业和保护资源方面起着不可代替的重要作用。

1. 认真贯彻执行有关旅游资源与环境保护的法律、法规和政策

各海洋城市政府要以有关旅游资源与环境保护的法律、法规和政策为旅游资源与环境保护工作的基本准则,认真贯彻执行并根据本地旅游资源开发和环境保护中出现的问题提出具体实施意见,加大监管力度,对环境保护工作提供必要的服务。

2. 协调环境资源监督管理部门、环保部门、个人之间的关系

在具体落实有关旅游资源开发与环境保护的法律、法规和政策的过程中,往往需要环保部门、开发商个人、环境资源监督管理部门的协同执行。各海洋城市政府需要发挥协调职能,处理好三者之间的关系,为游客和旅游经营商创造良好的旅游环境和经营环境。

3. 建立旅游环境信息共享平台

开展包括海洋信息在内的信息共享,建立旅游经济、旅游资源、旅游环境、旅游灾害、旅游生态于一体的旅游信息共享网络服务系统,有利于实现我国海洋城市旅游环境的综合管理。

4. 引导和鼓励部门、单位和个人积极参与旅游资源保护

政府可以通过举办有利于旅游环境保护的评选活动,通过集体与个人荣誉的激励,引导和鼓励部门、单位和个人积极参与旅游资源与环境保护,为旅游消费者创造了一个良好的、满意的旅游环境。

(三) 经济手段

旅游资源过度开发现象出现的主要原因之一,即为经济活动与资源保护之间的矛盾。当遇到经济利益问题时,有些单位和个人只考虑自己的内部经济性,忽视了外部的不良影响。因此,采用经济手段来促进旅游资源保护是一种有效的方法。从根本上说,旅游资源与环境保护的经济手段主要通过物质惩罚并举的方式,以经济利益驱使旅游开发商在旅游资源开发中重视环境保护的作用,并以实际行动达到相关法律法规对资源开发的环境要求与标准。常见的经济措施包括税收、征收环境补偿费用、交纳保证金与押金、基于政府补贴等。

1. 税收

税收具有强制性、无偿性、固定性的特点,目前旅游资源与环境保护密切相关的税收政策包括旅游税和环境资源税。一方面,税收可以为旅游资源的环境提供稳定而有保障的资金,通过征收旅游税得到的资金,可以投向旅游业发展中的环境问题解决;另一方面,可以通过增减税收、设定特定课税对象,限制和禁止那些对旅游资源与环境造成不良影响的建设项目,支持和鼓励那些有利于旅游资源与环境可持续发展的建设项目。

2. 征收环境补偿费用

环境补偿类费用是由于在旅游项目开发建设活动中不利于生态环境、使生态环境质量降低而缴纳的一种补偿费,是对生态环境质量降低造成的间接损失的一种补偿。由于我国《海洋环境保护法》有关海洋污染的30万元罚款上限过低,因此建议取消上限,加大污染征税和罚款的力度与范围,以保证旅游开发商对环境破坏产生忌惮,促进对旅游资源与环境的保护。

3. 交纳保证金与押金

在保证金制度的保障下,旅游开发商出于经济利益考虑,将在旅游项目建设开发期间的过程中有所顾忌,督促其遵守旅游资源与环境保护要求。

4. 财政补贴

政府对旅游业经营单位和个人治理环境污染,以及其他保护旅游资源与环境的活动和行为给予资金补贴,通过经济奖励,对其形成正向经济刺激,使其遵守法律规定的环境要求,促进旅游资源与环境的保护。

(四) 技术手段

对于海洋城市来说,特殊的地理特性使得海洋旅游资源和环境敏感性高于陆地旅游资源,一旦开发不当或缺乏科学的环境影响评价,其后果便是不可逆转的。因此海洋城市技术手段的高低将对该地区旅游资源与环境可持续发展起到重要的影响作用。海洋城市旅游环境保护应做到覆盖陆域和海域,全方位、多层次、宽领域全面保护。

1. 大力加强对环境污染的监控

要大力加强对环境污染的监控,这就对海洋城市环保防污基础设施建设的技术能力提出了要求,在实行对陆源污染物总量的控制的基础之上,要控制陆地污染对海洋的污染,大力加强对海上活动环境的有效管理。

2. 进行严格的旅游环境影响评价

旅游环境影响评价是旅游环境管理的重要内容。进行旅游环境影响评价时,要利用一定的专业技术手段做到旅游生态影响评价与旅游环境污染影响评价同时进行,以获得旅游生态及环境影响的综合分析,同时要注意将旅游建设项目中当地居民的意愿考虑到开发可行性当中。

(五) 宣传与教育手段

旅游资源与环境可持续发展的宣传和教育相辅相成、密不可分,只有将二者有机地紧密结合在一起,才能达到保护旅游资源的目的。

1. 强化学校教育力度

在人生观、价值观和行为习惯形成的重要时期,发挥学校教育的重要作用性,教授有关资源与环境保护的基础常识,强化学生资源保护意识,以便学生将来能够保护旅游资源和环境服务。

2. 深度挖掘生态旅游内涵

生态旅游在旅游资源与环境保护教育中占据了重要地位。作为旅游产品的一种类型,生态旅游是以促进参与者对自然资源核心价值的认识为根本目的而展开的旅游活动,其产品本身的教育性很强,同时,寓教于乐的方式也将使得人们在大自然的环境中更容易接受旅游资源与环境保护教育。

3. 广泛利用新闻媒介及其他大众传播工具

新闻媒介等大众传播工具具有强有力的舆论监督、教育宣传功能,例如利用微博"热搜"话题和微信公众号等方式进行宣传,有效地引起广大群众的讨论,从而更好地提高公民的旅游资源与环境保护意识。

4. 积极开展旅游资源保护相关纪念日活动

"仪式感"是旅游资源保护宣传中不可忽视的一部分,这种"仪式感"往往是通过纪念日、纪念活动等形式来保持的,因此应积极开展旅游资源与环境保护相关纪念日活动,发动公众积极参与旅游资源与环境知识学习活动,促进保护旅游资源与环境保护观念的形成。

参考文献

[1] Sevin H E. Understanding cities through city brands:City branding as a social and semantic network[J]. Cities,2014,38:47-56.

[2] Larsen H G. The emerging Shanghai city brand:A netnographic study of image perception among foreigners[J]. Journal of Destination Marketing & Management,2014,3(1):18-28.

[3] Ban O,Popa L,Silaghi S. The brand equity of touristic destinations—The meaning of the value[J]. [9]Annals of the University of Oradea, Economic Science Series,2011,1:193-199.

[4] Tasci A D A,Gartner W C,Cavusgil S T. Measurement of destination brand bias using a quasi-experimental design[J]. Tourism Management,2007,28(6):1529-1540.

[5] Raggio R D,Leone R P. The theoretical separation of brand equity and brand value:Managerial implications for strategic planning[J]. Journal of Brand Management,2007,14(5):380-395.

[6] Chiu C M,Hsu M H,Wang E T G. Understanding knowledge sharing in virtual communities:An integration of social capital and social cognitive theories[J]. Decision support systems,2006,42(3):1872-1888.

[7] Keller K L. Brand synthesis:The multidimensionality of brand knowledge[J]. Journal of consumer research,2003,29(4):595-600.

[8] Dwyer L,Kim C. Destination competitiveness:determinants and indicators[J]. Current issues in tourism,2003,6(5):369-414.

[9] Dwyer L,Kim C. Destination competitiveness:determinants and indicators[J]. Current issues in tourism,2003,6(5):369-414.

[10] Buhalis D. Marketing the competitive destination of the future[J]. Tourism management,2000,21(1):97-116.

[11] Pike S. Destination image analysis—a review of 142 papers from 1973

to 2000[J]. Tourism management,2002,23(5):541-549.

[12] Lyck L. Changed context for the Danish tourism industry:A strategic analysis[J]. Tourism and Hospitality Research,2002,3(4):311-318.

[13] Keller K L. Building customer-based brand equity:A blueprint for creating strong brands[J]. 2001,25(6)3-38.

[14] Winkler A. Warp-speed branding:the impact of technology on marketing[M]. Wiley,1999.

[15] 余明阳,戴世富.品牌战略[M].北京:清华大学出版社,北京交通大学出版社,2009:3-4.

[16] 王海忠,于春玲,赵平.品牌资产的消费者模式与产品市场产出模式的关系[J].管理世界,2006(1):106-119.

[17] 吴必虎,俞曦.旅游规划原理[J].M.北京:中国旅游出版社,2010,1:180.

[18] 范秀成.基于顾客的品牌权益测评:品牌联想结构分析法[J].南开管理评论,2000,3(6):9-13.

[19] 王方华,陈洁.品牌基础问题研究评述[J].管理学报,2006,3(5):622-628.

[20] 张河清,苏斌.基于博弈论的政府主导型旅游目的地公共品牌构建研究[J].生态经济,2006,2006(12):92-94.

[21] 崔凤军,顾永键.景区型目的地品牌资产评估的指标体系构建与评估模型初探[J].旅游论坛,2009,2(1):67-71.

[22] 何小芊,周军,张涛.旅游景区品牌价值货币化评估研究——以秭归县凤凰山景区为例[J].干旱区资源与环境,2012,26(1).

[23] 刘建堤.品牌定义与品牌资产理论研究文献综述[J].经济研究导刊,2012(31):195-199.

[24] 王晓灵.品牌价值的结构和影响因素及评价指标体系研究[J].现代管理科学,2010(11):95-97.

[25] 符国群.关于商标资产研究的思考[J].武汉大学学报(哲学社会科学版),1999(1):71-74.

[26] 卢泰宏.品牌资产评估的模型与方法[J].中山大学学报(社会科学版),2002(3):88-96.

[27] 于春玲,王海忠,赵平.品牌权益理论及其实证研究评述[J].财经问题研究,2005(7):14-18.

[28] 祁明德.城市发展成就与城市品牌感知实证研究——来自广东省21

个城市的实证经验[J].系统工程,2013(6):22-29.
[29] 张焱,张锐.城市品牌论[J].管理学报,2006(4):468-476.
[30] 闫金秋.品牌与竞争力:城市发展的动力之源[J].税务与经济,2015(1):59-62.
[31] 徐俊昌.城市品牌与城市竞争力的相互作用[J].税务与经济,2012(6):48-50.
[32] 许峰,秦晓楠,张明伟,漆睿,李静.生态位理论视角下区域城市旅游品牌系统构建研究——以山东省会都市圈为例[J].旅游学刊,2013(9):43-52.
[33] 马晓龙,杨新军.中国4A级旅游区(点):空间特征与产业配置研究[J].经济地理,2003,23(5):713-716,720.
[34] 吴殿廷,王欣.旅游开发与管理的时空耦合规律初探[J].人文地理,2005,20(1):42-44,112.
[35] 张柳,李君轶,马耀峰等.旅游目的地网络营销系统与旅游产业发展耦合分析[J].经济地理,2011,31(2):339-345.
[36] 高乐华,张广海.城市化与旅游产业集群耦合发展机制研究——以山东省为例[J].旅游研究,2011,3(4):59-66.
[37] 李淑娟,李满霞.我国海洋城市旅游经济与生态环境耦合关系研究[J].商业研究,2016(2):185-192.
[38] 刘耀彬,李仁东,宋学锋.中国区域城市化与生态环境耦合的关联分析[J].地理学报,2005,60(2):237-247.
[39] 王昆欣.致力于国际化的旅游教育[M].北京:旅游教育出版社,2006:13.
[40] 朱桃杏等.基于脉冲响应函数的我国铁路交通与旅游经济增长的关系研究[J].铁道运输与经济,2015(7):54.
[41] 潘洪雷等.智慧酒店建设与形象识别——以南京为例[J].北方经济,2014(11):74.
[42] 陈文婷.海南与美国拉斯维加斯主体酒店发展的比较研究[J].中国商论,2015(26):50.
[43] 郑玉玲.基于游客满意度的餐饮体验研究[D].南宁:广西大学,2012:53-55.
[44] 冯云廷.城市管理学[M].北京:清华大学出版社,2014:143.
[45] 杨正福.扬州与世界名城比较研究[M].南京:东南大学出版社,2014:256.

[46]　沈家文.生产性服务业与中国产业结构演变关系的量化研究[M].北京:经济管理出版社,2012:16-18.

[47]　刘春济.我国旅游产业结构优化研究[D].上海:华东师范大学,2014:89-98.

[48]　杨尚英.旅游地理[M].西安:西安交通大学出版社,2013:153-154.

[49]　张伟.浙江海洋文化与经济[M].北京:海洋出版社,2013:273.

[50]　潘晨光.中国人才发展报告2014[M].北京:社会科学文献出版社,2014:182.

[51]　厉新建,胡晓芬.旅游智库建设的二元融合之路[J].旅游学刊,2016(1):4-6.

[52]　史宝娟.资源、环境、人口增长与城市综合承载力[M].北京:冶金工业出版社,2014:1.

[53]　冯淑华,田逢军.旅游地理学[M].武汉:华中科技大学出版社,2011:200-201.

[54]　赵煌庚.城市旅游[M].北京:科学出版社,2010:74.

[55]　杨尚英.旅游地理[M].西安:西安交通大学出版社,2013:117.

[56]　张锐,张炎炎,周敏.论品牌的内涵与外延[J].管理学报,2010(1):147-158.

[57]　许春晓,莫莉萍.国外旅游目的地品牌资产及其管理研究述评[J].旅游研究,2013(2):1-7.